复杂山区道路路基边坡工程技术系列丛书

路基工程风险识别与防范

魏永幸　罗一农　左德元　著

人民交通出版社
China Communications Press

内 容 提 要

本书以铁路、公路路基工程为研究对象，应用风险管理、系统工程等理论对路基工程风险进行了较为系统和全面的分析、研究，内容涵盖路基工程及路基工程风险特点、路基工程风险识别与管理流程、路基工程风险识别方法，以及各类典型路基工程风险事件与风险因素的识别和风险防范对策。本书汇集了路基工程风险管理研究的最新成果，也是路基工程风险管理实践的一本参考工具书。

本书可供铁路、公路、机场、市政等工程设计、施工技术及管理人员使用，也可供高等学校、科研院所师生和研究人员参考。

图书在版编目(CIP)数据

路基工程风险识别与防范 / 魏永幸，罗一农，左德元著. -- 北京 ：人民交通出版社，2014.1

ISBN 978-7-114-11027-6

Ⅰ. ①路… Ⅱ. ①魏… ②罗… ③左… Ⅲ. ①路基工程—风险管理 Ⅳ. ①U416

中国版本图书馆 CIP 数据核字(2013)第 281279 号

复杂山区道路路基边坡工程技术系列丛书

书　　名:路基工程风险识别与防范

著 作 者:魏永幸　罗一农　左德元

责任编辑:温鹏飞

出版发行:人民交通出版社

地　　址:(100011)北京市朝阳区安定门外外馆斜街 3 号

网　　址:http://www.ccpress.com.cn

销售电话:(010)59757973

总 经 销:人民交通出版社发行部

经　　销:各地新华书店

印　　刷:北京市密东印刷有限公司

开　　本:787×1092　1/16

印　　张:14

字　　数:332 千

版　　次:2014 年 1 月　第 1 版

印　　次:2014 年 1 月　第 1 次印刷

书　　号:ISBN 978-7-114-11027-6

定　　价:49.00 元

(有印刷、装订质量问题的图书由本社负责调换)

序 一

路基工程，是铁路、公路工程的重要组成部分，与桥梁、隧道等共同构成铁路或公路的线下基础。路基工程，具有以下显著特征：由岩土材料构成；处于露天环境；是一种由人工在现场建造的工程构筑物。上述路基工程特征，确定了路基工程建设及运营中必然会受到各种潜在的不确定因素的影响，即存在路基工程风险。如何有效规避或降低路基工程风险，一直是工程建设中的技术难题之一，如何识别潜在的风险并加以管理，已成为铁路、公路路基工程规划、设计和施工中的一项重要工作。

中铁二院工程集团有限责任公司立项开展了“西南山区铁路路基工程风险识别与防治对策研究”，组织专家团队系统识别了西南山区常见路基工程风险事件及风险因素，并研究了防范路基工程风险的对策。该项研究，首次将工程风险管理理论应用于铁路、公路路基工程，结合路基工程特点，研究提出了路基工程风险的分类，路基工程风险识别的途径和方法，以及路基工程风险管理对策和预防工程风险的技术措施。

在上述研究成果的基础上，研究人员进一步总结、提炼，并撰写了《路基工程风险识别与防范》一书，十分难能可贵。该书内容涵盖路基工程及路基工程风险特点，路基工程风险识别与管理流程，路基工程风险识别方法，以及各类典型路基工程风险事件与风险因素的识别和风险防范对策，内容丰富，是路基工程风险管理研究的最新成果，也是路基工程风险管理实践的一本参考工具书。

我相信，《路基工程风险识别与防范》的出版，必将进一步推动我国铁路、公路路基工程风险管理的研究与实践工作，对进一步提高我国铁路、公路路基工程建设管理水平将发挥重要作用。

中铁二院工程集团有限责任公司总经理 朱颖

2013 年 10 月 18 日

序　二

土木建筑工程，往往投资大、周期长，且建设环境复杂、涉及利益群体多等，影响工程建设目标的不确定因素相对较多，在工程项目管理中应用风险管理理论对不确定因素引起的工程建设风险进行管理，正日益受到工程建设各方的关注和重视。

路基工程是铁路、公路等陆地交通土木建筑工程的重要组成部分。路基工程，属岩土工程范畴，相比较其他工程，由于岩土材料的复杂性，确定了路基工程设计以及施工中必然存在由于岩土材料的不确定性因素而带来的结果的不确定性，并可能导致工程问题的发生及造成损失，即出现工程风险事件。路基工程建造在露天环境，也决定了路基工程必然遭受风、雨、雪、地震等自然因素的影响。此外，路基工程由人工建造，受施工过程中的“柔性”因素影响，如何有效控制工程质量，也是工程建设项目管理不可忽视的问题。因此，在路基工程建设管理中开展风险管理，十分必要。

本书作者将工程风险管理理论应用于路基工程，从分析路基工程特点入手，分析了路基工程风险特点，总结了路基工程风险识别的途径和方法，系统识别了常见各类路基工程的风险事件和风险因素，提出了路基工程风险管理对策。

该书内容十分丰富，特别是对各类路基工程风险事件和风险因素进行了系统、全面的识别与分析，具有很强的针对性、实用性和理论性，对工程建设中开展铁路、公路路基工程风险的识别与管理具有重要指导意义。

中国工程院院士　郑颖人

2013 年 10 月 18 日

前 言

作为铁路、公路重要基础设施的路基工程，必须具有足够的承载能力和长期稳定性。工程实践中，由于路基工程建筑材料、建造环境、施工方法的特殊性和复杂性，实现并保持路基工程具有符合使用要求的性能，并不容易。笔者长期从事路基工程的设计、研究与技术管理工作，曾主持内昆铁路、遂渝铁路、粤赣高速公路、武广高速铁路等铁路、公路路基工程设计，对此有深刻的认识：影响路基工程性能的不确定因素多，工程建设中必须有效识别路基工程潜在的风险并采取有效防范措施；路基工程成败的关键，在于路基工程风险的有效识别与防范。

基于上述认识，为深入研究路基工程风险识别与防范技术，笔者申请并获得了企业科技发展计划项目“西南山区铁路路基工程风险识别与防治对策研究”，组织研究团队开展了有关研究工作。该项目研究成果于 2012 年通过了四川省科技厅组织的专家鉴定。通过本项目研究，对路基工程风险识别的途径和方法，常见各类路基工程风险事件和风险因素及其关系，如何有效防范路基工程风险等，有了系统、全面的认识。

为进一步推广研究成果以造福社会，笔者联合课题主研人员，以课题主要创新成果为基础，撰写了本书，其内容包括：路基工程特点、路基工程风险特点及风险分类、路基工程风险识别途径与识别方法、路基工程风险识别与管理的基本流程、常见路基工程风险事件与风险因素的识别以及防范对策等。

全书由魏永幸教授级高工、罗一农教授级高工和左德元教授合作撰写，由魏永幸教授级高工负责统稿。西南交通大学硕士研究生李晖、廖凇、谢涛、李燕庭、聂洪亮等参与了课题研究以及本书初稿的编写工作。中铁二院李楚根、周成、刘洋、庞应刚、刘厚强、丁兆峰、叶世斌、徐峻等参与了课题研究。课题研究中，中铁二院和西南交大十多位长期从事路基工程勘察、设计和教学、研究的专家参与了路基工程风险的识别与分析，提供了十分宝贵的专家咨询意见，这也是本书十分重要的基础资料之一。中铁二院副总工程师秦小林教授级高工对本书编撰工作给予了指导。中铁二院技术中心对本书的出版提供了支持。

该书能够顺利出版，得益于研究团队的共同努力，也与单位领导和同事的支持分不开。在此，谨向研究团队全体成员，向给予我们关心、支持、帮助的领导、同事和朋友，表示衷心的感谢！

本书撰写中借鉴和参考的文献已列出，但难免疏漏，在此谨向有关文献作者一并致谢。

限于作者水平，书中或存在不妥，敬请读者批评指正。

作者 魏永幸

2013年9月30日

目 录

第1章 绪 论

1.1 工程风险管理的发展历程

风险(Risk)的概念最早出现在19世纪末的西方经济领域中,其基本含义是损失的不确定性。工程风险管理(Risk Management)是在经济学、结构系统可靠性原理、管理学、行为科学、运筹学、概率统计、计算机科学、系统论、控制论以及信息论等多种学科和现代工程技术的基础上,运用于现代工程建设项目的风险控制而形成的边缘性学科,是在风险识别的前提下开展的工程项目管理工作,其内容包括风险分析、风险评价、风险处置和风险监控。

随着社会的发展,风险管理在全世界得到了广泛的关注,并应用于各个领域,如工业[1-5]、农业[6-10]、建筑业[11-16]与金融[17-21]等。风险管理在核工业、环境工程[22]、船舶与海洋工程[23]、火灾防护工程[38]、大坝工程[24]与安全科学等多个工程行业相继得到重视,各个工程领域的相关研究和应用已逐渐成熟。具体到建设工程来说,由于建设工程项目本身的特点,如项目开发的一次性和独特性,使得工程项目风险管理逐渐成为风险理论研究与实际应用的一个重要分支。

1.2 风险识别与分析技术在工程领域的应用

对存在于建设工程中的风险因素(事件)进行判断、分类,并对风险特征和风险后果进行初步估计的过程称为风险识别或风险辨识。对识别出的风险进一步分析,辨识其不确定性并评价其影响程度的过程称为风险分析或风险评估。风险识别作为整个风险管理的基础工作,是进行风险评估前必不可少的工作。现代工程的复杂性、不确定性,以及逐渐成为工程分析方法主流的概率方法等给工程风险评估发展提供了良好的应用背景和发展前提。

1)核工业风险识别分析[25-26]

20世纪50年代中期,研究者开始设想运用概率论方法分析核电厂的安全性,以便于从定量角度评估核电厂的安全性,找出核电厂设计、建造和运行中的薄弱环节,提出确保核电厂安全运行的改进建议。1979年3月,美国三哩岛核电厂2号机组发生了严重事故,而事故的进展过程已在反应堆安全研究中有所预示。1975年美国核管会完成了对其管辖的核电站的系统安全研究,发布了著名的WASH-1400报告,发展和建立了概率风险评价方法(Probability Risk Assessment),成为风险分析方法在核工业应用的里程碑事件。1986年前苏联切尔诺贝利核电站的灾难性事故表明,在实际工程应用中进一步完善风险识别分析方法是十分必要的。

此后，针对不同的具体问题相继提出了许多风险识别分析方法，集成的风险识别分析方法逐渐进入实际应用的阶段。

2)环境风险识别分析[27-31]

环境风险识别分析主要考虑与重大工程项目联系在一起的突发性环境灾难事故，如爆炸、泄漏等，并以社会和环境影响(而不是技术系统本身)为识别重点。印度博帕尔市农药厂事故后，世界银行的环境科学部很快颁布了关于“控制影响厂外人员和环境的重大危害事故”的导则和指南(World Bank 1985)。此后，联合国环境规划署、欧盟、亚洲开发银行相继颁布文件，以法令的形式规定将重大危险源的风险识别分析固定下来，我国类似法规也于20世纪90年代初期发布。这些措施快速地推动了环境风险评估研究和应用的发展。

3)船舶与海洋工程风险识别分析[32-37]

20世纪70年代后期，英国石油公司在海洋工程领域引入了风险分析方法。1981年挪威石油管理部门颁布了海洋平台的安全评估规范，规范要求所有新的离岸设施在概念设计阶段必须进行定量风险评估(QRA)，并于1993年再版该规范，使得其风险评估过程和方法更加规范。1992年以后，英国所有的离岸油气装备的设计和现有离岸结构性能的再评估均引入了风险评估方法。1996年在Mars张力腿平台的设计、建造和安装过程中成功地运用了风险评估和风险管理技术，通过分层模型和仿真技术进行了建造成本和进度的风险分析。相比之下，国内船舶及海洋工程领域的风险评估和风险决策的研究与应用也在快速发展中。

4)火灾风险识别分析[38-40]

20世纪80年代开始，一些经济发达国家出现了许多超高、超大、设计新颖的建筑，这些建筑的防火设计用现行的设计规范无法解决，只能依靠基于性能的防火设计方法，由此揭开了火灾风险评估方法学研究的序幕。目前已有近十三个国家在这方面投入大量的经费，推动相关研究工作的进行。我国关于火灾风险评估学的研究相对一些发达国家起步较晚，但近几年相关的研究工作日益活跃起来。特别是国家重点基础研究发展计划“火灾动力学演化与防治基础(973计划项目)”给予火灾风险评估研究很大的支持，确定了基于火灾动力学和小样本统计理论耦合的火灾风险评估方法研究方向。

5)大坝风险识别分析[41-46]

从20世纪70年代开始，几次严重的大坝失事促使许多国家加大了大坝安全研究的力度，1973年美国土木工程师协会发表了一篇用风险分析方法对溢洪道设计进行重新评估的检查报告，由此拉开了大坝风险识别分析研究的序幕。1979年美国政府发表的大坝安全联邦导则，更是掀起了关于大坝风险识别分析的热潮。国内关于水利工程防洪可靠性的研究是20世纪80年代才开始的，主要集中在水利随机模型、结构抗力随机模型等方面。20世纪90年代后期，部分学者将模糊数学引入大坝风险识别分析研究，逐渐形成了大坝模糊风险识别分析的新研究方向。

6)安全科学领域的风险识别分析[47]

安全科学是研究人、机和环境之间的关系，以建立三者平衡共生为目的的科学。20世纪70年代，对于安全问题的研究逐渐将其上升到学科的高度。传统经验型的研究方法已不能满足现代高风险的技术环境，风险识别分析在安全科学领域中的研究和应用逐渐发展起来。安全科学领域的风险识别分析发展至今，已经从对单一设备、设施或危险源的风险评价发展到了系统安全评价。

1.3 路基工程风险识别与管理的现状与发展趋势

建国以来，随着铁路、公路、城市道路的大规模建设，我国在路基工程建设上取得了显著的成就。特别是对特殊地区，各种复杂地形、地质、气候条件下的路基以及特殊土路基，无论在科学研究、工程实践、测试技术上都有很大的发展和提高，积累了丰富的经验。在勘测手段上不断更新，如以钻孔配合地球物理勘探了解地层层序、地质构造、岩溶溶洞范围；用静力触探仪、十字板剪力仪、旁压仪查明软土地基地层结构、强度、承载力等。在设计方面，用电子计算机对路基稳定性进行验算、对支挡结构进行优化设计；采用加载预压、排水固结、复合地基、刚性支撑结构等加固软土地基；采用L形挡土墙、桩锚结构及加筋土等轻型结构作为支挡建筑；采用高分子聚合材料整治病害等。在施工方面，引进和研制了多种土石方挖、装、运机械；以核子密度仪快速控制填土压实质量；土石方调配也冲破了只满足移挖作填的思想束缚，而讲究填料质量，并采用运筹学理论进行规划等。

随着高速公路、高速铁路、重载铁路和大运量铁路的兴建，对路基工程的质量标准提出了新的要求。虽然过去50年来路基工程取得了很大的成绩，但为了适应质量标准的要求，对路基工程质量风险识别内容需更为广泛、细致与科学。在保证路基工程质量方面，目前还存在着一些必须重视、亟待解决的问题。其中一个重要的问题就是路基工程风险管理还不是很健全。随着路基质量问题逐渐被人们所认识和重视，风险管理也逐渐在学术界得以重视。

随着我国经济的快速增长，铁路、公路建设的高速发展对路基工程的安全提出了更高的要求。复杂的地质情况和成灾原因多样性使路基工程存在各种风险。经济的发展和社会的繁荣，使得路基的安全与公共安全息息相关。因此，如何保证路基工程的安全，降低风险发生的概率或者避免风险的发生，减少风险所带来的损失，已成为路基工程技术人员的一项重要工作，这也是我们研究路基工程风险识别与管理的目的。

1.4 路基工程风险识别与防范的技术途径

开展路基工程风险识别，有利于提高各部门的风险管理意识和风险管理能力，并根据风险识别结果采取相应的风险回避、控制、转移、分散等应对措施，从而达到减少工程事故发生和节省投资的目的。随着投资主体多元化以及工程保险的逐步发展，相应要求明确工程建设过程中的风险状况，因此，及时开展路基工程风险识别的系统研究工作非常迫切。具体来说，路基工程建设过程中存在的风险与工程环境、自然条件、设计方案、材料选择、施工工艺等密切相关，应充分分析路基工程特点，分析、判断风险发生的可能性及其危害，并采取相应的防范措施。

路基工程风险识别与防范的技术途径：从分析可能发生的风险事件入手，针对路基工程结构与所处的环境，综合应用风险识别与评估方法，研究风险事件及风险因素，分析风险发生可能性及后果，并相应采取防止风险发生或减轻风险后果的风险防范对策与措施。总体技术途径可以概括为：识别项目可能出现的风险事件→建立项目风险清单→提出防范风险的对策与措施。其中，风险识别是关键，风险识别的目的是建立项目风险清单，而风险识别的关键是识别并确定风险事件及风险因素，分析、估计风险发生的可能性及后果。风险识别的一般流程如图 1-1 所示。

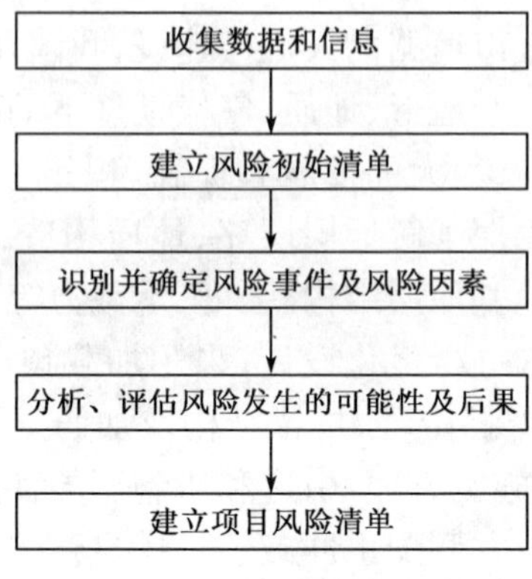

图 1-1　风险识别流程图

第2章 路基工程形式与路基工程风险特点

2.1 路基工程形式与特点

铁路与公路路基的类型很多，按自然、环境和岩土性质来分有：浸水路堤、海滨路堤、水库路堤、滑坡地段路基、崩塌及岩堆地段路基、岩溶与人工洞穴路基、软土和泥沼地区路基、膨胀土路基、盐渍土地区路基、黄土地区路基、风沙地区路基、多年冻土地区路基、雪害地区路基、地震地区路基等。从路基的断面形式来分有：深挖路基、高填路基、陡坡路基、高边坡路基等。针对路基的不同形式，对路基本体、地基、边坡等的支挡结构和加固防护措施更多，常用的支挡结构就有十多种。下面将简要介绍路基的基本形式及特点。

2.1.1 路基工程形式

通常根据铁路（或公路）路线设计确定的路基高程与天然地面高程是不同的，路基设计高程高于天然地面时，需进行填筑；路基设计高程低于天然地面时，需进行挖掘。通常把垂直线路中心线截取的截面称为路基横断面。路基横断面形式、构造尺寸、各部分组成和主要设备均可在路基横断面图上得到反映，路基横断面图是路基设计的主要对象之一。

1)路基横断面基本形式

根据填挖情况不同，路基横断面基本形式可分为以下几种：

(1)路堤

当铺设轨道或路面的路基面高程高于天然地面时，路基以填筑方式构成，这种路基称为路堤，如图2-1a)所示。

(2)路堑

当铺设轨道或路面的路基面高程低于天然地面时，路基以开挖方式构成，这种路基称为路堑，如图2-1b)所示。

(3)半路堤

当天然地面横向倾斜，路堤的路基面边线和天然地面相交时，路堤体在地面和路基面相交线以上部分无填筑工程量，这种路堤称为半路堤，如图2-1c)所示。

(4)半路堑

当天然地面横向倾斜，路堑路基面的一侧无开挖工作量时，这种路基称为半路堑，如图2-1d)所示。

(5)半路堤半路堑

当天然地面横向倾斜,路基一部分以填筑方式构成而另一部分以开挖方式构成时,这种路基称为半路堤半路堑,如图 2-1e)所示。

(6)不填不挖路基

当路基的路基面和经过清理后的天然地基面平起,路基无填挖土方时,这种路基称为不填不挖路基,如图 2-1f)所示。

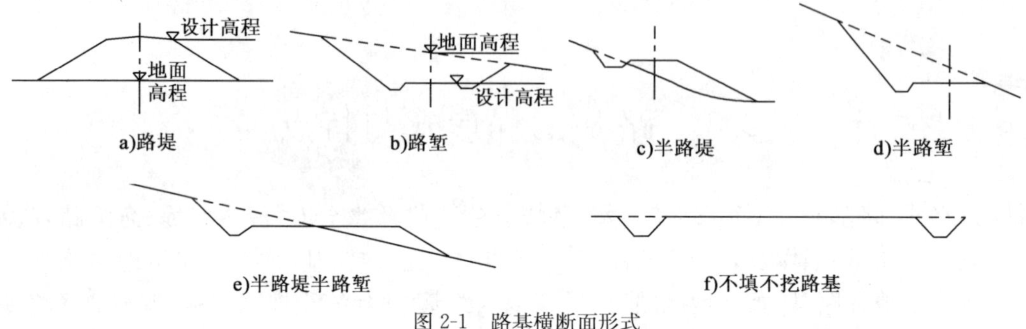

图 2-1 路基横断面形式

2)路基横断面功能构成

从使用功能上区分,路基由路基面、路肩、基床(路床)、基床下部、边坡、路基基底等几部分构成,如图 2-2 所示。

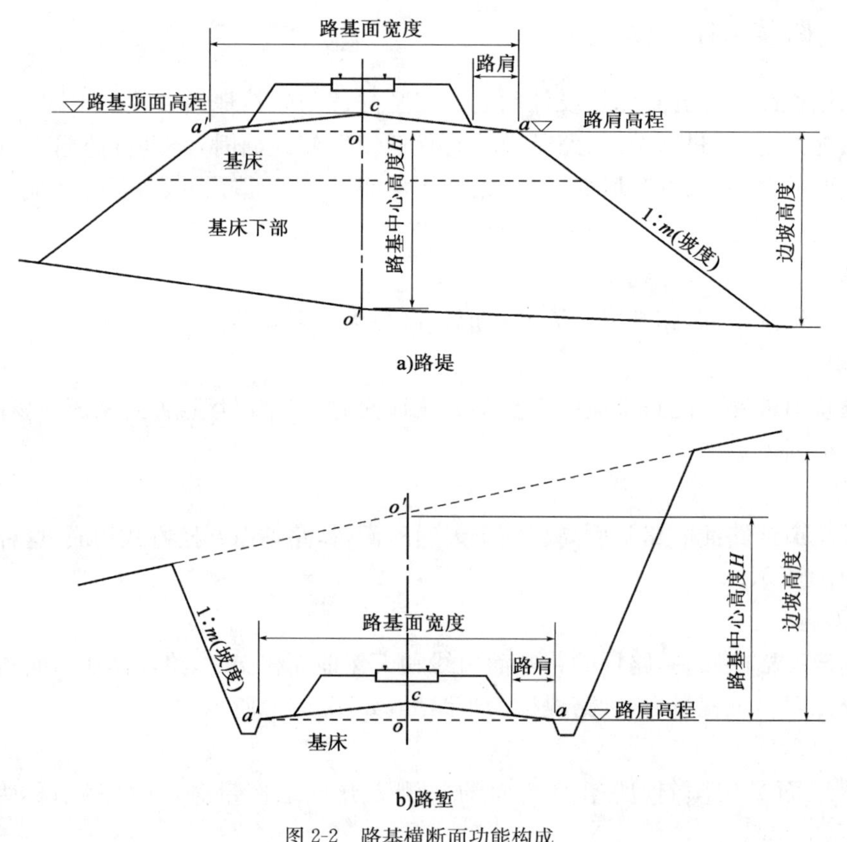

图 2-2 路基横断面功能构成

(1)路基面

在路堤中路基顶面即为路堤堤身的顶面,也称路堤顶面;在路堑中,路基顶面即为开挖地面后形成的构造面。路基顶面是为确保线路正常运营而构筑的工作面,必须具有一定的宽度,如图 2-2 中 aa' 之间的直线距离称为路基面宽度。

(2)路肩

铁路路基顶面两侧自道床坡脚至路基面边缘的部分称为路肩。其作用是:保护轨道以下的路基土体,防止其在列车动荷载作用下侧向挤动;防止道砟失落;防止路基面边缘部分的土体稍有塌落时,影响轨道道床的完整状态;保持路基路面的横向排水;在线路养护维修作业中,路肩是线路器材的存放处和辅助工作面。此外,铁路线路的标志、信号设备以及通信、电力及给水设施也都设置在路肩上或埋置在路肩下。

公路路肩指的是位于车行道外边缘至路基边缘,具有一定宽度的带状部分(包括硬路肩与土路肩),为保持车行道的功能和临时停车使用,也作为路面的横向支承。其主要作用有:保护行车道等主要结构的稳定;为发生机械故障或遇到紧急情况下的车辆需要临时停车提供位置;提供侧向余宽,有利于安全,增加舒适感;可供人、自行车通行;为设置路上设施提供位置;作为养护操作的工作场地;在不损害公路构造的前提下,也可作为埋设地下设施的位置;改善挖方路段的弯道视距,提高交通安全;使雨水能够在远离行车道的位置排放,减少行车车道雨水渗透,减少路面损坏。

路肩必须在考虑了施工误差、路基沉降与自然剥蚀等因素之后,保持必要的宽度。在线路设计中,铁路路基设计高程以路肩边缘的高程表示;公路路基设计高程按公路级别、新建或改建有不同规定。

(3)基床(路床)及基床下部

路基面以下受列车(或汽车)动荷载作用和水文、气候四季变化影响到的范围称为基床(公路称为路床)。其状态直接影响到车辆运行的平稳和速度的提高,设计时应严格执行现行《铁路路基设计规范》(TB 10001—2005)或《公路路基设计规范》(JTG D30—2004)对基床(路床)厚度、填料及其压实标准、排水等的规定。基床分为基床表层和基床底层。路堤基床以下的部分称为基床下部或堤心。

(4)边坡

在路堤的路肩边缘以下和在路堑路基面两侧的侧沟外,因填挖而形成的斜坡面,称为路基边坡。在路堤中,边坡与路肩的交点称为路肩顶肩或路肩边缘点,边坡与地面的交点称为坡脚,路肩高程与坡脚高程之差称为路堤的边坡高度;在路堑中,边坡与原地面的交点称为路堑堑顶边缘,其高程与路肩高程点差为路堑边坡高度。边坡的坡形在路基中常修筑成单坡形、折线形或阶梯形,每一坡段坡面的斜率以边坡断面图上下两点间的高差与水平距离之比表示,如当高差为 1 单位长,水平距离经折算为 m 单位长时,则斜率为 $1:m$。在路基工程中,以 $1:m$ 方式表示的斜率称为坡度,m 称为坡率。在路基本体构造中,边坡的形状和坡度的缓陡对路基本体的稳定和工程费用有重要影响。

(5)路基基底

路堤填土天然地面以下受填土自重及轨道(或路面)、列车(或汽车)荷载作用的部分称为路堤基底。基底部分土体的稳固性,对整个路堤本体以至轨道(或路面)的稳定性都是极为关键的，特别是在软弱土的基底上修建路堤，必须对基底做妥善处理，以免危及行车安全与正常运营。

2.1.2 路基工程特点

路基工程建造于岩土之上、大自然之中，从我国几十年的铁路、公路建设和运营经验来看，路基工程发生各类风险的概率相对桥隧工程更大，这是由路基工程特性决定的。相比其他工程，路基工程具有以下显著特点：

1)路基建筑在岩土地基上，并以岩土为建筑材料

岩和土都是不连续的介质，具有破碎性、孔隙性和多相性，其性质复杂多变，不仅由于线路通过的地形、地质条件不同而具有完全不同的性质，即使同一种岩土，由于气候四季循环、水位涨落、受力状况的变异等都将对其工程性质产生较大影响。过去的研究中大多都将土石视为弹性体，假设其应力——应变关系是线性的，在许多计算中采用材料力学和弹性力学的既有公式，或将土石视为刚塑性体。这些假设都与土石受力后的性状不完全相符。

2)路基完全暴露在大自然中

铁路、公路路基常遇见各种复杂的地形、地质、气候、水文等环境以及受暴雨、地震等自然灾害的影响，常引发路基各种病害，如边坡被水流冲蚀，膨胀土路基干缩湿胀引起路基边坡坍落，路基冻害，雨季发生大滑坡以及地震时砂土液化引起路基下沉、滑移等路基病害，均与路基所处的自然环境有密切关系。路基的设计、施工和养护应针对具体的自然、环境条件，充分调查研究、认识并采取积极的措施克服自然、环境带来的工程风险。

3)路基同时受静荷载和动荷载的作用

路基上的轨道或路面结构和附属建筑物产生静荷载效应，列车或汽车运行产生动荷载效应。动荷载是造成路床或基床病害的主要原因之一。研究土体在动力作用下的变形、稳定问题，必须了解土的动力特性，包括土的动强度和液化、动孔隙水压力增长及消散模式、土的震陷等。一些新的测试手段和计算模式的出现，为进一步研究基(路)床土动力响应，为我国重载高速铁路和高速公路的发展提供了更完善的条件。

2.2 路基工程常见问题及风险

路基裸露在自然界中，整个路基经常受到自重、列车荷载和各种自然因素的作用。由于水、温度和各种荷载的作用，路基的各部分将产生可恢复的变形和不能恢复的变形，那些不能恢复的变形，将引起路基高程和边坡坡度、形状的改变，甚至造成土体位移和路基横断面几何形状的改变，危及路基及其各组成部分的完整和稳定，形成路基的病害。铁路路基常见病害有基床翻浆冒泥、路基下沉等9种：

1)基床翻浆冒泥

基床翻浆冒泥是指含黏粒、粉粒的基床表层土，在水和列车轮对反复加载与卸载的作用下，发生软化或触变、液化，形成泥浆，列车通过时轨枕上下起伏使泥浆受挤压抽吸而通过道床孔隙向上翻冒，造成道砟脏污、板结，丧失弹性。

基床翻浆冒泥分为土质基面翻浆、风化石质基面翻浆、裂隙泉眼翻浆三类。典型的翻浆冒泥多发生在基床表层30～50cm之间，此时，道砟压入基床而形成的道砟囊也较浅，轨道下沉常不明显，且多发生于雨季，路堤、路堑均可发生，是基床病害的早期现象。泥浆使道床板结，失去弹性，加剧了列车对轨道的冲击力，缩短了轨道的使用寿命，增加了线路的维修工作量。基床翻浆如不及早整治，病害将向基床深部发展，导致道砟囊加深，轨道沉陷，从而转化为基床下沉或挤出等严重变形现象。

2)路基下沉

路基下沉是指由于路基土压实度不足或松软，在水、荷重、自重及列车动荷载作用下发生局部或较大面积的竖向变形。一般经过列车运行一段时间后，下沉会趋于缓解，但有时因荷重增加或水的作用使沉降速率加大，局部下沉也会造成陷槽，使线路不平顺。路基下沉可分为基床下沉、地基下沉、边坡外臌导致路基下沉以及支挡结构变形导致路基下沉四类。

(1)基床下沉。由于基床填料的压实度不足、土质不良或由于线路荷载增加而造成的基床面高程局部或大范围的明显沉陷的变形现象。

(2)地基下沉。由于地基土质不良、路基填筑时处理不当或地基加固措施不当，或由于线路荷载增加而造成地基面高程的降低，导致路基下沉。

(3)边坡外臌导致路基下沉。在黏性土或粉土路堤上，受水和列车动荷载影响，道砟囊向边坡方向发展，从而使边坡中下部分向外臌出，导致路基下沉。

(4)支挡结构变形导致路基下沉。由于外力增大、地基或支挡结构本身的缺陷，使支挡结构产生超过设计要求的变形或位移，导致路基下沉。

3)基床外挤

基床外挤主要是指由于基床的软弱层浸水至饱和，在列车动荷载作用下，软弱层沿其下的硬层发生剪切滑动或塑性流动，向路肩一侧或两侧挤出的变形现象。外挤分为路肩隆起和路肩外挤两类。路肩隆起指基床土处于软塑状态，基床发生剪切破坏，在路肩单侧或双侧发生向上隆起的变形；路肩外挤是指基床内的土经常处于软塑状态，而基床下部某一深度处存在硬层或土质密实，阻碍了道砟陷坑向下发展，同时侧向阻力较小，剪切沿交界面发生，发生路肩向外挤出的变形。

4)基床冻害

路基在土质、水和温度的不利组合下，低温季节基床土冻结，短距离地段内出现不均匀冻胀或左右股道的不均匀冻胀，导致线路不平顺，称为基床冻害。基床冻害可分为表层冻害和深层冻害两类。表层冻害指发生在基床土体临界冻结深度上半部分的冻害，或冻结深度小的地区发生的冻害，易造成线路不均匀冻胀。深层冻害产生冻害的部位较深，多因地下水位较高，冻结过程中不断出现冰层而引起。

5)边坡溜塌

边坡溜塌是指路堤或路堑边坡表层受水流侵蚀软化，或由于列车振动作用，失去稳定而形成的边坡浅层溜滑或坍塌。边坡溜塌对于路堤而言其溜塌范围不超过轨枕端部，对于路堑地段，边坡的溜塌不影响到基床的稳定性，超出此范围，即不属于边坡溜塌病害。

6)风化剥落

风化剥落是指风化的石质路堑边坡，在外界环境因素如降水、强风、动荷载等影响下，成片

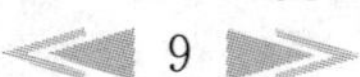

或块体剥落，从而危及线路和行车安全。一般多指因地形、地质原因而造成的体积较小而数量较多的风化岩石剥落。

7)边坡滑动

边坡滑动是指一部分土体在重力作用下沿边坡的某一滑动面滑动。该现象主要是由土体的稳定性不足而引起的，分路堤边坡滑动和路堑边坡滑动。边坡坡度过陡，或边坡坡脚被冲刷挖空，是路堤边坡发生滑动的主要原因。路堑边坡滑动的主要原因，是边坡高度和边坡坡度与天然岩土层次的性质不相适应，特别是有倾向路堑方向的软弱结构面时，就更容易造成边坡滑动。

8)路基边坡支挡结构破坏

支挡结构的倾覆、滑动、剪断、变形造成路基的破坏。

9)环境影响造成的路基破坏

铁路或公路通过不良地质地段(如软土、溶洞、滑坡、泥石流等)，或遭受大暴雨等，均可能因为环境变化而造成路基的毁坏。

2.3 路基工程风险特点

2.3.1 路基工程风险来源

路基工程相比其他工程，具有以下显著特点：①由岩土材料构成；②处于露天环境；③是一种由人工在现场建造的工程构筑物。上述路基工程特点，决定了路基工程建设中必然存在着各种潜在的影响路基工程安全质量的不确定因素，使路基工程存在风险。上述路基工程的三个特点，也是路基工程风险的三大风险来源。

1)岩土材料的复杂性是路基工程风险的主要来源

岩土是一种十分复杂的材料，无论何种力学模型都难以全面而准确地描述它的性状；岩土具有显著的时空变异性，在复杂地质条件下，再细致的勘察测试也难以完全查明岩土性状的时空分布；岩土又有很强的地区性特点，不同地区往往形成各种各样的特殊岩土。岩土材料的复杂性，决定了路基工程设计以及施工必然存在各种由于岩土材料的不确定性因素而带来的工程质量和安全的不确定性，这些不确定性可能导致工程问题的发生并造成损失，即出现工程风险事件。故岩土材料是路基工程风险的主要来源。

2)自然因素是路基工程风险的重要来源

露天环境决定了路基工程必然遭受风、雨、雪、地震等自然因素的影响，自然因素是路基工程风险的重要来源。

3)人工现场建造是路基工程风险不可忽视的来源

路基工程是一种由人工在现场建造的工程构筑物。路基工程施工环节多，施工过程中受人员素质等“柔性”因素影响较大，任何一个环节的疏忽都有可能造成工程缺陷和工程隐患，引起路基工程功能劣化或功能损失，这是路基工程风险的另一个不可忽视的来源。

2.3.2 路基工程风险分类

从上述路基工程风险来源看，路基工程风险具有复杂性。但从管理角度，我们必须从纷繁复杂的诸多因素中找出控制因素或关键因素、典型因素。综合考虑路基工程风险特点，可以将路基风险按来源归为四大类，即自然风险、环境风险、技术风险以及材料风险。下面对上述四类风险做进一步说明。

1）自然风险

自然风险指由于自然，包括并不限于风、雨、雪以及地震等自然条件变化而引起的工程安全和经济风险。

2）环境风险

环境风险指由于铁路或公路地形、地质及周边环境变化或人们对环境认识的局限而引起的工程安全和经济风险。

3）技术风险

技术风险是指在工程建设过程中由于技术问题，包括勘察、设计、施工三个方面，而导致工程产生的风险。其中勘测风险是指在地质勘测过程中因为仪器故障、勘查方法不当或者人为失误等原因造成的地层类型、岩土参数、水质情况等数据错误。设计风险包括诸如排水措施、设计边坡形状、土钉长度、边坡平台宽度、边坡加固措施、支挡措施、地基处理措施等设计的不合理。施工风险包括采用错误的施工方法、没有按照设计要求施工、施工不及时或者人为失误等。

4）材料风险

材料风险是指工程中使用的材料可能出现的质量风险，如钢筋、水泥、砂石等是否合格。如果工程中使用了不合格的材料，工程质量就难以保证。

2.3.3 路基工程风险特点

路基工程风险具有不同于一般工程风险的一些特殊属性，主要表现在以下几个方面：

(1)风险发生频率高。铁路、公路路基工程属带状工程，工程环境复杂多样，且建设工程周期长，不确定因素多，人为或自然原因交叉，进而导致风险时有发生。据有关资料统计，国内工程项目风险发生频率仅次于挖掘业，位居第二。

(2)风险承担主体多元。路基工程项目参与方多，包括业主、承包商、分包商、设计方、材料设备供应商等。风险事故的发生常常与多个参与方有关，因而一项工程通常有多个风险承担者。

(3)风险损失关联度高。由于路基工程项目涉及面较广，同步施工和接口协调比较复杂，各分部、分项工程之间关联度很高。各种风险相互关联呈现出相关分布的灾害链，使得路基工程产生特有的风险组合，这也是不同于其他行业的一个突出特点。

(4)风险管理需要专业知识。路基工程涉及岩土、结构、材料等多学科知识，只有具备了相关的专业知识，才能凭借工程专业经验，识别、评估风险，尽早发现、解决路基工程建设中出现的问题，实施有效的风险管理。

(5)路基工程风险识别还具有个别性、主观性、复杂性和不确定性。个别性是指任何风险都有与其他风险不同之处,没有两个风险是完全一致的。主观性是指风险识别都是由人来完成的,由于个人的专业知识水平(包括风险管理方面知识)、实践经验等方面的差异,同一风险由不同的人识别的结果就会有较大的差异。复杂性是指建设工程所涉及的风险因素和风险事件均很多,而且关系复杂、相互影响。不确定性这一特点可以说是主观性和复杂性的结果。由风险的定义可知,风险识别本身也是风险,因而避免和减少风险识别的风险也是风险管理的内容。

第3章 路基工程风险识别与管理

风险事件或风险因素的识别是风险管理工作的起点和基础，其任务是通过一定的方法和手段，尽可能地找出潜在的、影响建设项目安全、质量、投资、工期等预期目标的风险事件及风险因素；风险事件或风险因素得以识别后，应对识别出的风险进行进一步的分析、评价，对风险发生的可能性、风险后果等作出判断，并采取相应的处置或监控措施，防止风险的发生或降低风险后果。

3.1 路基工程风险识别

路基工程风险识别是指对路基工程所面临的潜在的所有可能的风险事件及风险因素进行梳理、调查和分析，对风险发生的可能性及后果进行分析，并在此基础上对风险进行分类和重要性排序，建立风险清单的过程。风险识别是风险量化与评估的基础，在风险管理过程中占有非常重要的地位。风险识别具有动态性、系统性和综合性等特点。风险识别过程包含感知风险和辨识风险两个环节。

1)感知风险

感知风险即认识、了解客观存在的各种风险，是风险识别的基础，只有通过感知风险，才能进一步在此基础上进行分析，寻找导致风险事件发生的条件或因素，为拟定风险处理方案，进行风险管理决策服务。如在铁路填方路基地段的风险中，可能致损的风险事故有：路基沉陷、不均匀沉降、路基坍塌等。这一认识风险的过程是感知风险。

2)辨识风险

辨识风险即针对具体工程，分析可能引起风险事件的各种因素，研究分析导致风险事件发生的原因和条件。辨识风险，是风险识别的关键。如对引起路基边坡坍塌的风险原因的分析，有填料不良、压实不足、水的影响等。

路基工程风险识别的技术路线：一是由已知风险事件，分析、查找风险因素；二是由已知风险源，分析、预测风险事件。

路基工程风险识别，应结合具体工程，将预测风险事件与查找风险源相结合，按照工程项目→分部工程→分项工程→施工工序的途径查找风险事件，同时围绕自然、环境、技术、材料四个方面查找风险源。路基工程风险识别途径与技术路线见图3-1：

3.2 路基工程风险管理

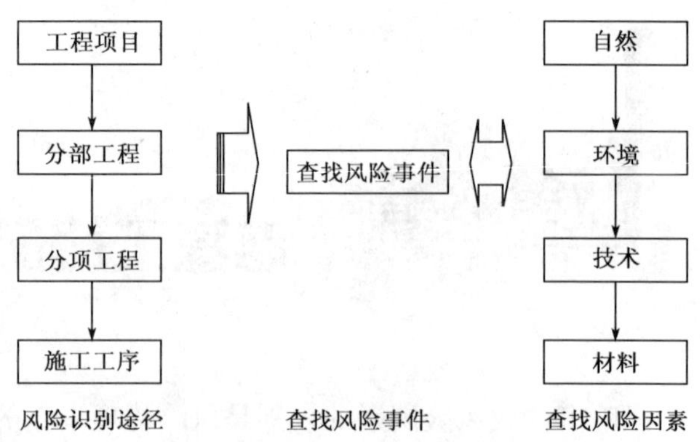

图3-1 路基工程风险识别途径与技术路线示意图

风险管理，广义讲是对风险进行识别、分析、评价、处置以及监控的全过程。也可以理解为在对风险进行识别后，针对潜在的可能引起不良后果的风险进行分析、评价、处置以及监控的过程。本书所讲路基工程风险管理，是指对识别出的路基工程风险进行分析、评价、处置及监控，其内容包括采用科学的方法对风险进行分析、按照合适的标准进行评价、基于对风险的认识以及对风险的承受能力等选择风险处置对策，并对风险进行监控。

1)风险分析

风险分析是在风险识别的基础上，通过对所收集的大量资料的研究、分析，运用各种风险分析技术，估计和预测风险发生的可能性和相应损失的大小。风险分析的目的，是采用定性或定量方法，将各种风险对项目的影响程度尽量的给予量化描述，反映出各种风险间的相互作用，便于风险管理者全面理解，为选择正确的风险管理措施提供依据。工程风险分析应遵循的原则包括：系统性原则、谨慎性原则、相对性原则、定性估计与定量估计相结合原则。

2)风险评价

风险评价是在风险分析的基础上，综合考虑风险属性、风险管理的目标和风险主体的风险承受能力，确定工程风险和风险处置措施对系统的影响程度的工作。风险评价的目的，是依据一定的标准，对风险发生的概率、损失程度和其他因素进行综合考量，得到描述风险的综合指标——风险度，以便对工程的单个风险因素进行重要性排序和评价工程项目的总体风险。风险评价，一般包括定性评价和定量评价。

3)风险处置

风险处置是指对经过风险识别、风险分析和风险评价的风险问题采取行动或不采取行动的活动，它是风险管理过程的一个关键性阶段。风险管理人员在弄清了风险的性质和大小(或等级)之后，必须要用合理而有效的方法对风险加以处理。这一阶段的核心是风险处理手段的选择。针对具体的工程风险事件，依据风险发生的可能性和风险发生后果的严重程度选择工程风险处置对策。工程风险处置应尽可能规避、减小或降低风险损失，以实现工程预期目标。

工程风险处置策略，可以归纳为以下四种：

(1)工程风险回避

指中断风险源、遏制风险事件发生，使风险不致发生或发展的风险管理措施，如改变线路方案以绕避风险源。风险回避是一种最彻底地消除风险影响的策略。

(2)工程风险缓解

指采取有效手段和方法，遏制已发生的工程风险事故的发展事态及范围，是损失最小化的

风险管理措施。如业主违约时，承包商可要求担保人赔付或停工。

(3)工程风险转移

指通过一定方式，将工程风险转移出去的风险管理措施。目前国际上最常用的风险转移手段为工程保险和工程担保。

(4)工程风险自留

顾名思义，就是将风险损失留在风险管理主体内部。一般包括三种情况：一是已知有风险，但由于可能获利而需冒险时，主动保留承担风险；二是当风险无法规避、转移时，被动地将其留下来；三是已知有风险，若采取措施的费用支出可能大于自担风险损失时，亦可能会选择主动自担风险。

4)风险监控

对风险采取不同的处置措施后，还应对风险源进行必要的监测，根据监测情况采取相应的防止风险发生或扩大的控制措施，称为风险监控。风险监控，也可以用作风险处置措施的评价。风险监控的目的是：核对风险管理策略和措施的实际效果是否与预期的相同；寻找机会改善和细化风险处置计划；获取反馈信息，以便将来的决策更符合实际。在风险监控过程中，及时发现那些新出现的以及随着时间推延而发生变化的风险，然后及时反馈，并根据对项目的影响程度，重新进行识别以及风险的分析、评价与处置。针对具体的工程项目，应制定风险监控的具体实施办法，一般应包括监控对象、采集数据要求、风险数据判识标准及应急处理预案等内容。

3.3　路基工程风险识别与管理流程

路基工程风险识别与管理，应贯穿路基工程规划、设计和施工的全过程，其关键在于路基工程规划与设计环节。路基工程风险识别与风险管理是既相互联系、又相互交叉的。在路基工程规划与设计环节，应通过对路基工程风险的识别和管理，规避可能影响使用功能不可恢复的重大缺陷，造成工期严重延误以及巨大程损失的工程风险，同时采取经济合理的工程技术措施，预防路基工程风险的发生。路基工程施工是路基工程风险管理的最后环节，必须通过严格控制施工工艺与质量以及对风险源的监控，预防风险的发生和防止风险的扩大。

路基工程风险识别与管理的基本流程为：收集数据和信息→建立路基工程风险初始清单→识别并确定风险事件及风险因素→分析、估计风险发生的可能性→建立路基工程风险清单→分析、评价路基工程风险→路基工程风险处置→路基工程风险动态监控。

1)收集数据和信息

收集工程项目与风险事件直接相关的信息可能是困难的，但是风险事件不是孤立的，可能会存在着一些与其相关的信息，或与其有间接联系的信息，或是与在建工程项目可以类比的信息。通常包括以下资料：

(1)工程环境资料：工程实施和建成后的运行，都离不开与其相关的自然和社会环境。自然环境方面的气象、水文、地质等对工程实施及运行有较大的影响；社会环境方面的政治、经济、文化等对工程建设也有重要的影响。如，经常下雨会影响到工程的进度，对某些工程还会影响到施工的成本和质量；工程地质条件的变化会引起工程量和工程造价的上升。诸如此类，均会给工程目标的实现构成不确定性。

(2)类似工程资料:已经建成的类似工程的经验、教训,对识别在建工程的风险是非常有用的。所谓类似工程,可以是类似的建设环境,也可以是类似的工程结构,或者两方面均类似。类似工程资料包括并不限于建设过程中的档案记录、工程总结、工程验收资料、工程质量与安全事故处理文件,以及工程变更和施工索赔资料等。

(3)工程设计与施工文件:工程设计文件规定了工程的结构形式、尺寸,以及采用的建筑材料、技术参数、质量标准等,对这些内容的改变均可能会引来工程风险,一般需要进行详细的分析论证。路基工程施工文件应明确工程施工的方案、质量要求、验收标准等。工程施工中经常会碰到施工方案设计或优化选择的问题。此时,应对路基工程的进度、成本、质量和安全目标的实现进行风险分析,进而选择合理的方案。

2)建立路基工程风险初始清单

建立工程风险初始清单是风险识别的起点,初始清单中应明确列出客观存在的和潜在的各种风险,应包括影响生产率、操作运行、质量和经济效益的各种因素。

建立工程初始风险清单,通常有以下两种途径:

(1)采用保险公司或风险管理机构公布的通用的工程风险一览表,以此为基础,风险管理人员再结合工程具体情况,增加或减少风险项目,对工程风险一览表进行补充、细化,从而建立针对特定工程的初始风险一览表。

(2)通过适当的风险分解方式建立工程初始风险一览表。风险分解方式是建立工程项目初始风险清单的有效途径。对于大型、复杂的工程项目,可首先将其按单项工程、单位工程、分部工程、分项工程进行分解;针对具体工程,分别从目标、时间和因素等维度,按施工工序、施工工艺等路线,进行潜在的风险事件或风险因素的梳理,可以较容易的识别出工程项目主要的、常见的风险。

3)识别并确定风险事件及风险因素

根据风险初始清单中列出的风险因素,结合具体项目自身和外部环境的特点,对每一类风险因素的不确定性和潜在的危害进行分析,确定项目可能遇到的风险事件及风险因素。

4)分析、估计风险发生的可能性及后果

对识别出的风险进行进一步的分析,估计风险发生的可能性及后果,并进行风险分类和重要性排序,其目的在于:①通过对风险发生的可能性及后果的分析和估计,能加深对风险的认识和理解;②通过对风险进行分类和重要性排序,有利于辨清风险的性质,从而有助于制定风险管理目标。

风险分类有很多种方法,有些人注重于列出清单,不管概率大小和轻重程度,统统罗列;有些人则根据其造成的影响到严重程度分类列举,但很多人往往忽视了不同风险事件之间的联系。正确的方法应该是根据风险的性质和可能结果及彼此间可能发生的关系进行风险分类。这样的风险分类能更彻底地理解风险、预测其结果,且有助于发现与其关联的各方面因素。常见的分类方法是由若干个目录组成框架形式,每个目录中都列出不同种类的风险,并针对各个风险进行全面检查。这样可避免仅重视某一个风险而忽视其他风险的现象。

风险分类完成后即可进行风险的重要性排序,通过风险因素重要性排序,可以将具体工程

项目可能面临的风险按照重要程度排列出来，这样便于项目管理人员对工程风险有一个整体的认识。

5）建立路基工程风险清单

建立工程风险清单是风险识别的最后一个步骤。通过建立具体工程项目的风险清单，可将工程项目可能面临的风险汇总并按照重要性排列，可以使风险管理人员对项目风险有整体的印象，而且可使每个人不仅考虑自己所面临的风险，也自觉意识到其他风险管理人员的风险，并考虑风险之间的联系。

6）分析、评价路基工程风险

路基工程风险分析，是对识别出的路基工程风险分析其发生的条件、可能发生的时间和发生的后果，以及风险可能造成的损失和影响等。

路基工程风险评价，则是依据一定的标准，综合风险发生的可能性（概率）和风险发生后果的严重程度，对风险进行分级，为风险处置提供参考。

制定工程风险分级，主要目的是便于风险管理工作的开展。工程风险管理工作中，针对不同分级的工程风险，应制定相应的风险管理分级，给予不同分级的工程风险以相应足够的重视，对发生可能性大、后果严重程度高的工程风险，要给予高度的重视。

判断风险发生的可能性，理论上可用风险发生的概率大小来表示，但概率计算需要足够的样本数据建立正确的计算模型，目前尚难以实现。实际工作中，更多的是依赖专家的经验和智慧来判断风险发生的可能性。

7）路基工程风险处置

对于具体的路基工程，因为工程类型、工程形式以及所处的工程环境不一样，相同的风险事件可能会造成不同的后果，即使造成的后果一样，但带来的社会影响等方面也可能差异极大；工程技术人员对工程风险的处置，依赖于对风险的认识程度；同时，工程决策者对风险的判断、对风险的承受能力等，也会影响其工程风险处置决策。

路基工程风险处置，一般应遵循以下基本原则：①应采用经济合理的技术和管理措施，预防路基风险的发生，降低或减少风险损失；②必须规避类似垮塌、滑移等致使路基出现难以恢复或影响正常使用功能的工程风险。

针对具体的工程风险事件，依据风险发生的可能性和风险发生后果的严重程度，一般情况可以按表3-1选择工程风险处置对策。

路基工程风险处置对策表　　表3-1

风险发生的可能性及后果	风险处置对策
可能性小、后果轻微	应对风险源进行必要的监测，预防风险的发生和扩大
后果轻微但可能性大	应重视并采取相应的工程或管理措施，预防风险的发生和扩大
可能性较小但后果较严重	应高度重视并采取可靠的工程措施，预防风险的发生，降低风险或减轻风险后果
可能性较大且后果较严重，或后果严重	应高度重视并采取措施予以规避，当无法规避时应采取积极、可靠的工程措施，降低风险或减轻风险后果

规避路基工程风险的措施，包括：①调整线路平面或纵断面，避开风险源或减少风险源的影响；②选用桥梁、隧道等风险较小的其他工程方案；③优化路基工程布置形式，减少风险源的影响。

8)路基工程风险动态监控

路基工程风险动态监控，是路基工程施工环节风险管理的一项重要内容。施工环节风险管理的核心任务除落实路基工程风险处置措施，还必须对风险源、风险处置效果等进行动态监控，并对新发现的风险进行识别和管理，对风险处置中出现的偏差及时纠正，防止风险的发生或扩大。

落实路基工程风险处置措施，还包括采取有效措施防范施工作业过程中出现的安全风险(通常称为施工风险)、防范因施工质量不满足要求而引起的路基工程功能劣化或功能损失的风险(通常称为工程质量风险)。防范施工风险，必须严格施工作业程序，严格落实安全措施。施工前，要对施工环节可能出现的风险进行识别，并制定预防风险的措施；同时在施工中，要对危险源实施有效监控，并及时处置，防止风险的发生或扩大。防范工程质量风险，必须严格按照设计图纸和工程质量标准施工，严格工艺和工序管理，同时在施工中应积极采取信息化施工手段，根据施工反馈信息，及时采取补救措施，确保路基分部、分项工程质量满足要求。

第4章 路基工程风险识别常用方法

风险识别是发现、认可并记录风险的过程,包括确定风险来源及风险产生的条件,描述其风险特征和确定对工程项目产生的影响等。风险识别的目的是发现影响工程项目的不确定性因素。风险的识别有很多成熟的方法,本章就其中主要的、适用于路基工程的风险识别方法进行探讨,且重点关注技术问题所带来的风险,故在风险来源中,把自然因素、环境因素统一合并为自然与环境因素。

4.1 专家调查法

专家调查法(Expert Investigation Method)又称为德尔菲(Delphi)法,是一种常用、简单、易行的分析方法,是一种征集专家们意见据以判断决策的系统分析方法,被世界各国广泛用于评价决策、协调计划、预测经济和技术以及组织决策等活动中。应用专家调查法,首先要列出可能的工程项目风险清单,然后根据专家经验对风险因素的重要性进行评价。该方法适用于勘测资料少、地质未知因素多、主要靠主观判断和粗略估计来确定问题的路基工程风险评价。

4.1.1 专家调查法参与人员

专家调查法的参与人员主要有:

(1)组织者——风险分析或预测方面的专家,负责评价过程的协调、组织工作。

(2)受访者——路基工程专业的专家或技术人员,如勘察、设计、施工和概预算人员等,结合调查问卷提出自己认为该工程可能存在的风险因素,并定性评价风险因素的概率和后果。

(3)分析者——具有一定建设工程专业知识的技术人员,对返回的调查问卷进行分析、处理。

专家组的人数一般在10人左右,调查问卷反馈时间不宜太长,否则其时效性、准确性较差。

4.1.2 专家调查法一般步骤

此方法的应用可按以下流程进行:根据风险识别结果制作专家打分表;专家根据个人经验确定每个风险因素的权重及每个风险因素出现可能性的等级值;将权重和风险等级值相乘,总分越高风险越大。一般可按以下五个步骤进行：

(1)将项目基本信息和归纳的问题提供给专家。

(2)专家匿名提出意见。

(3)归纳专家意见，形成意见统计结果。

(4)反馈给专家，专家匿名再提出意见。

(5)反复多次后，将归纳总结的意见提供给决策者作为决策的依据。

专家调查法用于路基工程风险评价时，可以采用归纳统计将大多数人的意见和少数人的意见都包含在内，避免了一般归纳法不全面的弊端。但本方法分析结果往往受组织者、参加者的主观因素影响，可能存在偏差。

4.1.3 专家调查法方法样表

例如，当想要得到各风险因素出现的可能性时，组织者可利用专家调查法制表(参见表4-1)，专家根据自身经验在“风险因素出现的可能性”一栏打勾以完成调查工作。

某路堤地段重力式挡土墙墙身开裂风险调查表 表4-1

<table>
<tr><th colspan="3" rowspan="2">可能导致风险发生的因素</th><th colspan="5">风险因素出现的可能性(C)</th></tr>
<tr><th>很大1.0</th><th>较大0.8</th><th>中等0.6</th><th>不大0.4</th><th>较小0.2</th></tr>
<tr><td rowspan="7">自然与外部环境</td><td rowspan="2">水文地质灾害</td><td>大雨、暴雨冲刷，洪水</td><td></td><td></td><td></td><td></td><td></td></tr>
<tr><td>地下水的侵蚀</td><td></td><td></td><td></td><td></td><td></td></tr>
<tr><td rowspan="2">使用环境</td><td>气候变化如干燥、潮湿</td><td></td><td></td><td></td><td></td><td></td></tr>
<tr><td>其他土建工程的影响</td><td></td><td></td><td></td><td></td><td></td></tr>
<tr><td rowspan="3">受力情况</td><td>动应力增加</td><td></td><td></td><td></td><td></td><td></td></tr>
<tr><td>地震力超荷</td><td></td><td></td><td></td><td></td><td></td></tr>
<tr><td>轴重增加</td><td></td><td></td><td></td><td></td><td></td></tr>
<tr><td rowspan="10">技术</td><td rowspan="3">勘测</td><td>填料参数不正确</td><td></td><td></td><td></td><td></td><td></td></tr>
<tr><td>基底岩土参数不正确</td><td></td><td></td><td></td><td></td><td></td></tr>
<tr><td>地层的类型不正确</td><td></td><td></td><td></td><td></td><td></td></tr>
<tr><td rowspan="3">设计</td><td>土压力设计小于实际值</td><td></td><td></td><td></td><td></td><td></td></tr>
<tr><td>挡土墙材料强度设计值取大了</td><td></td><td></td><td></td><td></td><td></td></tr>
<tr><td>墙身突变处未设构造措施</td><td></td><td></td><td></td><td></td><td></td></tr>
<tr><td rowspan="4">施工</td><td>墙身尺寸不够</td><td></td><td></td><td></td><td></td><td></td></tr>
<tr><td>墙体材料强度不达标</td><td></td><td></td><td></td><td></td><td></td></tr>
<tr><td>墙背反滤层材料、厚度不符合要求</td><td></td><td></td><td></td><td></td><td></td></tr>
<tr><td>墙背泄水孔未按设计要求施作</td><td></td><td></td><td></td><td></td><td></td></tr>
<tr><td colspan="2" rowspan="2">材料</td><td>挡墙材料劣化</td><td></td><td></td><td></td><td></td><td></td></tr>
<tr><td>水泥、粗、细集料不符合要求</td><td></td><td></td><td></td><td></td><td></td></tr>
</table>

4.1.4　优缺点分析

专家调查法的优点是在缺乏足够统计数据和原始资料的情况下，可以做出定性的估计，适用于决策前期；缺点主要表现在主观性较强，易受心理因素的影响。

4.2　分解分析法

分解分析法（Decomposition Analysis Method）就是根据分解原则，将复杂的事物分解成较为简单的、容易被识别的事物，化大系统为若干小系统，从而识别可能存在的种种风险与潜在的损失。分解分析法是将复杂事情简单化的一个过程，以树状图的形式展示出各种风险因素及其相互关系，以便识别。常用的有结构分解识别法、风险因素分解识别法。

4.2.1　结构分解识别法

为了管理上的方便，可根据工程项目一般的分解方法，将其分解为主体工程、分部工程、分项工程等。然后，从工程项目的最小单位开始逐步识别风险。图4-1为某路基工程项目结构分解图，可从该项目的分项工程开始分析可能存在的种种风险。

主体工程　分部工程　分项工程
某路基工程
基床
高填 ……
深挖 ……
边坡
软土 ……
滑坡 ……
……
加固防护 ……
支挡结构
桩板墙
抗滑桩
锚索桩
锚杆墙

图4-1　某路基工程项目分解图

4.2.2　风险因素分解识别法

引发工程项目风险的因素多种多样，而且不同的工程项目差异也比较大。然而总可以按照某种方法进行分解，使风险因素具体化，从而进行风险识别。图4-2是工程风险因素分解示意图。

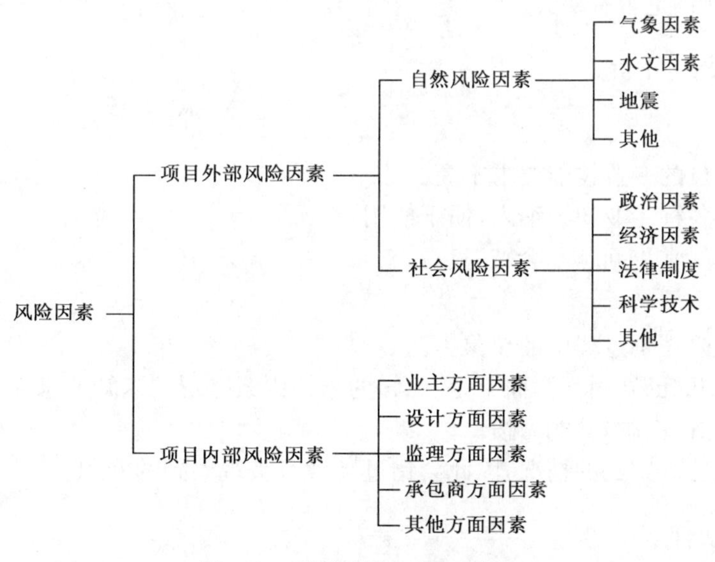

图4-2　工程风险因素分解示意图

4.3 核对表法

核对表法(Check-lists)也称检查表法。核对表是危险、风险或控制故障的清单,而这些清单通常是凭过去经验(要么是根据以前的风险评估结果,要么是因为过去的经验教训)进行编制的。运用核对表的前提是已建立完善的风险评价指标体系,通过对指标体系的细化找出所有可能存在的风险因素,然后以提问的方式将这些风险因素列在表格中,以达到风险识别的目的。核对表法既可用于可研和设计阶段风险因素的识别,也可用于施工阶段风险因素的识别。

4.3.1 核对表法参与人员

核对表法的参与人员主要有:

(1)组织者——风险分析或预测方面的专家,负责制定核对表。

(2)受访者——铁路或公路工程领域的专家或技术人员,主要工作是对核对表中罗列的风险因素进行确认或增补,并定性评价风险因素的概率和后果。

(3)分析者——路基工程专业的专家,对返回的核对表进行审核、分析。

该方法的人数一般没有限制。

4.3.2 核对表法一般步骤

一般可按以下三个步骤进行:

(1)确定活动范围。

(2)制定一个能充分涵盖整个范围的核对表。核对表中的要素要有针对性,不可使用通用的核对表来识别新的危险或风险。

(3)对使用核对表的人员或团队进行培训,使参加人员熟悉过程或系统的各个因素,同时检查核对表上的项目是否有缺失。

4.3.3 优缺点分析

1)优点

(1)对使用人员的专业技能要求不高。

(2)核对表将各种专业知识纳入,便于使用。

(3)有助于确保常见问题不会被遗忘。

2)局限性

(1)会限制风险识别过程中的想象力。

(2)论证“已知的已知因素”,而不是“已知的未知因素”或是“未知的未知因素”。

(3)鼓励“在方框内画勾”的习惯。

(4)往往基于已观察到的情况,因此会错过还没有被观察到的问题。

4.3.4 方法样表

风险核对样表见表 4-2。

风险核对样表 表4-2

序号	风险事件	发生位置	风险因素（分层次）	风险描述	风险可能产生的后果	是否有对应的措施	备注
							组织者填写
							受访者填写

4.4 头脑风暴法

头脑风暴法(Brain Storming Method)是指刺激并鼓励一群知识渊博的人员畅所欲言，以发现潜在的失效模式及相关危险、风险、决策标准或处理办法。“头脑风暴法”这个术语经常用来泛指任何形式的小组讨论。然而，真正的头脑风暴法包括旨在确保人们的想象力因小组内其他成员的思想和话语而得到激发的特殊技术。

头脑风暴法的基本流程可概括如图4-3所示。

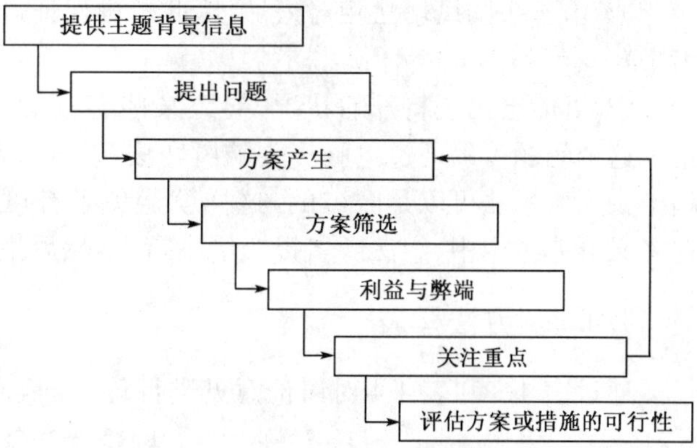

图4-3 头脑风暴基本流程

4.4.1 头脑风暴法参与人员

头脑风暴法的参与人员主要有：

(1)组织者——风险分析或预测方面的专家，一般担任会议主持人，控制会议进程。要求主持人必须具有较高的素质，思维敏捷，反应灵敏。

(2)思想产生者——对工程熟悉的路基工程专业领域的专家或技术人员，如勘察、设计、施工或概预算工程师，人数占小组成员的50%～60%，畅所欲言发表自己的想法，提出可能存在的风险因素或风险事件。

(3)分析者——路基工程领域内知识渊博的高级专家，既要发表自己的看法，也要对识别出的路基工程风险因素进行分析。

专家组的人数一般在10人左右，会议时间不宜太长，组织者要给发表意见者创造一个宽松的环境，使人们畅所欲言，以利于产生新思想、新观点。

4.4.2 头脑风暴法一般步骤

一般可按以下四个步骤进行：

(1)讨论之前，与会人员应对讨论主题有充分的准备。

(2)在讨论过程中，可轮流发言、各抒己见，不进行判断性定论，并尽量将每人的发言如实记录完整,且发言人应核对记录中自己的发言内容。

(3)讨论结束后,与会者共同评价讨论中的每一条意见。

(4)主持人对讨论意见进行总结,形成最终结论。

4.4.3 优缺点分析

头脑风暴法可以排除折中方案,对所讨论问题通过客观、连续的分析,找到一组切实可行的方案。具体来说,其优缺点可概括如下。

1)优点

(1)激发了想象力,有助于发现新的风险和全新的解决方案。

(2)让主要的利益相关者参与其中,有助于进行全面沟通。

(3)速度较快并易于开展。

2)局限性

(1)参与者可能缺乏必要的技术及知识,无法提出有效的建议。

(2)由于头脑风暴法相对松散,因此较难保证过程的全面性(例如,一切潜在风险都被识别出来)。

(3)可能会出现特殊的状况,导致某些有重要观点的人保持沉默而其他人成为讨论的主角。这个问题可以通过电脑+头脑风暴法,以聊天论坛或名义群体技术的方式加以克服。电脑+头脑风暴法可以是匿名的,这样就避免了有可能妨碍思路自由流动的个人或政治问题。在名义群体技术中,想法匿名提交给主持人,然后集体讨论。

4.4.4 方法样表

通过表4-3和表4-4对讨论意见进行总结,形成最终结论。

头脑风暴法会议表　　表4-3

阶　段		时间		编号	
会议主题					
参加人员					
会议记录					
会议结论					

会 议 签 到 表　　表4-4

会议名称			
姓名	专业	职务/职称	本人签字

会议之后,项目负责人应根据会议结论填写风险清单表。

4.5 故障树分析法

故障树法(Fault Tree Analysis,简称FTA)是用来识别并分析造成特定不良事件(称顶事件)因素的技术。因果因素可通过归纳法进行识别,也可以按合乎逻辑的方式进行编排并用树形图进行表示，树形图描述了原因因素及其与重大事件的逻辑关系。

故障树中识别的因素可以是与组件硬件故障、人为错误或造成不良事项的其他相关事项。

故障树是一种特殊的倒立树状逻辑因果关系图，它用事件符号、逻辑符号和转移符号描述系统中各种事件之间的因果关系。故障树法遵循从结果找原因的原则，在前期已预测和识别各种潜在风险因素的基础上，沿着路基工程风险产生的路径，分析各风险因素之间的因果关系，建立起路基工程风险故障树分析模型，再运用逻辑演算的方法计算出风险概率或后果，从而实现对风险的评价。

故障树具有应用广泛、逻辑性强、形象化等特点，其分析结果具有系统性、准确性和预测性。与故障树类似的方法还有概率树法（Probability Tree）、决策树法（Decision Tree）等。

4.5.1　故障树法一般步骤

一般可按以下三个步骤进行：

（1）选定顶事件。也称之为逻辑分析目标，一般为最不希望发生的且欲研究的风险事件，将之列为第一层。

（2）找出中间事件。首先找出导致顶事件发生的所有直接原因事件，将之并列为第二层，再找出导致第二层各事件发生的所有直接原因事件，将之并列为第三层，如此层层向下，直至找到最基本原因事件。

（3）列出底事件。底事件为最基本的原因事件，具有不可再分的特性，排在故障树的最底层。

4.5.2　故障树法优缺点

1）优点

（1）它提供了一种系统、规范的方法，同时具有足够的灵活性，可以对各种因素进行分析，包括人际交往和客观现象等。

（2）运用简单的“自上而下”方法，可以关注那些与重大事件直接相关故障的影响。

（3）FTA 对具有许多界面和相互作用的分析系统特别有用。

（4）图形表示有助于理解系统行为及所包含的因素。然而，由于故障树通常较大，故障树的处理可能离不开计算机系统。这样便可以将更复杂的逻辑关系包括在内。

但对故障树的逻辑分析和对分割集合的识别有利于识别高度复杂系统中的简单故障路径。在这种系统中，人们可能会忽视那些导致顶事件的诸多事项的综合体。

2）局限性

（1）计算出的顶事件的概率或频率很不确定；基础事件概率的不确定性被包括在首要事件概率的计算中。当不能准确知道基础事件故障概率时，可能导致高度的不确定性；当然，对于一个被充分理解的系统有可能得到高的可信度。

（2）有时，起因事件（Causal Envents）未得到限制，因此很难确定顶事件的所有重要途径是否都包括在内。

（3）故障树是一个静态模型，时间的互相依赖性没有解决。

（4）故障树只能处理二进制状态（有故障/无故障）。

(5)虽然定性故障树可以包括人为错误,但是一般来说,各种程度或性质的人为错误引起的故障无法包括在内。

(6)故障树无法将多米诺效应或条件故障包括在内。

4.6 图 解 法

图解法(Graphical Method)是根据建设工程风险的特点,建立相关的因果分析图或流程图,并进行风险识别与分析的方法。

4.6.1 因果分析图[48]

因果分析图(Cause-and-effect Diagrams)是根据核查表等方法分析风险的存在,或在假设风险存在的基础上,经常使用的确定风险起因的方法。图 4-4 是分析混凝土强度达不到设计要求时使用的因果分析图。

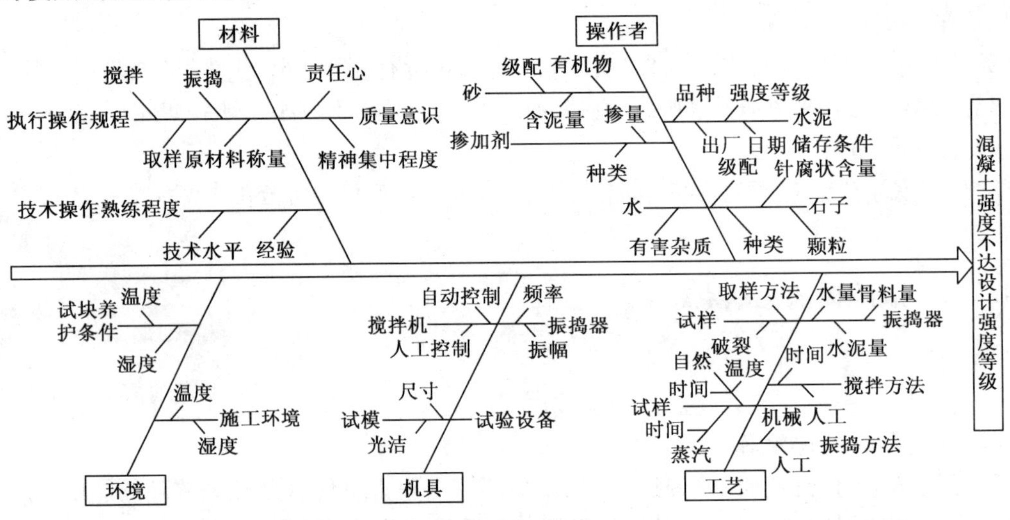

图 4-4 混凝土强度不足的因果分析图

4.6.2 流程图[48]

流程图(Flow Diagram)是将一项特定的生产或经营活动按步骤或阶段(如,工程项目实施过程,或是工程项目某一部分管理过程,或某一部分结构的施工过程,或某一施工过程)顺序以若干个模块形式组成一个流程图系列,在每个模块中都标出各种潜在的风险因素或风险事件,从而给决策者一个清晰的总体印象;再结合工程的具体情况,识别本工程存在哪些风险的方法。风险识别的流程图方法可应用于识别非技术风险,也可应用于识别技术风险,图 4-5 是建设工程项目风险识别流程图。

一般来说,对流程图中各个步骤或阶段的划分比较容易,关键在于找出各步骤或各阶段不同的风险因素或风险事件。由于建设工程实施的各个阶段是确定的,因而关键在于对各阶段风险因素或风险事件的识别。

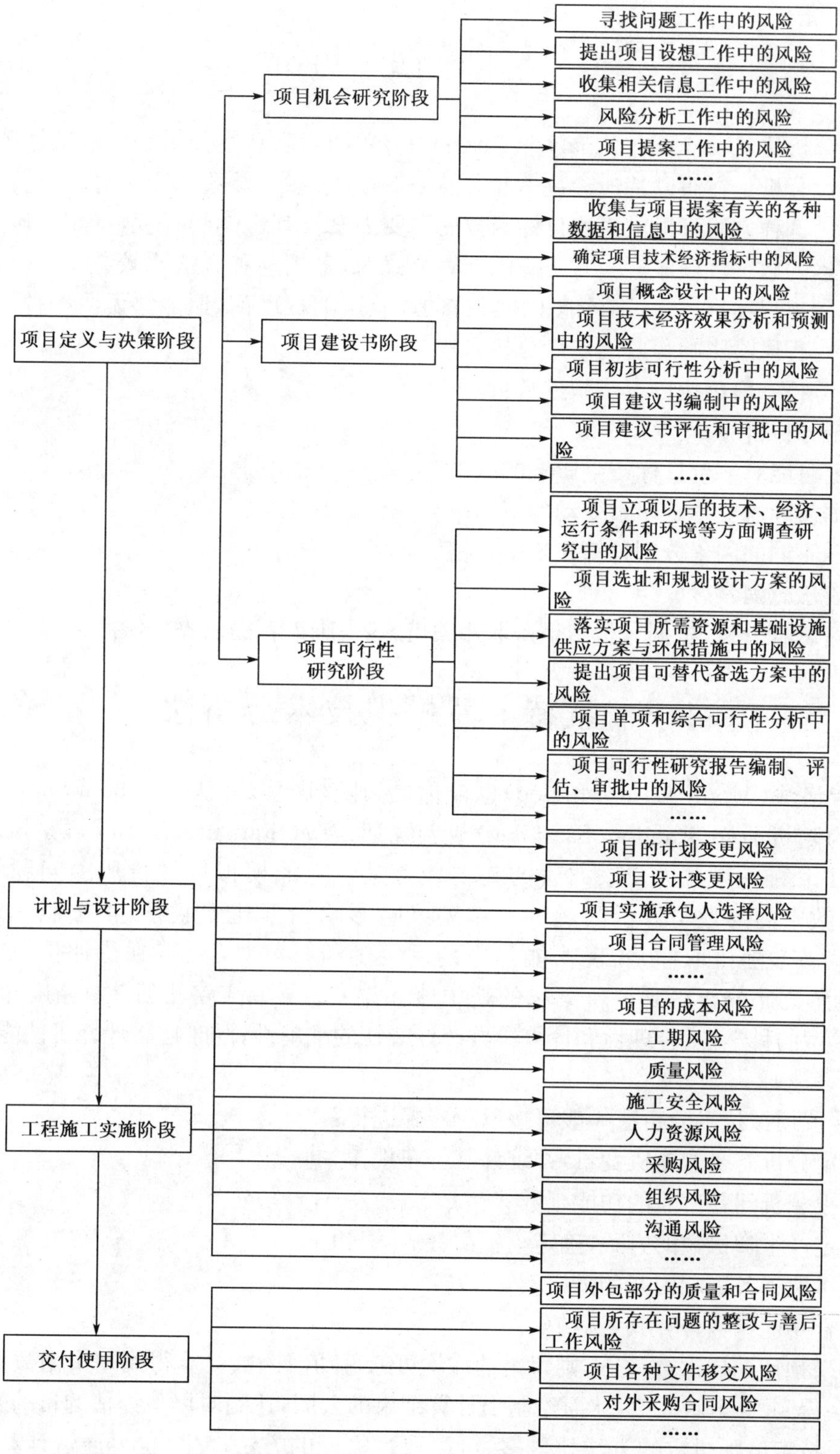

图 4-5　建设工程项目风险识别流程图

4.7 敏感性分析法

敏感性分析法(Sensitivity Analysis Method)分单因素敏感性分析和多因素敏感性分析。单因素敏感性分析是在假设其他参数不变的前提下,考察某一参数的变化对预定功能或作用效应的影响。这种方法可提供影响目标函数的主要因素及其影响的程度,可相应排除目标函数对影响因素的敏感性顺序。当有明确的计算公式时,采用这种方法比较方便。使用敏感性分析方法识别工程项目风险,不可能得出具体的风险影响程度值,但能够说明一种影响程度,是一种判断工程风险影响程度的定量分析方法。

敏感性分析一般可按以下步骤进行:

(1)选定分析目标。

(2)确定可能对评价目标产生影响的因素。

(3)根据实际需要选定因素变动的范围。

(4)按照不同的因素分别计算评价指标值。

(5)明确敏感因素。

(6)进行综合分析,根据分析结果采取相关措施,为决策者提供决策依据。

4.8 蒙特卡罗模拟技术分析法

蒙特卡洛法(Monte Carlo Method)也被称之为随机模拟方法(Random Simulation),也有人称其为随机抽样(Random Sampling)或者统计试验(Statistical testing),是风险评价定量分析中常用的一种方法。该方法的基本理念是建立能模拟待评价风险问题的功能函数,并使函数中的参数与评价问题的一系列风险影响因素建立联系,再按照一定的统计特征对这些参数随机取样,实现功能函数的反复随机抽样计算,得到待评价风险问题的结果集,进而统计分析得到评价结果的期望值和误差。蒙特卡洛法的计算精度和有效性取决于计算模型的科学性、合理性和计算参数统计特征的准确性,同时还与计算机性能和计算次数有关。

蒙特卡罗模拟技术分析法一般可按以下步骤进行:

(1)拟定分析需要的随机变量,并统计其分布规律。

(2)建立分析问题所需的功能函数 $Z_i=g(x_1,x_2,\cdots,x_n)$。

(3)制定产生随机数的方式,确定模拟次数。

(4)随机取得各影响因素的随机值 $x_1,x_2,\cdots,x_n$。

(5)结合功能函数计算其函数值。

(6)如果预计抽样次数为 N,则每组抽样均可通过功能函数计算得到一个函数值,经过 N 次抽样就会得到 N 个函数值,从而绘制出计算结果的云图,达到对风险评估的目的。

产生蒙特卡洛随机数的方法比较多,可以通过物理的方法产生,也可通过计算机方法产生,如利用 Excel、Matlab 等软件协助生成随机数。

4.9 影响图分析法

随着决策理论的进一步发展，二十世纪八十年代初新兴起一门决策分析学科，即影响图分析法(Influence Diagram Method)。它作为有效的建模工具和分析方法，既适合决策者思考问题的方式，又能达到决策分析所应具有的准确性，是表达不确定性变量和决策的一种图形方法。

影响图是由一个有向图构成的网络。它用直观紧凑的图形表示出问题中主要变量间的相互关系，并可以清楚地揭示出变量间存在的相互独立性及进行决策所需的信息流，它既可以作为一般直观的定性分析工具，又可以成为由计算机实现的量化分析手段。

在以往的决策分析中，分析风险因素对项目的影响时，每个风险因素是相互独立的，互不联系。而实际中各种风险之间存在着一种必然的联系与相互作用。而这种风险因素之间的影响在以往的评价中都隐藏在专家评价过程中，被近似处理了。影响图技术的提出正好弥补这一空白。在影响图中，用结点和弧线来表示这种因素间的影响，更方便、简洁。

影响图是近十几年来发展起来的一门新兴决策分析方法。尽管国内外学者做了大量的理论研究，但它仍有许多有待进一步完善的地方；影响图的定义还要扩展，影响图的运算还要简化。目前关于影响图的应用实例还很少。需要指出的是，影响图技术为工程风险分析提供了一种思考问题、解决问题的新思路，它的应用前景很广阔。

4.10 层次分析法

层次分析法(Analytic Hierarchy Process 简称 AHP)是由美国运筹学家匹兹堡大学教授萨蒂于20世纪70年代初提出的。他的基本思路是把一个复杂的问题分解为各个组成因素，并将这些因素按支配关系分组，从而形成有序的递阶的层次结构。通过两两比较的形式确定层次中各因素的相对重要性，然后综合判断以确定各因素相对重要性的总排序。

层次分析法特点：

(1)细化工程项目安全评价因素体系和权重体系，让其更为合理。

(2)对方案进行评估，采用两两比较的方法，能够提高评价的准确性。

(3)对结果的分析处理，可以对评判结果的逻辑性、合理性进行判别和选择。层次分析法的具体实例可见第5章。

4.11 专家打分法

专家打分法(Expert Scoring Method)是指通过匿名方式征询有关专家的意见，对专家意见进行统计、处理、分析和归纳，客观地综合多数专家经验与主观判断，对大量难以采用技术方法进行定量分析的风险因素做出合理估算，经过多轮意见征询、反馈和调整后，根据专家的工程经验，对识别出的风险因素直接进行权重评定。当风险因素较多时，采用层次分析法显得过于繁琐，这时候可以采用这种便于操作的方法。

图 4-6 为滑坡地段路基风险分析专家打分表。

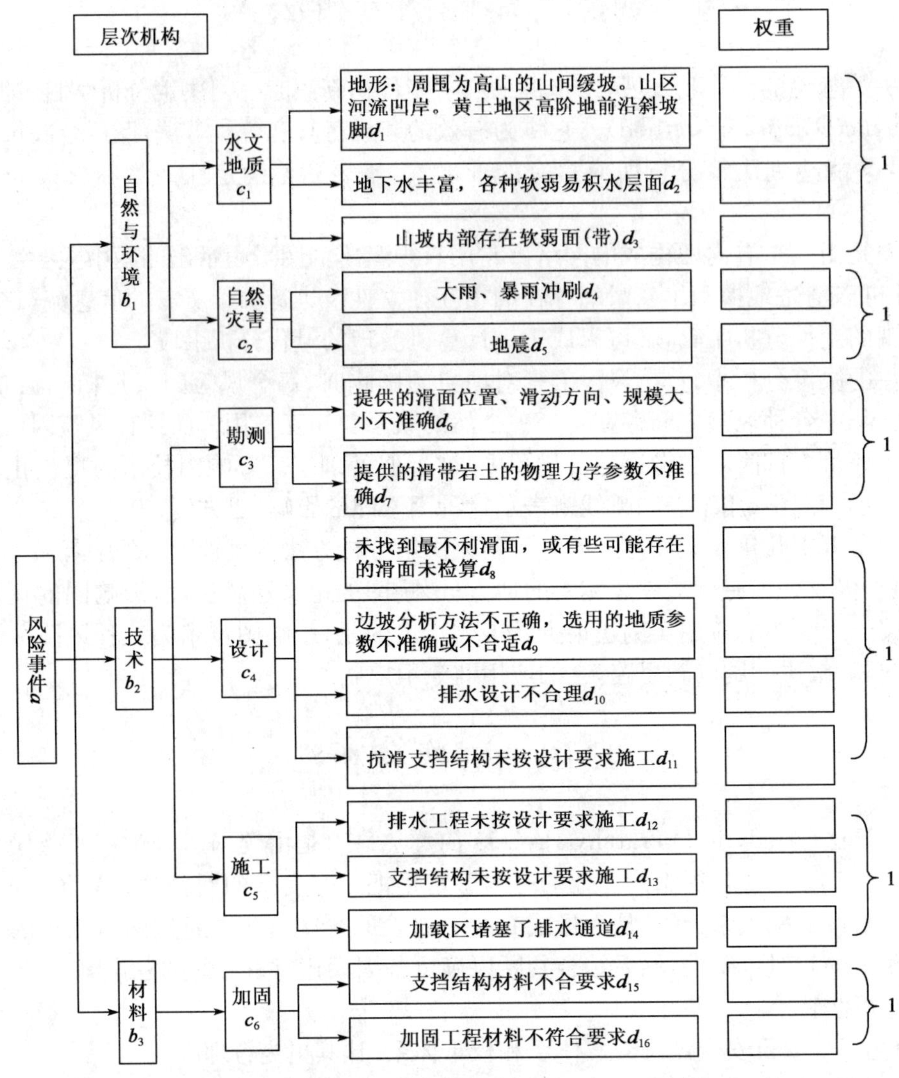

图 4-6　滑坡地段路基风险分析专家打分表

实际应用中,可采用专家打分法结合层次分析法一起进行风险排序分析。如在图 4-6 的树状层次分析结构图中,先利用层次分析法计算出中 C 层的各个指标相对于 A 层风险事件的权重 W_1,再由专家根据自己的经验打分得到 D 层指标相对于 C 层指标的权重 W_2,两者相乘得到 D 层指标对 A 层指标的权重 W。

4.12　仿真分析法

仿真分析法(Simulated Analysis Method)主要是借助仿真分析工具,对风险事件发生的可能性、发生部位、发生概率,以及导致风险事件发生的风险因素的敏感性等进行仿真计算分析。

仿真分析法适用于复杂工程的风险问题分析。该方法的关键是建立风险仿真分析模型。

4.13　模型试验法

模型试验法(Model Test Method)主要是通过实施模拟或现场试验,将事物的各种因素、发展过程再现出来。一般仅用于对于复杂的风险问题或影响重大的风险问题的求证,该方法的关键是建立合理的风险试验模型。

第5章 填方路基风险识别与防范

填方工程在路基工程中占有较大的比例，填方路基工程根据路基工程的填高、边坡高度、地面横坡的陡度，可分为高填方路基、低填方路基、陡坡路基。可综合运用专家调查法、核对表法、分解分析法等方法对填方路基工程风险进行识别，表5-1为填方地段路基不同断面形式存在的风险事件类型。

填方地段路基不同断面形式存在的风险 表5-1

填方断面形式及填方支挡措施	风险事件
高填方	路堤整体失稳、路堤边坡溜坍垮塌
	路堤工后沉降、差异沉降超过规范允许值
	路基面开裂
高边坡	路堤边坡溜坍垮塌、坡脚破坏
低填方和半填半挖地段	路堤沉陷、不均匀沉降、填方沿陡坡下滑
陡坡路基上的填方地段	沿基底接触面产生滑动
	路堤随基底覆盖层沿倾斜基岩滑动
	路堤连同下卧软弱土层沿某一圆弧滑动面滑动
重力式挡土墙地段	重力式挡土墙倾覆、水平滑动、墙身断裂、基底整体失稳
	重力式挡土墙沿墙背滑动
	重力式挡土墙外倾、墙身开裂
衡重式挡土墙地段	衡重式挡土墙倾覆、滑动、墙身断裂、基底整体失稳
	衡重式挡土墙外倾、上下墙之间开裂
短卸荷板式挡土墙地段	短卸荷板式挡土墙失稳、短卸荷板上、下墙身水平和斜截面断裂、卸荷板失效等
悬臂式和扶壁式挡土墙	悬臂式和扶壁式挡土墙滑动、变形大、路基下沉
	墙身开裂、钢筋锈蚀
加筋土挡土墙	加筋土挡土墙失稳
	加筋土挡土墙墙面位移及变形、路基下沉
桩板墙	桩板墙断桩、倒伏
	桩顶位移超限、板开裂
一般的加固工程	一般加固工程如土工格栅加固边坡变形、垮塌；人字形截水骨架护坡内灌草护坡开裂、溜坍、垮塌等

以下就高填方路基、低填方路基和陡坡路基风险事件做系统的分析，有关填方支挡结构风险分析见第 8 章。

5.1　高填方路基风险识别与防范

高填方路基是指填土高度超过 18m(土质)或 20m(石质)的路堤。常见的高填方路基病害有路基的整体下沉或局部下沉；路基的不均匀沉降引起的纵横向开裂；路基滑动或边坡坍塌。

高填方路基可能出现的风险事件，可以归纳为路基整体失稳、路基沉降(路基工后沉降、差异沉降超过规范允许值、路基面开裂)、路基边坡破坏(溜坍、垮塌)三类。以下针对上述三类风险事件的风险因素进行系统分析。

5.1.1　高填方路基风险及识别

1)高填方路基整体失稳风险

路基的整体失稳是指路基边坡的土体在自身重力和外界作用力下失去原有平衡，出现滑移、坍塌等现象。导致路基失稳的因素可分为内部因素和外部因素。

(1)内部因素

内部因素主要有：

①填土性质：各种土质的抗剪强度、抵抗环境影响的能力是不一样的，如钙质或石膏质胶结的土、湿陷性黄土、岩溶塌陷等，遇水后软化，使原来的强度显著降低。

②地基土性质：当下伏土层(或岩层)不透水和存在软弱地基或软弱夹层时，容易在高填方路基沿地基面发生滑动。

③填方边坡形状：突肚形的边坡由于重力作用，比上陡下缓的凹形边坡易于下滑。黏性土有黏聚力，当土坡不高时尚可直立，但随时间和气候的变化，也会逐渐塌落。

(2)外部因素

外部因素主要有：

①降水或地下水的活动：持续的降雨或地下水渗入土层中，使土中含水量增高，土中易溶盐溶解，土质变软，强度降低；还可使土的重度增加，以及孔隙水压力的产生，使土体作用有动、静水压力，促使土体失稳，所以设计斜坡应针对这些原因，采取必要的排水措施。

②振动的作用：如在地震力的反复作用下，砂土极易发生液化；振动易使黏性土的结构发生破坏，从而降低土的抗剪强度；车辆运动，施工打桩或爆破，也可使临近土体发生变形或失稳等。

③人为影响：在临近路堤的斜坡上建房或堆放重物时，也可能引起斜坡变形进而引起填方地基变形甚至引起路堤产生滑移。

归纳起来，高填方路基整体失稳风险因素及树状层次分析结构见图 5-1。

采用层次分析法结合专家打分法对以上风险因素进行风险分析，并对各风险因素的风险值进行排序。在图 5-1 中，C 层指标体系可利用层次分析法得出其相对于 A 层的权重；D 层指标体系由于指标过多，如果用层次分析法显得过于繁琐，可利用专家打分法得出其相对于 C

层的权重，两者相乘即可求得 D 层指标相对于 A 层风险事件的权重，即风险权重值。再根据专家调查法打分情况得出各风险出现的可能性，风险权重值乘以风险可能性值即可求得该风险的风险值。高填方路基整体失稳风险排序结果见表 5-2。

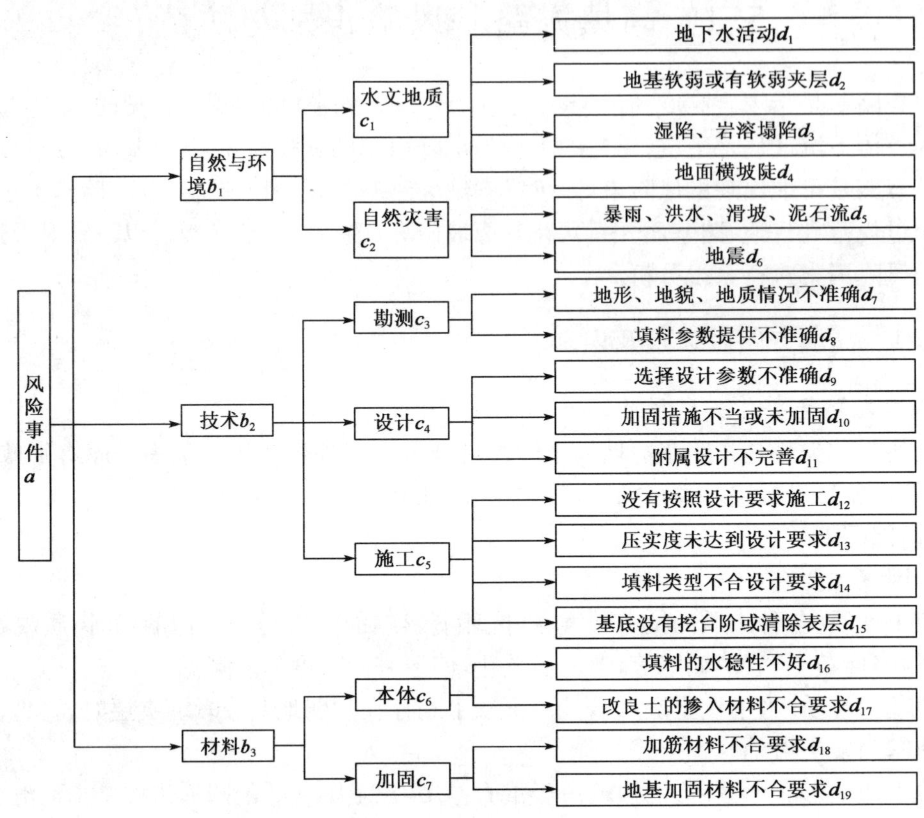

图 5-1 高填方路基整体失稳风险因素及树状层次分析结构图

高填方路基整体失稳风险因素按风险值大小排序表 表 5-2

风 险 因 素	风险值	排序	风 险 因 素	风险值	排序
暴雨、洪水、滑坡、泥石流	0.060	1	压实度未达到设计要求	0.026	11
地基软弱或有软弱夹层	0.059	2	填料的水稳性不好	0.023	12
地下水活动	0.050	3	地面横坡陡	0.022	13
地震	0.043	4	改良土的掺入材料不符合要求	0.021	14
没有按照设计要求施工	0.042	5	填料类型不合设计要求	0.018	15
加筋材料不符合要求	0.039	6	基底没有挖台阶或清除表层	0.017	16
填料参数提供不准确	0.037	7	加固措施不当或未加固	0.010	17
地形、地貌、地质情况不准确	0.036	8	选择设计参数不准确	0.009	18
地基加固材料不符合要求	0.034	9	附属设计不完善	0.006	19
湿陷、岩溶塌陷	0.029	10			

基于上述风险值的计算分析，提出以下加强风险识别工作的建议意见：

(1)在自然方面，应高度关注暴雨、洪水、滑坡、泥石流引起的工程风险。

(2)在环境方面,应高度关注软弱地基或有软弱夹层、地下水活动等引起的工程风险。

(3)在勘测方面,应高度关注地形、地貌、地质情况不准确引起的工程风险。

(4)在设计方面,应高度关注加固措施不恰当或未加固引起的工程风险。

(5)在施工方面,应高度关注没有按照设计要求施工、压实度未达设计要求引起的工程风险。

2)高填方路基沉降风险

路基沉降是指线路的基础由于受到外力或是在自身的重力作用而下沉的现象。

提高路基的强度和严格控制路基沉降变形对满足列车运行的安全性和舒适性至关重要。路基沉降按其时间划分包括施工期间沉降、施工后放置期的沉降和运营期间的沉降,其中施工期间沉降和施工后放置期的一部分沉降组成工前沉降,施工后放置某一时间开始之后的沉降和运营期间的沉降构成工后沉降。工后沉降对线路平顺性有直接影响,工后沉降控制不好,线路不平顺,行车舒适性和安全性无法保证。因此,在高速铁路设计和施工中将路基工后沉降控制作为一个首要问题来对待。

路基沉降是多方面因素综合作用的结果。其中,内因在于地基及路基本身,如路堤地基处理不当、修建在软土或黄土上的特殊路段路基、路堤填料不均匀、路基填土压实不足等;外因是车载、地下水及自重等作用。

高填方路基沉降风险因素及树状层次分析结构如图5-2所示。

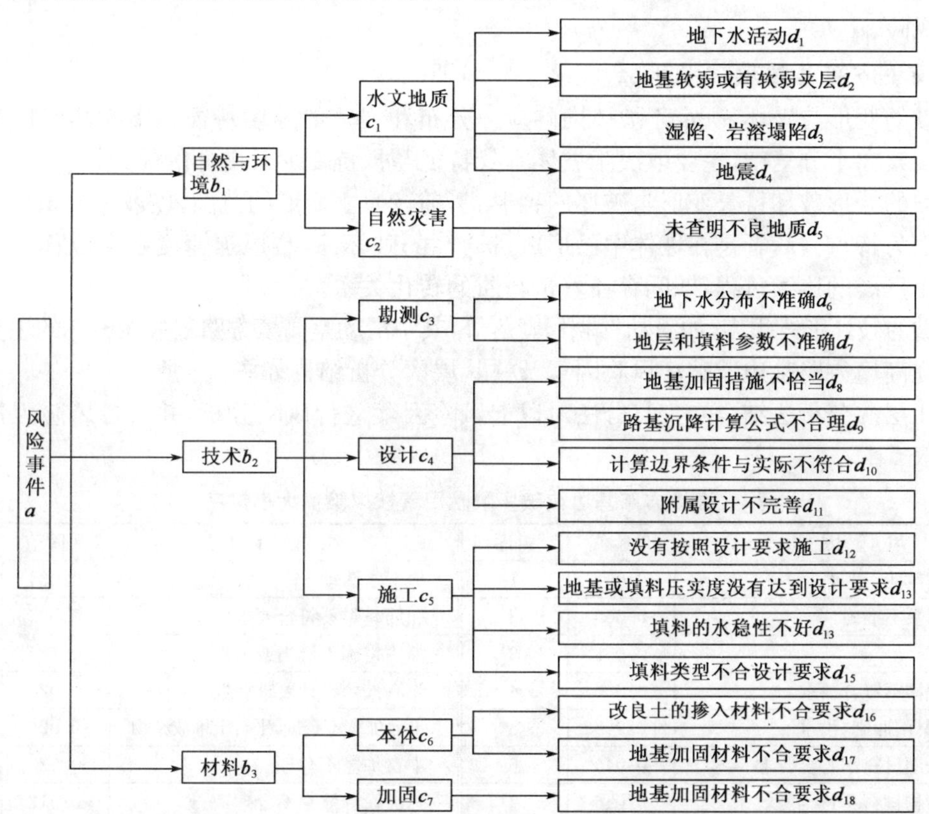

图5-2　高填方路基沉降风险因素及树状层次分析结构图

采用层次分析法结合专家打分法对以上风险因素进行风险分析，并对各风险因素风险值排序见表5-3。

高填方路基沉降风险因素按风险值大小排序表　　表5-3

风险因素	风险值	排序	风险因素	风险值	排序
没有按照设计要求施工	0.057	1	改良土的掺入材料不合要求	0.03	10
地基加固措施不恰当	0.055	2	地震	0.025	11
软弱地基或有软弱夹层	0.053	3	地下水分布不准确	0.024	12
地基或填料压实度没有达到设计要求	0.051	4	未查明不良地质	0.019	13
地下水活动	0.044	5	填料类型不合设计要求	0.018	14
路基沉降计算公式不合理	0.039	6	地基加固材料不合要求	0.017	15
填料的水稳性不好	0.033	7	计算边界条件与实际不符	0.016	16
地基加固材料不合要求	0.032	8	附属设计不完善	0.014	17
湿陷、岩溶塌陷	0.031	9	地层和填料参数不准确	0.006	18

基于上述风险值的计算分析，提出以下加强风险识别工作的建议意见：

(1)在环境方面，应高度关注软弱地基或有软弱夹层、地下水活动等引起的工程风险。

(2)在勘测方面，应高度关注地下水分布不明确引起的工程风险。

(3)在设计方面，应高度关注地基加固措施不当、路基沉降计算公式不合适引起的工程风险。

(4)在施工方面，应高度关注没有按设计要求施工、地基或填料压实度未达设计要求引起的工程风险。

3)高填方路基边坡破坏风险

边坡的变形与破坏，决定于坡体内的应力分布和岩体的强度特征。影响其变形与破坏的条件和因素亦十分复杂，主要取决于坡体本身特征与抵抗变形及破坏的能力。

边坡的变形破坏可分变形与破坏两种形式，前者属于变形的范围，以坡体内未出现贯通性的破坏面为特点。后者是在坡体中已形成贯通性的破坏面，且以加速度发生位移。变形与破坏是一个发展的连续过程，期间存在着量与质的转化关系。

边坡的破坏形式很多，如滑动、塌滑、剥落等，其中滑动是高填方路基边坡破坏的主要形式。

建立高填方路基边坡破坏风险因素及树状层次分析结构如图5-3所示。

采用层次分析法结合专家打分法对以上风险因素进行风险分析，并对各风险因素风险值排序见表5-4。

高填方路基边坡破坏风险因素按风险值大小排序　　表5-4

风险因素	风险值	排序	风险因素	风险值	排序
地面横坡陡	0.061	1	地下水活动	0.034	9
填料参数不准确	0.060	2	加筋材料不符合要求	0.033	10
地震	0.051	3	加固措施不恰当或未加固	0.030	11
边坡加固不符合要求	0.050	4	没有按照设计要求放坡	0.028	12
大雨、暴雨冲刷，洪水	0.048	5	平台加宽不合理，平台上堆放杂物	0.026	13
边坡加固材料不符合要求	0.046	6	平台加宽不合理	0.023	14
支挡结构材料不符合要求	0.046	7	边坡设计坡率不合理	0.012	15
支挡结构设计不合理	0.040	8			

基于上述风险值的计算分析，提出以下加强风险识别工作的建议意见：

(1)在环境方面，应高度关注地面横坡陡、地下水活动等引起的工程风险。

(2)在勘测方面，应高度关注填料参数不准确引起的工程风险。

(3)在设计方面，应高度关注支挡结构设计不合理、加固措施不恰当引起的工程风险。

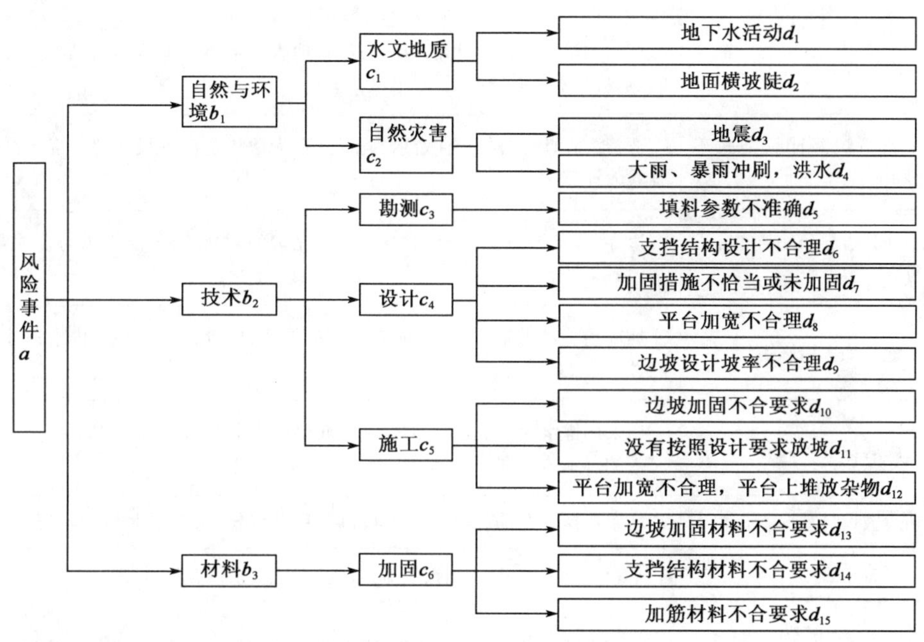

图 5-3　高填方路基边坡破坏风险因素及树状层次分析结构图

5.1.2　高填方路基风险防范措施

根据以上对高填方路基风险因素的分析，在高填方路基中可以采取以下措施降低风险。

(1)对于高填方路堤地段，由表 5-2～表 5-4 可以看出，准则层中，技术因素的影响是非常显著的。所以合理的设计并严格按照规范施工，是降低上述风险的关键。

(2)指标层技术风险中，施工对降低高路堤风险至关重要。所以，控制高路堤地质施工质量，加强施工监测，是降低上述风险的关键。

(3)从施工风险因素的风险值可以看出，边坡加固不符合设计要求，未按设计要求施工是影响高路堤失稳的关键因素。边坡的加固是保证高路堤稳定的重要措施，例如：设置土工格栅等措施时，应严格按照设计的间距和长度进行铺设。

(4)自然与环境因素：水文地质状况，大雨、暴雨、洪水都是影响高路堤失稳的主要因素，风险值的排序靠前，因此在设计中必须充分收集当地的气象、历年各种灾害发生频率和特点等资料。

在设计阶段，对高填方路基风险的防范措施见表5-5。

设计阶段高填方路基风险防范措施 表5-5

风险事件及风险因素		风险防范对策与措施
整体失稳	选择设计参数不准确	正确选择抗剪指标；明确对填料、压实度的要求
	加固措施不恰当或未加固	根据工点具体情况采用基底处理、坡面防护、铺设土工格栅等
	附属设计不完善	靠山侧排水沟必须设在原地面以下；地表汇水集中地段，填方底部采用水稳性好的填料；排水体系应畅通，有出口
沉降	路基沉降计算公式不合适	选择沉降计算公式应注意适用条件，在无法界定哪种模式的情况下，应进行多种方式的计算
	计算边界条件与实际不符合	边界条件尽可能与实际情况相吻合，完善的附属工程，能提供与公式要求相匹配的边界条件
	地基加固措施不恰当	加固措施的选取，应注意加固土层的性质、厚度、埋置深度、排水条件、施工的可能性
	附属设计不完善	当采用排水固结措施时，应保证基底垫层排水通畅，应保证基底水被引出后，进入完善的排水体系中
边坡坍垮	边坡设计坡率不合理	坡率选择要点：填料性质、边坡高度、列车荷载、地基条件、降雨情况以及地震烈度
	平台加宽不合理	平台加宽应考虑：填料性质、边坡高度、地基条件、降雨情况
	支挡结构设计不符合要求	地面横坡陡于1∶2.5，尽可能设置路肩墙；地面横坡1∶3左右，边坡不高，可选用路堤墙；高边坡地段需要做支挡结构时，尽可能选择路肩式桩板墙、桩基托梁挡土墙或墙顶填土高度不大的桩基托梁路堤式挡土墙，只能用桩板式路堤墙时，土压力计算应选择较大的增大系数，并在施工注意事项中强调控制填筑质量
	加固措施不恰当或未加固	对于高速铁路，路堤边坡一般都选择坡面防护、坡面加筋，或两者结合的加固方式。加固措施的类型和材料应根据边坡高度、填料性质、降雨情况选择
坡脚破坏	附属设计不完善	地势平坦的地方，应结合桥涵，找到控制点，想办法排水。不仅要注意横断面上方无积水的可能，还要注意下方如果纵向有来水，必须引入桥下或涵洞的下方，不能漫流
	坡脚未设加固或支挡措施，或措施不合理	在水田里或受纵向来水冲刷时，坡脚应加固，坡脚出现尖角，应挖大台阶或进行加固
	地基未处理或措施不当	地基存在软基应进行挖除或加固。加固的目的是给坡脚支挡结构提供足够的承载力和抗滑条件

在施工阶段，对高填方路基风险的防范措施见表5-6。

施工阶段高填方路基风险防范措施　　表 5-6

风险事件及风险因素		风险防范对策与措施
整体失稳	没有按照设计要求分层施工	应分层碾压，边坡放坡不能陡于设计值
	压实度没有达到设计要求	压实度应达到要求
	填料类型不合设计要求	填料和土工合成材料种类、质量应符合设计要求
	基底没有挖台阶或清除表层	严格按设计要求挖台阶，清除表层浮土、草皮或软弱层
沉降	没有按照设计要求施工	应分层碾压，地基为软基时，严格按照设计要求施工
	地基或填料压实度没有达到设计要求	压实度应达到要求
	填料类型不符合设计要求	填料种类、质量应符合设计要求
边坡坍垮	没有按照设计要求放坡	边坡坡率不能陡于设计值，边坡应密实稳固
	平台加宽不符合要求，平台上堆放杂物	平台宽度不能小于设计值，不能堆放杂物
	边坡加固不符合要求	边坡加固防护应按设计要求，不能随意更改
坡脚破坏	没有按照设计要求排水	除按图施工外，还应根据实际地形进行排水工程的施作，保证将水引入桥涵
	没有按照设计要求加固边坡	边坡加固防护应按设计要求，不能随意更改
	没有按照设计要求加固地基	软基地段地基加固范围应超出坡脚
	没有按照设计要求施作支挡结构	不要轻易变更设计

5.2　低填方路基风险识别与防范

低填方路基一般指填方高度不超过 3m 的路基。

5.2.1　低填方路基风险及识别

与高填方路基一样，低填方路基由于施工的原因和路基完工后在自然与环境影响和车辆重复荷载的作用下，常常会出现路基整体下沉和局部沉陷等病害。低填方路基沉陷风险因素相对于高填方路基沉陷风险因素有所区别。

低填方路基沉陷风险因素及树状层次分析结构见图 5-4。

采用层次分析法结合专家打分法对以上风险因素进行风险分析，并对各风险因素风险值排序见表 5-7。

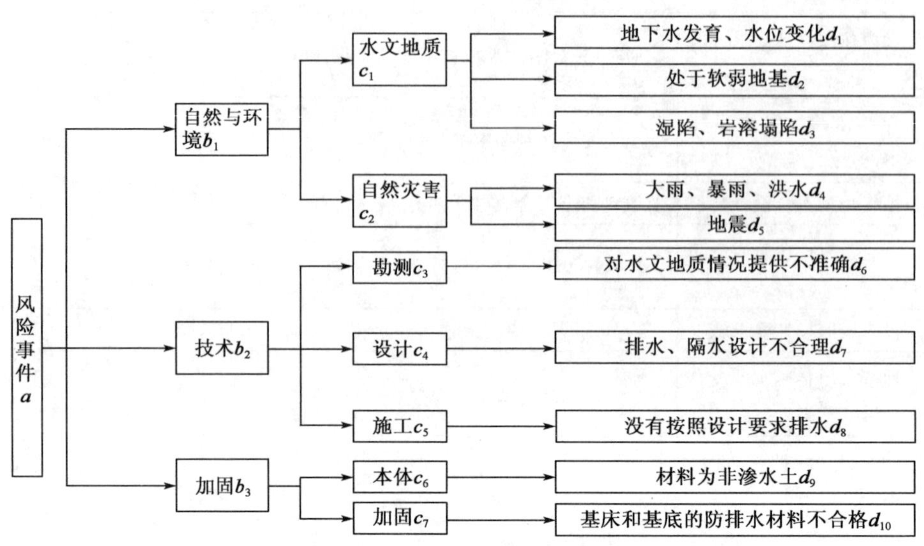

图 5-4 低填方路基沉陷风险因素及树状层次分析结构图

低填方路基沉陷风险因素按其风险值大小排序 表 5-7

风险因素	风险值	排序	风险因素	风险值	排序
没有按照设计要求排水	0.075	1	处于软弱地基	0.058	6
材料为非渗水土	0.071	2	对水文地质情况提供不准确	0.056	7
大雨、暴雨、洪水	0.065	3	地震	0.054	8
基床和基底的防排水材料不合格	0.064	4	排水、隔水设计不合理	0.050	9
地下水发育、水位变化	0.060	5	湿陷、岩溶塌陷	0.036	10

基于上述风险值的计算分析，提出以下加强风险识别工作的建议意见：

(1)在环境方面，应高度关注地下水发育、水位变化引起的工程风险。

(2)在勘测方面，应高度关注对水文地质情况提供不准确引起的工程风险。

(3)在设计方面，应高度关注排水隔水设计不合理引起的工程风险。

(4)在施工方面，应高度关注没有按照设计要求排水引起的工程风险。

5.2.2 低填方路基风险防范措施

从对低填方路基沉陷风险的分析可知，在设计和施工的风险因素中都是关于水的风险因素，说明低填方地段，解决沉降风险的关键是治水。如可以采取换填渗水填料、铺设土工材料等方法加强路堤及隔断毛细水；采用排水沟下设纵向盲沟降低地下水位，靠山侧排水沟不得高于地面，避免排水沟内侧积水后渗入路堤基底。

在设计阶段，对低填方路基风险具体防范措施见表 5-8。

设计阶段低填方路基风险防范措施　　表 5-8

风险事件及风险因素		风险防范对策与措施
沉陷	加固、排水、隔水设计不合理	基底表层应翻挖换填并按压实标准压实。低路堤重点在于排水和隔水，可以采取换填渗水填料、铺设土工材料等方法加强路堤及隔断毛细水。采用排水沟下设纵向盲沟降低地下水位，靠山侧排水沟不得高于地面，避免排水沟内侧积水后渗入路堤基底
不均匀沉降	基底无台阶或台阶宽度太小	半填半挖路基均位于斜坡地带，原地面坡度陡于 1∶5 时，应设置台阶，台阶宽度应保证受力均匀
	基床换填厚度不足	基床范围内的换填厚度应不小于基床厚度，填料应为同一种符合要求的填料
	没有设置相应的加固措施	注意半填半挖地段基底的加固措施

在施工阶段，对低填方路基风险具体防范措施见表 5-9。

施工阶段低填方路基风险防范措施　　表 5-9

风险事件及风险因素		风险防范对策与措施
沉陷	没有按照设计要求排水	基底表层应翻挖换填并按压实标准压实。隔水，排水材料的铺设应符合设计要求。若有纵向盲沟应保证能够排水，靠山侧排水沟不得高于地面，避免排水沟内侧积水后渗入路堤基底
	没有按照设计要求排水	基底表层应翻挖换填并按压实标准压实。隔水，排水材料的铺设应符合设计要求。若有纵向盲沟应保证能够排水，靠山侧排水沟不得高于地面，避免排水沟内侧积水后渗入路堤基底
不均匀沉降	没有按照设计要求挖台阶	平坦地段注意清除表层，有横坡时，一定要按设计要求挖台阶
	没有按照设计要求换填或换填厚度不够，填料夯填不密实，不达标	挖除换填的厚度和深度应按设计要求，挖除换填范围应超出坡脚，换填材料应按设计要求，密实度应通过检测确认达到标准
	加固措施不满足设计要求	横向注意加固宽度，纵向注意加固长度，应该比需要加固的范围更大些。还应注意过渡段的渐变

5.3　陡坡路堤风险识别与防范

地面横坡坡率等于或大于 1∶2.5 的路堤称为陡坡路堤。陡坡路基地段主要可能出现的破坏(即为风险事件)为剪切滑动破坏，根据滑动面的具体位置不同可分为以下四种类型：沿基底接触面滑动、沿倾斜基岩面滑动、路堤连同基底软弱土层滑动、路堤连同岩层滑动。

5.3.1 陡坡路堤风险及识别

1)沿基底接触面滑动

由于陡坡路堤中基底接触面较陡或强度较弱，致使路堤整体沿基底接触面产生滑动。陡坡路堤沿基底接触面滑动风险因素及树状层次分析结构见图 5-5。

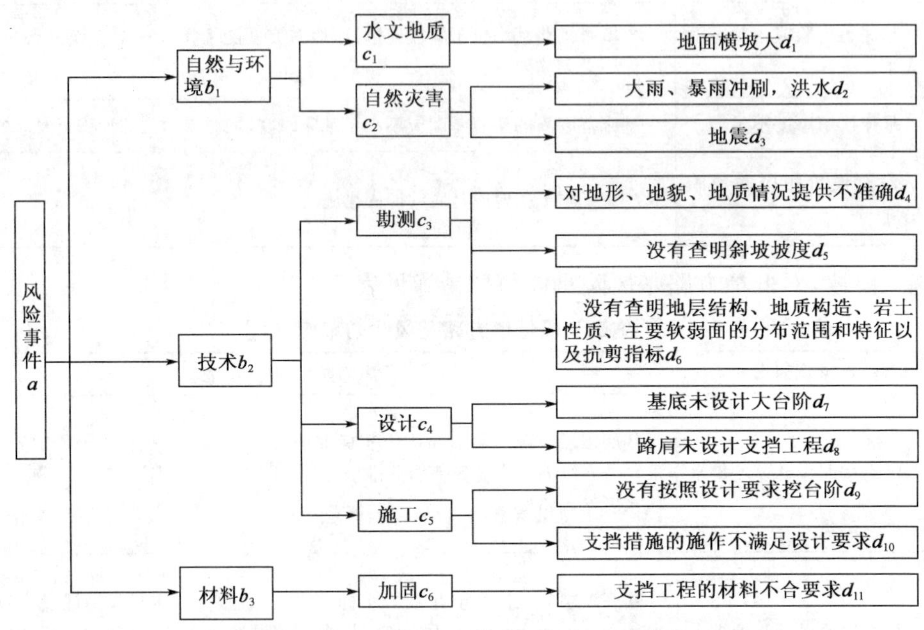

图 5-5 陡坡路堤沿基底接触面滑动风险因素及树状层次分析结构图

2)路堤沿倾斜基岩面滑动

当路基基底为不稳定的山坡覆盖层，下卧基岩层面又为陡坡，路堤可能随同基底覆盖层沿倾斜基岩滑动。

路堤沿倾斜基岩面滑动风险因素及树状层次分析结构见图 5-6。

3)路堤连同基底软弱土层滑动

当基底为较厚的软土层时，路堤连同其下的软弱土层沿软弱层中某一最弱的圆弧滑动面滑动。

路堤连同基底软弱土层滑动风险因素及树状层次分析结构见图 5-7。

4)路堤连同岩层滑动

当陡坡基底的岩层倾向与山坡一致时，路堤连同其下的岩层沿某一最弱的层面滑动。

路堤连同岩层滑动风险因素及树状层次分析结构见图 5-8。

采用层次分析法结合专家打分法对以上风险因素进行风险分析，例如对路堤填方沿基底接触面产生滑动的风险进行分析，各风险因素风险值排序见表 5-10。

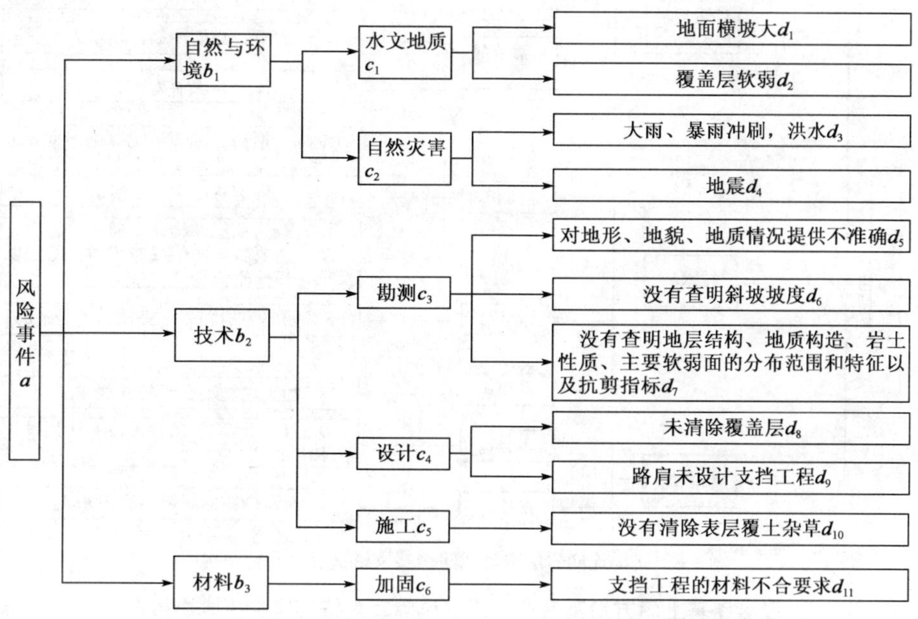

图 5-6　树状层次分析结构图

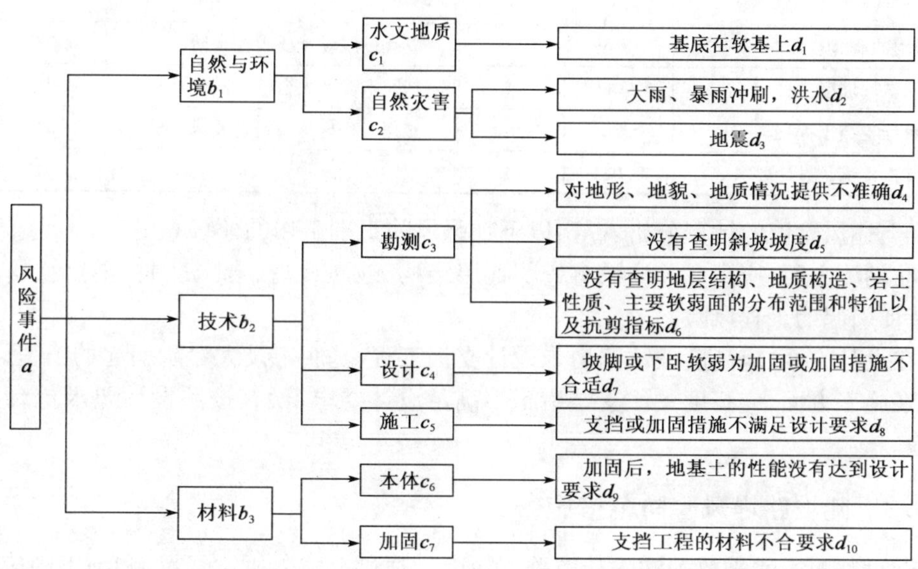

图 5-7　路堤连同基底软弱土层滑动风险因素及树状层次分析结构图

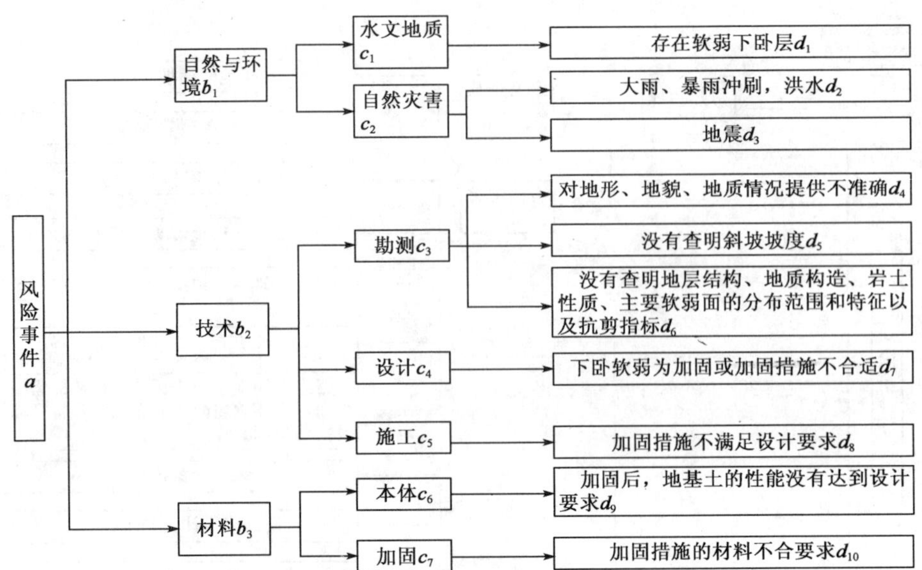

图 5-8　路堤连同岩层滑动风险因素及树状层次分析结构图

陡坡路基上填方沿基底产生滑动风险因素按其风险值大小排序　表 5-10

风 险 因 素	风险值	排序	风 险 因 素	风险值	排序
地面横坡大	0.087	1	地震	0.035	7
没有查明地层结构、地质构造、岩土性质、主要软弱面的分布范围和特征以及抗剪指标	0.078	2	地形、地貌、地质情况不准确	0.022	8
大雨、暴雨冲刷、洪水	0.069	3	没有按照设计要求挖台阶	0.022	9
没有查明斜坡坡度	0.066	4	基底未设计大台阶	0.018	10
路肩未设计支挡工程	0.064	5	支挡工程材料不符合要求	0.010	11
支挡措施作不满足设计要求	0.041	6			

基于上述风险值的计算分析，提出以下加强风险识别工作的建议意见：

(1)在勘测方面，应高度关注没有查明地层结构、地质构造、岩土性质、主要软弱面的分布范围和特征引起的工程风险。

(2)在设计方面，应高度关注路肩未设计支挡工程、基底未设大台阶引起的工程风险。

(3)在施工方面，应高度关注支挡措施不满足设计要求、没有按照设计要求挖台阶引起的工程风险。

5.3.2　陡坡路堤风险防范措施

陡坡路堤滑动，是需要关注的陡坡路堤风险。通过上述分析，在设计和施工中应该注意以下问题：

(1)在设计中，坡脚或软基未加固或路肩未设支挡工程是陡坡路基上填方滑动的主要因素。

(2)在施工中,风险较大的是加固措施和支挡结构不满足设计要求。应根据地面横坡的陡度,选择坡脚加固式支挡措施。当地面横坡在 1∶1.3～1∶1.25 之间时,陡坡路堤的支挡结构可采用重力式挡墙加固;地面横坡大于 1∶1.25 时,一般采用衡重式挡墙。

在设计阶段,对陡坡路堤风险具体防范措施见表 5-11。

设计阶段陡坡路堤风险防范措施　　表 5-11

风险事件及风险因素		风险防范对策与措施
沿陡坡下滑	基底无台阶或台阶宽度太小	地面坡率陡于 1∶5 时应设台阶,坡脚处设较大的台阶
	没有检算基底抗滑	地面坡率陡于 1∶2 时,设计时要按陡坡路堤对待,分析检算沿陡坡下滑的稳定性并采用相应的工程措施
	没有设置相应的支挡措施	对于地面坡率陡于 1∶2.5 地段的陡坡路堤,应在路肩或坡脚设置支挡结构
	路肩未设计支挡工程	陡坡地段,优先考虑路肩设置支挡工程
	坡脚或软基未加固	路肩设置支挡工程困难时,考虑坡脚设置支挡工程。陡坡地段若坡脚处趋于平缓,应注意是否为软土,并根据具体情况进行地基加固
	下卧软弱层未加固	应计算沿下卧软弱层是否有地基剪出的可能,并进行加固

在施工阶段,对陡坡路堤风险具体防范措施见表 5-12。

施工阶段陡坡路堤风险防范措施　　表 5-12

风险事件及风险因素		风险防范对策与措施
沿陡坡下滑	没有清除表层覆土杂草	严格按设计要求挖台阶,清除表层浮土、草皮
	支挡措施不满足设计要求	支挡结构的高度、厚度、埋置深度严格按照设计要求,如发现基础不能置于稳定的岩层,应设法达到要求
	没有按照设计要求挖台阶	台阶最小宽度和高度应符合设计原则
	加固措施不满足设计要求	基底加固或坡脚支挡,均应按设计要求施作

第 6 章 挖方路基风险识别与防范

6.1 全挖方地段路基风险识别与防范

全挖方路基即是全路堑路基，通过山区的铁路和公路，很多地方都会遇到全路堑路基。路堑通过的地层，在长期的生成和演变过程中，一般具有复杂的地质结构。路堑边坡处于地壳表层，开挖暴露后，受各种条件与自然因素的作用，容易发生变形和破坏，应该慎重对待。

影响路堑边坡稳定的因素主要是地质构造、地下水条件、边坡的地层和岩性，如边坡岩、土的结构和构造及其密实度、潮湿程度、破碎或风化程度等。路堑边坡高度也是影响其稳定性的一个重要因素。边坡越高，暴露面越大，坡脚压力也越大，边坡越难保持稳定。而有关坡面的汇水情况，边坡的朝向，以及当地的水文气候、地震条件和各种人为活动等，也都是影响边坡稳定的重要条件。

综合运用专家调查法、核对表法、分解分析法等方法，对挖方地段路基存在的风险事件类型进行归纳，见表 6-1。

挖方地段路基不同断面形式存在的风险 表 6-1

挖方断面形式或边坡支挡措施	风 险 事 件
高边坡路堑	边坡失稳、垮塌、坍滑
	边坡变形
岩土类别不同地段路堑	土质边坡溜坍、失稳
	碎石类土边坡垮塌、失稳
	岩质顺层滑动
路堑地段重力式挡土墙	倾覆、水平滑动、沿墙背滑动、墙身断裂、基底整体失稳
	外倾、墙身开裂
路堑地段桩板墙	桩板墙断桩、倒伏
	桩顶位移超限、板开裂等
路堑地段预加固桩	桩身弯折、剪断、变形过大、倾倒、施工期间滑动等
	土体从桩间流出、施工期间滑动
路堑地段锚索桩	桩身开裂或折断
	锚索拔除、失效、断丝
	锚头腐蚀、开裂、失效

续上表

挖方断面形式或边坡支挡措施	风 险 事 件
路堑地段锚杆墙	顶部锚杆被拔出、锚头失效、锚杆钢筋断裂、出现群锚现象
	立柱、挡土板横向开裂或剪断
	开挖时边坡垮塌
路堑地段土钉墙	钉头失稳破坏、塌落、垮塌
	墙面变形、开裂、脱落；脚墙破坏
	土钉墙开挖过程中垮塌
路堑地段U型槽	U型槽地表水、地下水渗入槽内
	边墙变形过大、差异沉降
	墙体开裂、滑动、上浮
路堑地段一般加固工程	路堑地段一般加固工程如混凝土护坡坡面坍塌混凝土开裂；基床加固不均匀沉降、翻浆冒泥等

以下就全挖方地段不同岩土类型路基边坡存在的风险进行重点分析，有关支挡结构的风险见第8章。

6.1.1 全挖方地段路基风险及识别

根据开挖土的类型不同将风险事件分为土质边坡溜坍、失稳；碎石类边坡垮塌、失稳；岩质顺层滑动三大类。

1)土质边坡溜坍、失稳

土质边坡的稳定与其中土的成分关系密切，一般土中黏土颗粒成分多，边坡靠黏聚力保持其稳定；砂颗粒成分多，则靠内摩擦角保持其稳定。而黏聚力的大小随其含水量的多少而变化，含水越大，黏聚力越小，故黏性土路堑要特别注意土的潮湿程度。另外，土层越密实，边坡稳定性越高。另外，砂类土还应该考虑边坡表层易受雨水冲刷和在干燥时易被风蚀等问题。

其次，边坡土质均匀程度对稳定性的影响也是不可忽视的，在勘测设计中要注意了解边坡土层的层理和特性，特别是一些软弱夹层，往往是使边坡丧失稳定的薄弱面。

土质边坡溜坍、失稳风险因素及树状层次分析结构见图6-1。

采用层次分析法结合专家打分法对以上风险因素进行风险分析，并对各风险因素风险值排序见表6-2。

基于上述风险值的计算分析，提出以下加强风险识别工作的建议意见：

(1)在环境方面，应高度关注地层含水量大、松散引起的工程风险。

(2)在勘测方面，应高度关注未查明不良地质情况以及未查明地表水、地下水以及天然沟槽的分布情况引起的工程风险。

(3)在设计方面，应高度关注边坡的加固措施或支挡措施不合适、排水设计不完善引起的工程风险。

(4)在施工方面，应高度关注开挖未分级、没有采用预加固措施没引起的工程风险。

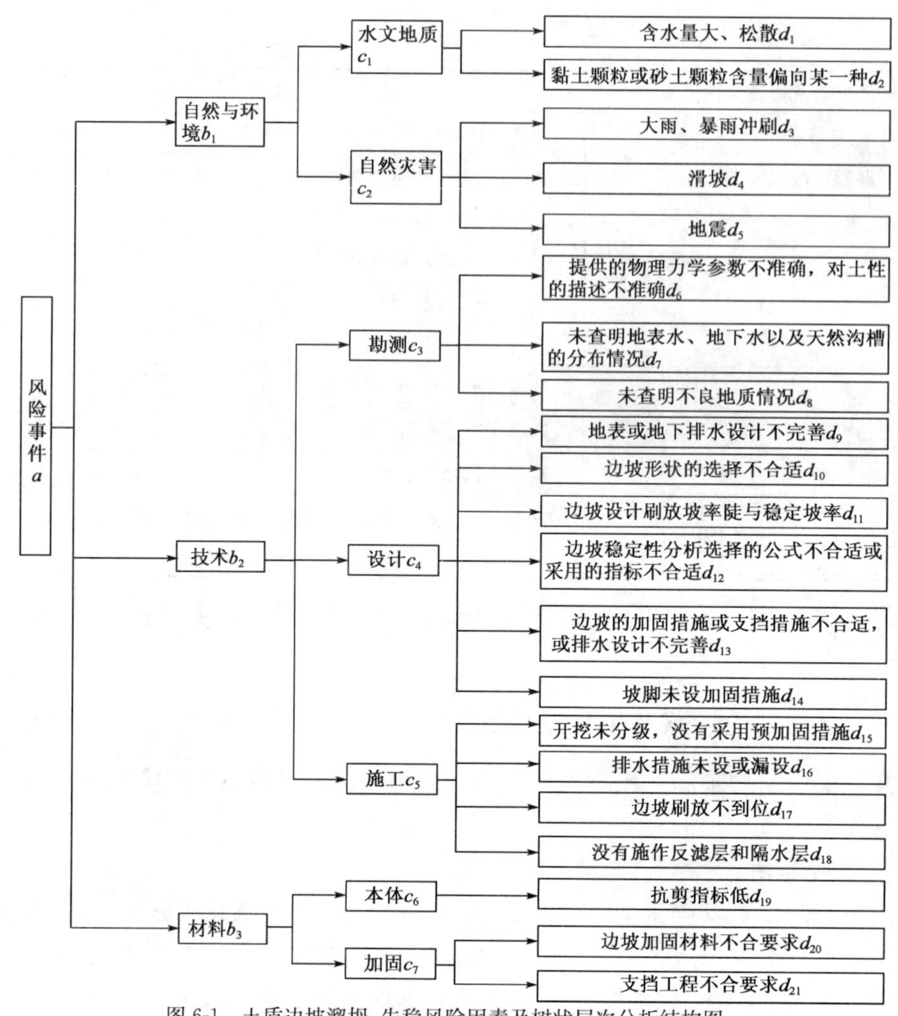

图 6-1　土质边坡溜坍、失稳风险因素及树状层次分析结构图

土质边坡溜坍、失稳风险因素按其风险值排序　　表 6-2

风险因素	风险值	排序	风险因素	风险值	排序
抗剪指标低	0.080	1	开挖未分级，没有采用预加固措施	0.024	12
含水量大、松散	0.064	2	边坡刷放不到位	0.021	13
大雨、暴雨冲刷	0.062	3	没有施作反滤层和隔水层	0.017	14
滑坡	0.062	4	地表或地下排水设计不完善	0.016	15
黏土颗粒或砂土颗粒含量偏向某一种	0.034	5	边坡的加固措施或支挡措施不合适，或排水设计不完善	0.016	16
支挡工程不符合要求	0.033	6	边坡设计刷放坡率陡于稳定坡率	0.015	17
未查明不良地质情况	0.031	7	坡脚未设加固措施	0.014	18
未查明地表水、地下水以及天然沟槽的分布情况	0.030	8	地震	0.013	19
排水措施未设或漏设	0.026	9	边坡稳定性分析选择的公式不合适或采用的指标不合适	0.009	20
边坡加固材料不符合要求	0.025	10	边坡形状的选择不合适	0.007	21
提供的物理力学参数不准确，对土性的描述不准确	0.024	11			

2)碎石类土边坡垮塌、失稳

碎石类土主要由冰积、洪积、冲积和坡积、残积形成,碎石类土挖方地段的边坡稳定性主要与碎石类土的成因、岩块成分、组织结构和密实程度关系很大。

碎石类土边坡垮塌、失稳风险因素及树状层次分析结构见图 6-2。

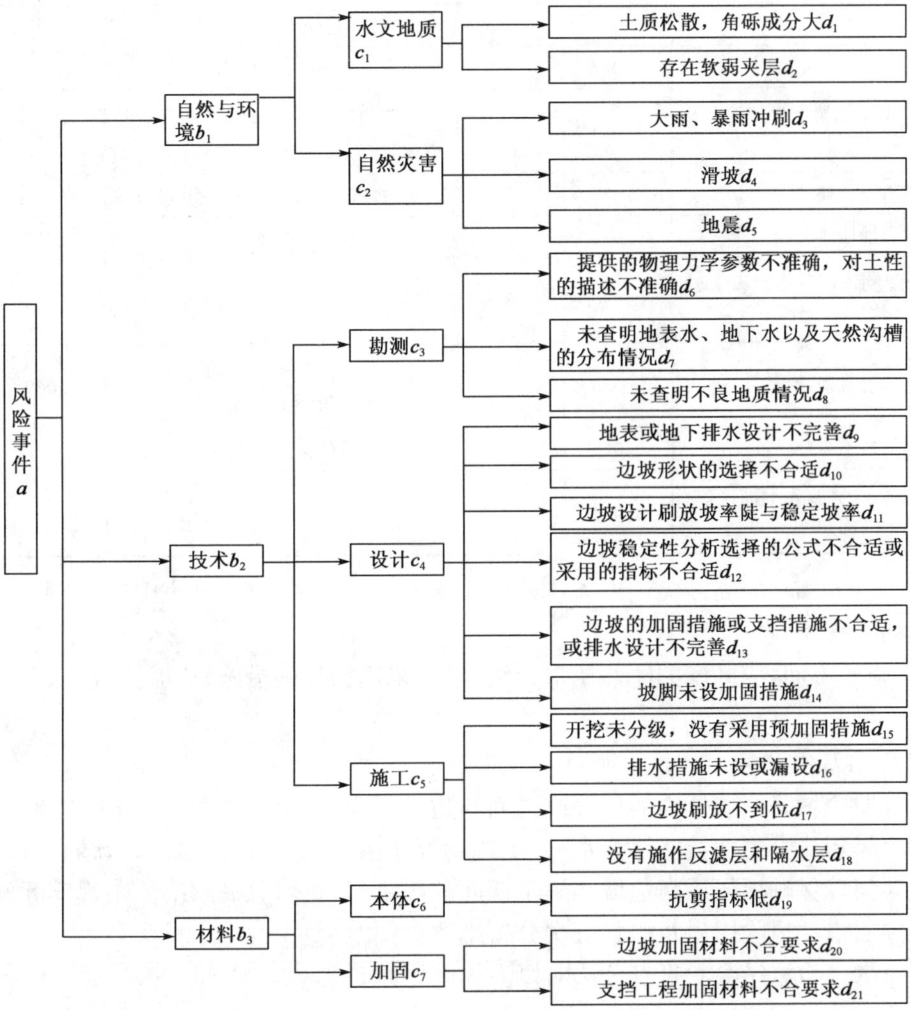

- 风险事件 a
  - 自然与环境 b_1
    - 水文地质 c_1
      - 土质松散,角砾成分大 d_1
      - 存在软弱夹层 d_2
    - 自然灾害 c_2
      - 大雨、暴雨冲刷 d_3
      - 滑坡 d_4
      - 地震 d_5
  - 技术 b_2
    - 勘测 c_3
      - 提供的物理力学参数不准确,对土性的描述不准确 d_6
      - 未查明地表水、地下水以及天然沟槽的分布情况 d_7
      - 未查明不良地质情况 d_8
    - 设计 c_4
      - 地表或地下排水设计不完善 d_9
      - 边坡形状的选择不合适 d_{10}
      - 边坡设计刷放坡率陡与稳定坡率 d_{11}
      - 边坡稳定性分析选择的公式不合适或采用的指标不合适 d_{12}
      - 边坡的加固措施或支挡措施不合适,或排水设计不完善 d_{13}
      - 坡脚未设加固措施 d_{14}
    - 施工 c_5
      - 开挖未分级,没有采用预加固措施 d_{15}
      - 排水措施未设或漏设 d_{16}
      - 边坡刷放不到位 d_{17}
      - 没有施作反滤层和隔水层 d_{18}
  - 材料 b_3
    - 本体 c_6
      - 抗剪指标低 d_{19}
    - 加固 c_7
      - 边坡加固材料不合要求 d_{20}
      - 支挡工程加固材料不合要求 d_{21}

图 6-2　碎石类土边坡垮塌、失稳风险因素及树状层次分析结构图

采用层次分析法结合专家打分法对以上风险因素进行风险值分析,并对各风险因素风险值排序见表 6-3。

基于上述风险值的计算分析,提出以下加强风险识别工作的建议意见:

(1)在环境方面,应高度关注地层松散、角砾成分大引起的工程风险。

(2)在勘测方面,应高度关注未查明不良地质情况以及未查明地表水、地下水以及天然沟槽的分布情况引起的工程风险。

碎石类土边坡垮塌、失稳风险因素按其风险值大小排序　　表 6-3

风险因素	风险值	排序	风险因素	风险值	排序
抗剪指标低	0.080	1	开挖未分级，没有采用预加固措施	0.024	12
土质松散，角砾成分大	0.064	2	边坡刷放不到位	0.021	13
大雨、暴雨冲刷	0.062	3	没有施作反滤层和隔水层	0.017	14
滑坡	0.062	4	地表或地下排水设计不完善	0.016	15
黏土颗粒或砂土颗粒含量偏向某一种	0.034	5	边坡的加固措施或支挡措施不合适，或排水设计不完善	0.016	16
支挡工程不符合要求	0.033	6	边坡设计刷放坡率陡于稳定坡率	0.015	17
未查明不良地质情况	0.031	7	坡脚未设加固措施	0.014	18
未查明地表水、地下水以及天然沟槽的分布情况	0.030	8	地震	0.013	19
排水措施未设或漏设	0.026	9	边坡稳定性分析选择的公式不合适或采用的指标不合适	0.009	20
边坡加固材料不符合要求	0.025	10	边坡形状的选择不合适	0.007	21
提供的物理力学参数不准确，对土性的描述不准确	0.024	11			

(3)在设计方面，应高度关注地表或地下排水设计不完善、边坡的加固措施或支挡措施不合适引起的工程风险。

(4)在施工方面，应高度关注开挖未分级、没有采用预加固措施、边坡刷放不到位引起的工程风险。

3)*岩质顺层滑动*

顺层岩质边坡是指坡体内的优势结构面与边坡具有相同倾向的层状岩质边坡，由于在开挖过程中容易形成临空面，在重力、水、开挖扰动等作用下，边坡很容易沿着软弱结构面发生层状滑移。如何确保顺层岩质高边坡在施工期间的稳定，是目前急需解决的工程实际问题。

岩质顺层滑动风险因素及树状层次分析结构见图 6-3。

采用层次分析法结合专家打分法对以上风险因素进行风险分析，并对各风险因素风险值排序见表 6-4。

基于上述风险值的计算分析，提出以下加强风险识别工作的建议意见：

(1)在环境方面，应高度关注存在软弱夹层、存在不利结构面引起的工程风险。

(2)在勘测方面，应高度关注没有查明地层结构、地质构造、岩土分界以及未查明不良地质情况引起的工程风险。

(3)在设计方面，应高度关注地表或地下排水设计不完善、边坡的加固措施或支挡措施不合适引起的工程风险。

(4)在施工方面，应高度关注开挖未分级、没有采用预加固措施、边坡刷放不到位引起的工程风险。

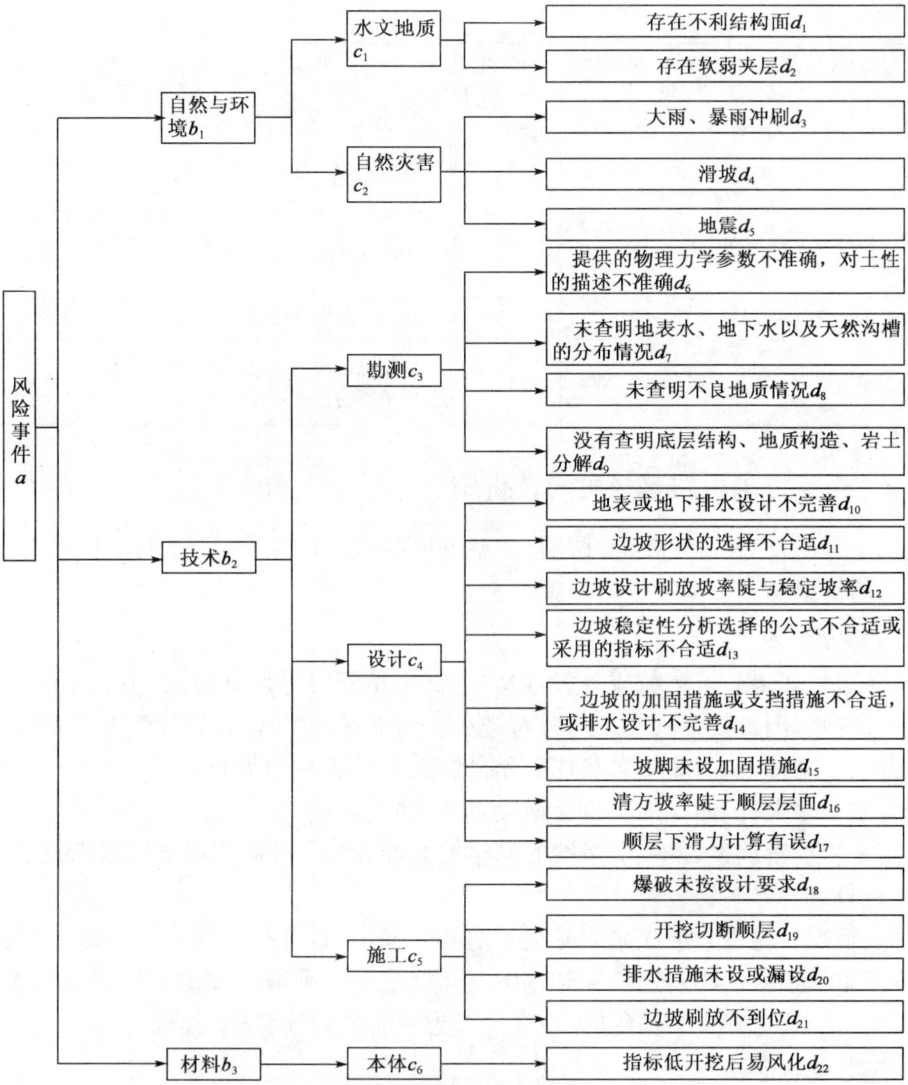

- 风险事件a
  - 自然与环境b_1
    - 水文地质c_1
      - 存在不利结构面d_1
      - 存在软弱夹层d_2
    - 自然灾害c_2
      - 大雨、暴雨冲刷d_3
      - 滑坡d_4
      - 地震d_5
  - 技术b_2
    - 勘测c_3
      - 提供的物理力学参数不准确，对土性的描述不准确d_6
      - 未查明地表水、地下水以及天然沟槽的分布情况d_7
      - 未查明不良地质情况d_8
      - 没有查明底层结构、地质构造、岩土分解d_9
    - 设计c_4
      - 地表或地下排水设计不完善d_{10}
      - 边坡形状的选择不合适d_{11}
      - 边坡设计刷放坡率陡与稳定坡率d_{12}
      - 边坡稳定性分析选择的公式不合适或采用的指标不合适d_{13}
      - 边坡的加固措施或支挡措施不合适，或排水设计不完善d_{14}
      - 坡脚未设加固措施d_{15}
      - 清方坡率陡于顺层层面d_{16}
      - 顺层下滑力计算有误d_{17}
    - 施工c_5
      - 爆破未按设计要求d_{18}
      - 开挖切断顺层d_{19}
      - 排水措施未设或漏设d_{20}
      - 边坡刷放不到位d_{21}
  - 材料b_3
    - 本体c_6
      - 指标低开挖后易风化d_{22}

图 6-3　岩质顺层滑动风险因素及树状层次分析结构图

岩质顺滑风险因素按其风险值大小排序　　表 6-4

风险因素	风险值	排序	风险因素	风险值	排序
指标低开挖后易风化	0.153	1	未查明不良地质	0.026	7
存在软弱夹层	0.087	2	未查明地表水、地下水以及天然沟槽的分布情况	0.024	8
存在不利结构面	0.079	3	提供的物理力学参数不准确，对土性的描述不准确	0.022	9
大雨、暴雨冲刷	0.049	4	开挖切断顺层	0.020	10
滑坡	0.044	5	排水措施未设或漏设	0.019	11
没有查明地层结构、地质构造、岩土分界	0.030	6	爆破未按设计要求	0.018	12

续上表

风 险 因 素	风险值	排序	风 险 因 素	风险值	排序
边坡刷放不到位	0.014	13	边坡设计坡率陡于稳定坡率	0.008	18
地震	0.012	14	地表或地下排水设计不完善	0.007	19
边坡的加固措施或支挡措施不合适，或排水设计不完善	0.011	15	边坡形状的选择不合适	0.007	20
清方坡率陡于顺层层面	0.010	16	顺层下滑力计算有误	0.007	21
坡脚未设加固措施	0.009	17	边坡稳定性分析选择的公式不合适或采用的指标不合适	0.006	22

6.1.2 全挖方地段路基风险防范措施

通过以上分析，已经确定不同开挖土类型下风险因素的大小，于是对不同的开挖土类型，有以下风险防范措施。

1)土质路堑边坡

(1)土质边坡如果黏土颗粒成分多，边坡主要靠黏聚力保持其稳定，但当土的含水率增大时，黏聚力会变小，因此设计和施工均应对排水引起重视，设法使边坡处于干燥状态。

(2)大雨、暴雨冲刷、滑坡等自然现象和自然灾害是影响边坡稳定的主要因素。长期降雨会使土的含水率增大，因而土的容重会增大，抗剪强度降低。并且暴雨的强度越大、持续时间越长会产生一种促滑因素，使发生滑坡的概率加大，因此，若勘测资料显示雨水频繁，应注意设置防冲刷防滑坡的措施。

(3)一般情况下路堑边坡应采取分级开挖的方式，并且开挖一级支护一级，上级支护未完成，禁止开挖下级边坡。路堑边坡在开挖中及开挖之后应采取必要的加固措施或支挡措施以保证土体的稳定，在选择支护措施时，应充分考虑地质地貌等各种因素。

2)碎石类路堑边坡

(1)对于土质松散的碎石类边坡，边坡高度较高时，在设计应选择预加固措施，在施工注意事项中应强调有关排水的问题。

(2)施工中必须按先桩后墙的工序，切忌拉槽开挖后再施工锚固桩。排水措施要通畅，地表排水、地下降水、坡面排水、墙后排水均需形成完善的体系。

3)岩质路堑边坡

(1)当岩质边坡存在软弱夹层时，往往是使边坡失稳的薄弱面，应重点关注，采取必要的边坡支护措施。

(2)施工中应注意，是否有切断顺层的情况，如果有应及时支挡，如果有顺层下滑的可能，一般应首先施工抗滑桩。

从表6-2～表6-4可以看出，诸如土体含水率大、松散、存在软弱夹层、滑坡、大雨、暴雨冲刷、地表或地下排水设计不完善、加固措施不合理、排水设施未设或漏设等是风险值比较高的因素。

综上所述，在全挖方路基中，应该注意以下方面：

(1)土质边坡如果黏土颗粒成分多，要设法使边坡处于干燥状态。

(2)当岩质边坡存在软弱夹层时，应重点关注，采取必要的边坡支护措施。

(3)长期降雨会使土体抗剪强度降低。并且暴雨的强度越大、持续时间越长会产生一种促滑因素，使发生滑坡的概率加大。因此可以采取一定的措施来避免灾害的发生，如在坡面植树种草，防止暴雨直接击打坡面；在开挖边坡顶和中部滑坡体内部及滑坡周界布设排水系统等。

(4)一般的岩层都有复杂的地质结构，应加强工程地质勘测，摸清地层结构、地质构造、岩土分界以及各项岩层参数，为以后的设计施工提供准确的依据。

(5)坡脚是边坡的薄弱环节，应在坡脚处采取加固措施。

在设计阶段，对全挖方地段风险具体的防范措施见表 6-5。

设计阶段全挖方地段路基风险防范措施　　表 6-5

风险事件及风险因素		风险防范对策与措施
土质边坡溜坍失稳	地表或地下排水设计不完善	设计时应注意平坡和反坡地段的侧沟排水，高边坡地段截水沟和天沟应与排水沟连成完整的体系，天沟不能与排水沟相接时，应作吊钩将水引入侧沟。地下水丰富的地段根据水的埋藏深度选择明沟、渗沟和渗水隧洞。各种渗沟应注意渗水材料的选择和出水口的设计
	边坡形状的选择不合适	高边坡宜分级，可在土石分界处或中部设置平台。土质密实，抗冲刷能力较强时，可设计成折线形。土质较差，可设置较宽的平台
	边坡设计刷放坡率陡于稳定坡率	按地质提供稳定边坡设计，如果是墙顶以上的边坡，注意刷方坡率应满足与库伦土压力破裂面有交点
	边坡稳定性分析选择的公式不合适或采用的指标不合适	黏性土一般选择圆弧分析法。根据各种工况采用不同的指标
	边坡的加固措施或支挡措施不合适，或排水设计不完善	加固措施或支挡措施首先应保证安全性，同时考虑环保。对于高边坡首先要稳住坡脚，宜在坡脚设矮挡。土质边坡支挡以上坡高宜控制在 6m 以下，岩质边坡宜控制在 8～10m 以下。地面横坡太陡，挡墙宜封顶。土压力太大或边坡较高，宜设桩。桩身悬臂较长，应设桩上锚索。能够采用植物防护稳定边坡的情况下，尽量绿化边坡。有困难时可采用骨架护坡加植物防护，或锚杆框架梁加植物防护。土质边坡较高时，在设挡墙地段应先设置预加固桩。边坡含水量大时，应考虑边坡渗沟，并与排水系统完善连接
	坡脚未设计加固措施	土质边坡坡脚容易破坏，一般都应加固
碎石类土边坡垮塌失稳	地表或地下排水设计不完善	设计时应注意平坡和反坡地段的侧沟排水，高边坡地段截水沟和天沟应与排水沟连成完整体系，天沟不能与排水沟相接时，应作吊钩将水引入侧沟。地下水丰富的地段根据水的埋藏深度选择明沟、渗沟和渗水隧洞。各种渗沟应注意渗水材料的选择和出水口的设计
	边坡形状选择不合适	高边坡宜分级，可在土石分界处或中部设置平台。土质密实，抗冲刷能力较强时，可设计成折线形。土质较差，可设置宽平台

续上表

风险事件及风险因素		风险防范对策与措施
碎石类土边坡垮塌失稳	边坡设计刷放坡率陡于稳定坡率	按稳定边坡设计,如果是墙顶以上的边坡,注意刷方坡率应满足与库伦土压力破裂面有交点
	边坡稳定性分析选择的公式不合适或采用的指标不合适	碎石土采用直线破裂法。根据各种工况采用不同的指标
	边坡的加固措施或支挡措施不合适,或排水设计不完善	加固措施或支挡措施首先应保证安全性,同时考虑环保。对于高边坡首先要稳住坡脚,宜在坡脚设矮挡。土质边坡支挡以上坡高宜控制在6m以下,岩质边坡宜控制在8～10m以下。地面横坡太陡,挡墙宜封顶。土压力太大或边坡较高,宜设桩。桩身悬臂较长,应设桩上锚索。能够采用植物防护稳定边坡的情况下,尽量绿化边坡。有困难时可采用骨架护坡加植物防护,或锚杆框架梁加植物防护。土质边坡较高时,在设挡墙地段应先设置预加固桩。边坡含水量大时,应考虑边坡渗沟,并与排水系统完善连接
	坡脚未设计加固措施	土质边坡坡脚容易破坏,一般都应加固
岩质边坡顺层滑动	地表或地下排水设计不完善	设计时应注意平坡和反坡地段的侧沟排水,高边坡地段截水沟和天沟应与排水沟连成完整的体系,天沟不能与排水沟相接时,应作吊钩将水引入侧沟。地下水丰富的地段根据水的埋藏深度选择明沟、渗沟和渗水隧洞。各种渗沟应注意选择渗水材料和设计出水口
	边坡形状选择不合适	高边坡宜分级,可在土石分界处或中部设置平台。土质密实,抗冲刷能力较强时,可设计成折线形。土质较差,可设宽平台
	边坡设计坡率陡于稳定坡率	按地质提供稳定边坡设计,如果是顺层地段,在顺层清方和自然稳定边坡中选较缓的。如果是墙顶以上的边坡,注意刷放坡率应满足与库伦土压力破裂面有交点
	边坡稳定性分析选择的公式不合适或采用的指标不合适	应注意有无软弱夹层,是否按顺层考虑。注意层间指标和岩体内指标是不同的
	边坡的加固措施或支挡措施不合适,或排水设计不完善	加固或支挡措施首先应保证安全,同时考虑环保。对于高边坡要稳住坡脚,宜在坡脚设矮挡。边坡支挡以上坡高土质宜控制在6m以下,岩质宜在8～10m以下。地面横坡太陡挡墙宜封顶。土压力太大或边坡较高宜设桩。桩悬臂较长应设桩上锚索。能够采用植物防情况下尽量绿化边坡。有困难时可采用骨架护坡加植物防护,或锚杆框架梁加植物防护。土质边坡较高时,在设挡墙地段应先设置预加固桩。边坡含水量大时应考虑边坡渗沟,并与排水系统完善连接
	坡脚未设计加固措施	注意坡脚的加固
	清方坡率陡于顺层面	边坡坡率应采用稳定边坡和顺层清方边坡中的小
	顺层下滑力计算有误	注意指标应分段选择,在顺层滑面段应选择层间指标。注意计算范围。注意顺层土压力和库伦土压力的比较

在施工阶段，对全挖方地段路基具体的防范措施见表6-6。

施工阶段全挖方地段路基风险防范措施　　表6-6

风险事件及风险因素		风险防范对策与措施
土质边坡溜坍失稳	开挖未分级，没有采用预加固措施	采取分级开挖的方式，开挖一级支护一级，开挖中和开挖后采取必要的加固措施或支挡措施以保证土体稳定，选择支护时应充分考虑地质地貌等各种因素
	排水措施未设或漏设	注意天沟不能漏设，而且要将水引入排水沟中，如果无法引入排水沟，应设吊沟引入侧沟中
	边坡刷放不到位	注意施工中的检查，避免为了减少开挖量而随意改陡刷方坡率的情况
	没有施作反滤层和隔水层	土质边坡中的支挡工程必须施作反滤层和隔水层。加强施工中的检查
碎石类土边坡垮塌失稳	开挖未分级，没有采用预加固措施	采取分级开挖的方式，开挖一级支护一级开挖中和开挖后采取必要的加固措施或支挡措施以保证土体稳定，选择支护时应充分考虑地质地貌等各种因素
	排水措施未设或漏设	注意天沟不能漏设，而且要将水引入排水沟中。如果无法引入排水沟，应设吊沟引入侧沟中
	边坡刷放不到位	注意施工中的检查。避免人为刷方不到位
	没有施作反滤层和隔水层	碎石类边坡中的支挡工程必须施作反滤层和隔水层。加强施工中的检查
岩质边坡顺层滑动	爆破未按设计要求	严格按照设计要求进行挖爆，并注意安全
	开挖切断顺层	严格按图施工，有预加固桩的先施工桩。如施工中发现有顺层迹象，应及时支挡。如果一般的桩不能抵挡下滑力应设锚索桩
	排水措施未设或漏设	注意天沟不能漏设，而且要将水引入排水沟中
	边坡刷放不到位	按图施工后，若发现有切断顺层的现象，应将边坡放缓

6.2　半填半挖地段路基风险识别与防范

半填半挖式路基是指在横向斜坡上，上部分开挖、下部分填筑的路基，它是由一部分为路堑，另一部分为路堤相组合的结构形式，如图6-4所示。

6.2.1　半填半挖地段路基风险及识别

1）不均匀沉降

半填半挖路基及路基填挖结合部最容易出现路基不均匀沉降，从而导致路基面开裂。

半填半挖路基不均匀沉降风险因素及树状层次分析结构见图6-5。

采用层次分析法结合专家打分法对以上风险因素进行风险分析，并对各风险因素风险值排序见表6-7。

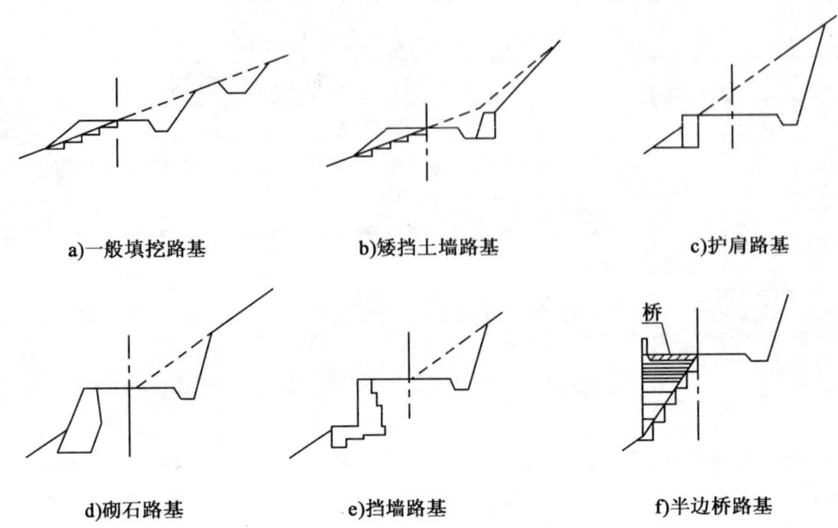

图 6-4　半填半挖式路基横断面图

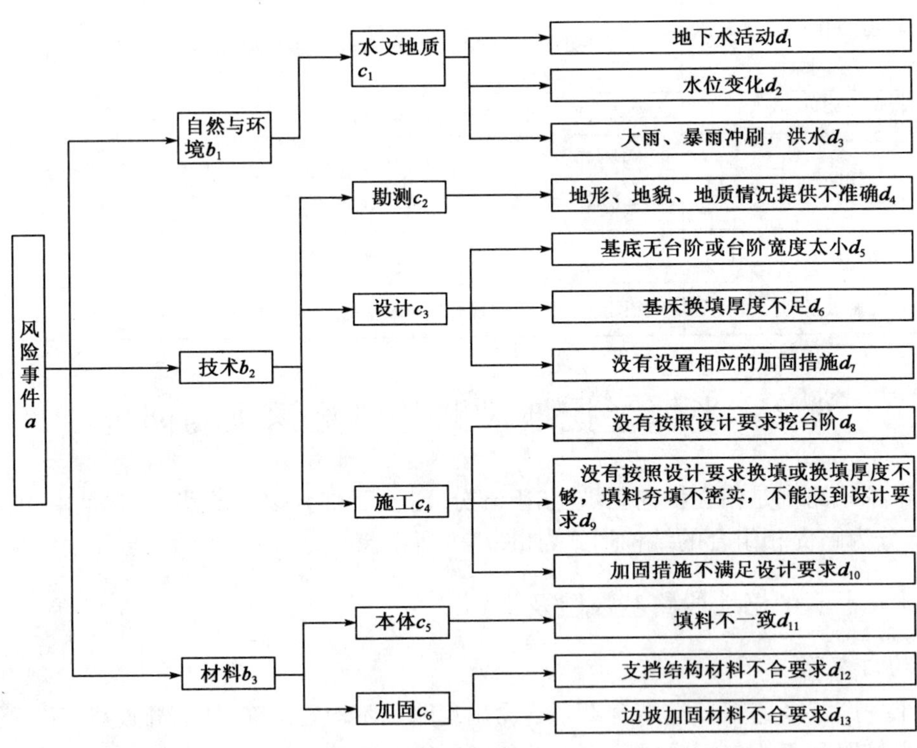

图 6-5　半填半挖路基不均匀沉降风险因素及树状层次分析结构图

半填半挖路基不均匀沉降风险因素按其风险值大小排序　　表 6-7

风险因素	风险值	排序	风险因素	风险值	排序
支挡结构材料不符合要求	0.079	1	加固措施不满足设计要求	0.038	8
大雨、暴雨冲刷，洪水	0.075	2	没有设置相应的加固措施	0.036	9
边坡加固材料不符合要求	0.069	3	没有按照设计要求换填或换填厚度不够，填料夯填不密实，不能达到设计要求	0.035	10
水位变化	0.050	4	基底无台阶或台阶宽度太小	0.027	11
地下水活动	0.044	5	基床换填厚度不足	0.026	12
填料不一致	0.044	6	没有按照设计要求挖台阶	0.014	13
地形、地貌、地质情况提供不准确	0.040	7			

基于上述风险值的计算分析，提出以下加强风险识别工作的建议意见：

(1)在环境方面，应高度关注大雨、暴雨冲刷引起的工程风险。

(2)在勘测方面，应高度关注地形、地貌、地质情况提供不准确引起的工程风险。

(3)在设计方面，应高度关注未设置相应的加固措施、基底无台阶或台阶宽度过小引起的工程风险。

(4)在施工方面，应高度关注开挖没有按照设计要求换填或换填厚度不够等引起的工程风险。

2)填方沿陡坡下滑

当填方路基修筑在陡坡上或是不稳定的山坡上的路堤。由于地面横坡较陡、基底地质地形条件变化不均，在荷载、水等作用下，陡坡上的填方极易产生下滑等破坏。

半填半挖路基填方沿陡坡下滑风险因素及树状层次分析结构见图 6-6。

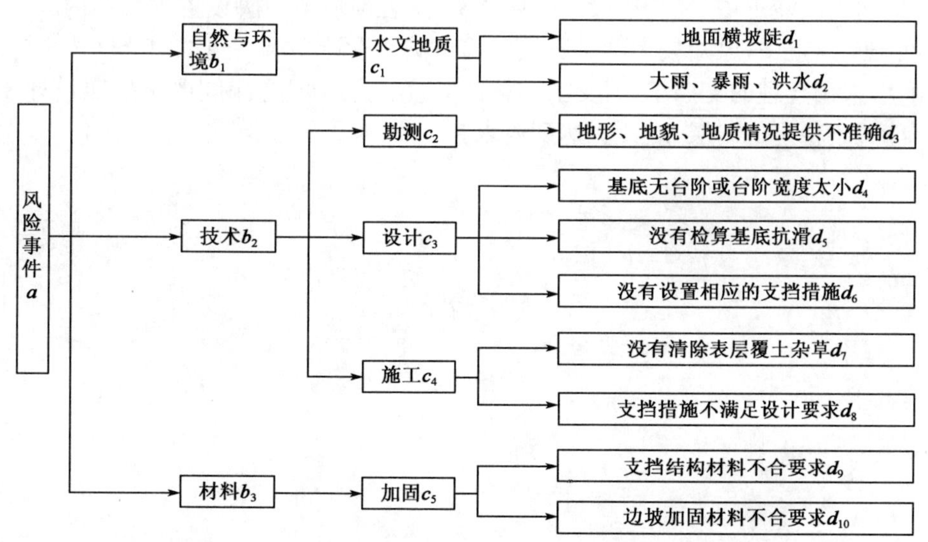

图 6-6　半填半挖路基填方沿陡坡下滑风险因素及树状层次分析结构图

采用层次分析法结合专家打分法对以上风险因素进行风险分析，并对各风险因素风险值排序见表6-8。

半填半挖路基填方沿陡坡下滑风险因素按其风险值大小排序　　表6-8

风险因素	风险值	排序	风险因素	风险值	排序
地面横坡陡	0.089	1	边坡加固材料不符合要求	0.059	6
大雨、暴雨，洪水	0.078	2	支挡措施不满足设计要求	0.057	7
地形、地貌、地质情况提供不准确	0.076	3	没有检算基底抗滑	0.049	8
支挡结构材料不符合要求	0.066	4	基底无台阶或台阶宽度太小	0.043	9
没有设置相应的支挡措施	0.061	5	没有清除表层覆土杂草	0.041	10

基于上述风险值的计算分析，提出以下加强风险识别工作的建议意见：

(1)在勘测方面，应高度关注地形、地貌、地质情况提供不准确引起的工程风险。

(2)在设计方面，应高度关注未设置相应的支挡措施、未检算基底抗滑引起的工程风险。

6.2.2　半填半挖地段路基风险防范措施

通过以上对半填半挖路基的分析可以看出，半填半挖路基应关注不均匀沉降风险、填方沿陡坡下滑风险，在设计和施工中应该注意以下问题：

(1)在设计中，未设置相应的加固措施是半填半挖地段路堤不均匀沉降风险的主要因素。设计中应根据填料性质、周边排水情况选择合适的加固措施。

(2)在施工中，风险较大的因素是加固措施不满足设计要求。施工中要严格按照换填厚度、坡度，隔水和排水材料应正确铺设。

(3)在设计风险中，未设置相应的支挡措施是造成半填半挖地段填方沿陡坡下滑的主要风险因素，因此设置支挡结构对填方陡坡地段进行加固，是降低填方沿陡坡下滑风险的重要举措。对于地面横坡陡于1∶2.5地段的陡坡路堤，应在路肩或坡脚设置支挡结构。

(4)在施工风险中，风险较大的是支挡措施不满足设计要求。施工中严格按设计的同时还应因地制宜，采用合理的支挡结构，支挡结构的高度、厚度、埋置深度严格按照设计要求，如发现基础不能置于稳定的岩层，应设法达到要求。

第7章 特殊土路基风险识别与防范

7.1 软土路基风险识别与防范

传统的软土是指在静水或缓慢的流水环境中沉积，经生物化学作用形成的软弱黏性土，软土具有天然含水率大($\omega \geqslant \omega_L$)、孔隙比大($e \geqslant 1.0$)、压缩性高($\alpha_{0.1 \sim 0.2} \geqslant 0.5\text{MPa}^{-1}$)、强度低($P_s < 0.8\text{MPa}$)、有明显的结构性、流动性等特点。软土大多分布于江河沿岸、内陆湖、塘、盆地、多雨的山间洼地及沿海等地区。由于软土地基的物理特性存在这些特点，当铁路与公路通过软土地区时，潜在路基沉降、变形、失稳等工程风险。为防范软土路基风险，应做好地质勘察工作，技术方案选择应与软土地基相适应，设计参数和计算方法要合理，地基施工应严格控制工艺、保证质量，路堤填筑应严格控制施工速率，并应做好现场地基载荷试验。施工过程中要及时检测和反馈相关问题，出现问题及时处理，把技术风险降到最低。

此外，针对我国山区复杂的地质情况，斜坡软弱地基问题也是路基填方工程应特别关注的。魏永幸等[49]结合工程实践，采用理论与试验相结合的分析方法对斜坡软弱地基的破坏机理、变形特征和加固措施等进行了较为深入的研究与分析，指出斜坡软弱地基是一种特殊的岩土体，除地基岩土具有相对较低的强度和较高的压缩性外，地基表面或基底具有横向坡度，在路堤填方荷载作用下下方一侧容易出现向变形，引起路堤失稳，应采取以侧向约束为主的地基加固措施。

7.1.1 软土路基风险及识别

由于软土有上述特性，所以在软土地基上修建铁路与公路路基存在着诸多不确定因素。软土路基发生病害的原因很复杂，除了软土本身所处的自然环境外，地基情况勘察不准确、设计存在缺陷、没按要求进行施工等，都可能导致软土路基破坏。引起软土路基破坏的主要风险源有地基水文地质条件勘察不仔细，软弱地基处理方法不当，软土路基施工不符合要求，路基与地基填筑及加固材料不达标等。对这些风险因素的识别是一项非常复杂的工作，必须结合项目的具体情况，选用科学的方法。

软土地区路基及软土地基加固工程因自然、环境、技术、材料等各方面因素的影响，易产生沉降超标、路基失稳、加固工程失效等病害。本章综合运用专家调查法、核对表法和分解分析法等方法，得出软土地区路基及软土地基加固工程的主要风险事件及风险因素，详细识别结果见表7-1及表7-2。

表 7-1

软土地区路基风险因素分类表

风险事件	风险因素						
	环境	自然	技术			材料	
	水文、地质	自然灾害	勘测	设计	施工	本体材料	加固材料
软土路基开裂、坍滑	①土的类别和性质：含水率、孔隙比、压缩性、强度、厚度； ②地表水和地下水发育程度； ③洼地、地形平坦或软基底有一定斜度	大雨、暴雨、地震	地质资料不准确，提供的参数不合理	①选择的计算方法或设计参数不合适； ②坡脚未设加固工程； ③地基处理措施不当	①堤填筑速率未控制好； ②压实标准未达设计要求； ③施工过程中未避免重型机械设备干扰	填筑材料不达标	边坡加固和地基加固材料不达标
沉降不收敛，工后沉降无法达到设计要求，路基不均匀沉降				同①、③； ④工后沉降不能达到规范要求； ⑤没有计算不均匀沉降，计算范围划分不细致，没有设置沉降过渡段，复合地基桩间距和桩长未采用渐变方式	同①、②； ④没按设计要求对加固措施过渡渐变		
挡墙基础下沉、开裂				同①、③、④、⑤； ⑥未进行基础承载力检算和沉降检算	未按设计要求对墙基加固。基底排水和隔水不到位		
斜坡软土、软土基底倾斜情况下的路堤失稳				同①、②、③； ⑦未进行沿倾斜基底检算	坡脚和基底加固措施没按设计要求		
软土路堑边坡开裂、坍滑				同①、②； ⑧边坡稳定性安全系数未达规范要求，排水设计不完善	边坡加固施工不符合要求		
路堑基床翻浆冒泥				⑨基床加固不合理，排水不畅	垫层施工不合格		

软土地基加固工程风险因素分类表

表 7-2

加固措施和支挡结构	风险事件	风险因素					适用范围
		自然与环境	技术				
		水文、地质、地形、自然灾害等	勘测	设计	施工	材料	
换填	承载力不满足要求	土层较厚，排水不便，大雨、暴雨	地层厚度不准确	换填范围、深度不够	换填深度未达到设计要求	换填填料不符合设计要求	浅层软弱地基及不均匀地基
冲击碾压	承载力和沉降不满足要求	地层不适用冲击碾压	地层厚度不准确	根据地形地貌、土质条件、线路等级、工期要求不适合选择这种方法	没有进行试压。碾压频率、次数、范围、深度不符合要求，排水不良	路堤填筑材料不符合要求。没有清楚地基表面不适合碾压的材料	碎石土、砂土、低饱和度的粉土与黏性土、湿陷性黄土、素填土和杂填土等
强夯及强夯置换	承载力和沉降不满足要求。造成附近房屋、管线或其他结构破坏	地层不适用强夯法	地层厚度不准确	设计中未说明要调查清楚施工场地附近房屋、地下管线等结构物情况	施工时未核对现场。没有进行试夯。置换墩的深度未达到较硬层	置换的材料级配不好，大颗粒含量超标	同上
袋装砂井及塑料排水板	沉降不满足要求。塑料排水板发生断裂	地层不适用固结排水，地形条件无法排水，大雨、暴雨	存在硬层，塑料排水板难以实施	选择的计算方法或设计参数不合适。设计的深度不够、密度不够，附属排水措施不合理或不完善	排水固结法垫层排水不顺畅；加荷速率过快导致路堤开裂、变形	塑料排水板质量不合格，砂石料不合格	淤泥质土、淤泥和冲填土等饱和黏性土
碎石桩	单桩承载力和复合地基承载力无法达到设计要求；沉降不满足要求，液化	地层不适用挤密砂桩、碎石桩	地层厚度不准确；承载力特征值不准确	桩径、桩间距设计不合理、处理范围不够	桩身强度达不到设计要求；桩长未达到设计要求；施工前未试桩；桩基未进入持力层	碎石用量不符合要求；桩孔内的填料量不够；砂桩材料级配、粒径、含泥量不符合要求	砂土、粉土、粉质黏土、松软土、素填土和杂填土等

续上表

加固措施和支挡结构	风险事件	风险因素						适用范围
		自然与环境	技术					
		水文、地质、地形、自然灾害等	勘测	设计	施工	材料		
灰土(水泥土)挤密桩	湿陷。地基强度和沉降不满足要求	地层不适用灰土(水泥土)挤密桩;雨季,冬季	地层厚度不准确、类型、含水量不准确	桩径、桩间距设计不合理、处理范围不够	桩身强度、长度未达设计要求;施工前未试桩;成孔时含水率不够	石灰中活性成分含量不符合要求,石灰和土的粒径、夹泥量、灰土比不符合要求		地下水位以上的湿陷性黄土、素填土和杂填土等
水泥土搅拌桩	单桩承载力和复合地基承载力无法达到设计要求;沉降不满足要求	地层不适用水泥土搅拌桩	含水量、有机质含量、pH 值等资料不准确	桩径、桩间距设计不合理、处理范围不够,设计说明中未明确拔管速度、搅拌次数等	搅拌不均匀、断桩,无法成桩,桩长未达到设计要求,未安装计量装置	水泥质量及固化剂、外掺剂及其掺量,强度参数不符合要求		正常固结的淤泥质土、粉土、饱和黄土、素填土、黏性土以及无流动地下水的饱和松散砂土等
水泥粉煤灰碎石桩及素混凝土桩	桩身质量、完整性、强度及复合地基承载力无法达到设计要求	地层不适用水泥粉煤灰碎石桩及素混凝土桩、冬季	地层厚度不准确、类型不准确	桩径、桩间距设计不合理、处理范围和深度不够	桩基未进入持力层,材料配合比不符合设计要求	水泥各粗细集料品种、规格及质量不符合要求		黏性土、粉土、砂土和已自重固结的素填土等
旋喷桩	单桩承载力和复合地基承载力无法达到设计要求;沉降不满足要求	地层不适用旋喷桩,地下水流速过大,水质对水泥的腐蚀性	地层厚度不准确、类型不准确	桩径、桩间距设计不合理、处理范围和深度不够	桩长未达到设计要求;桩基未进入持力层,材料配合比不符合设计要求	水泥和外加剂的品种、规格及质量不符合要求		淤泥、淤泥质土、黏性土、粉土、砂土、碎石土、黄土及人工填土等

续上表

加固措施和支挡结构	风险事件	风险因素					适用范围
		自然与环境	技术				
		水文、地质、地形、自然灾害等	勘测	设计	施工	材料	
柱锤冲扩桩	承载力和沉降不满足要求，液化	地层不适用柱锤冲扩桩	地层厚度不准确、类型不准确	桩径、桩间距设计不合理、处理范围、深度不够	成孔方式不合适		大厚度黄土、杂填土、粉土、黏性土、素填土、杂填土、液化土等
灌浆法	塌陷、沉降	大雨、暴雨、地下水、地震	地下洞穴分布不准确	密度、范围、深度不够，注浆量计算不准确	空洞未注满，漏浆。动态施工不到位，施工完成未检测	水泥等掺合料质量和配比不符合要求	存在采空区、人工洞穴、岩溶洞穴、土洞的砂土、粉土、黏性土和人工填土等
钢筋混凝土桩网结构	沉降不满足要求	水质的侵蚀性	压缩模量、时限性系数、岩层的抗压强度指标不准确，地基系数不准确	公式选择、桩径、桩间距、桩长，桩帽尺寸设计不合理	场地未平整，钻孔不到位	钢筋、水凝、粗细集料不合格	基础变形控制严格、填土高度大于3m地段的软弱地基
钢筋混凝土桩板结构	沉降不满足要求	水质的侵蚀性、底层存在滑面、土体松散	同上	公式选择、桩径、桩间距、桩长，板结构尺寸不合理	同上	钢筋、水凝、粗细集料不合格	路基工后沉降要求严格的软土、松软土、湿陷性黄土等压缩模量较低的特殊土地基

风险因素识别之后要对各个风险因素进行分析及重要性排序，将表 7-1 及表 7-2 中的各个风险事件的风险因素制成风险因素树状层次分析及权重调查图和风险因素权重调查表、风险因素发生可能性调查表。下面就以路基开裂、坍滑为例说明风险因素分析过程。首先根据表 7-1 制成风险因素树状层次分析及权重调查图(图 7-1)和风险因素权重调查表(表 7-3)和风险因素发生可能性调查表(表 7-4)。利用表 7-4，由专家打分得到各个判断矩阵，结合层次分析法计算出 C 层的各个指标相对于 A 层的权重。利用表 7-3，由专家打分得到 D 层指标相对于 C 层指标的权重，两者相乘得到 D 层指标对 A 层指标的权重。表 7-4 中的权重，可由参与风险分析的每个专家赋予一个权重，求出加权平均值作为 D 层指标对 A 层指标的权重 W。然后对风险因素出现的可能性分为 5 种情况(如表中所示)，采用专家投票的方式得出风险可能性等级值 C，将 $W \times C$ 作为风险因素的风险值。

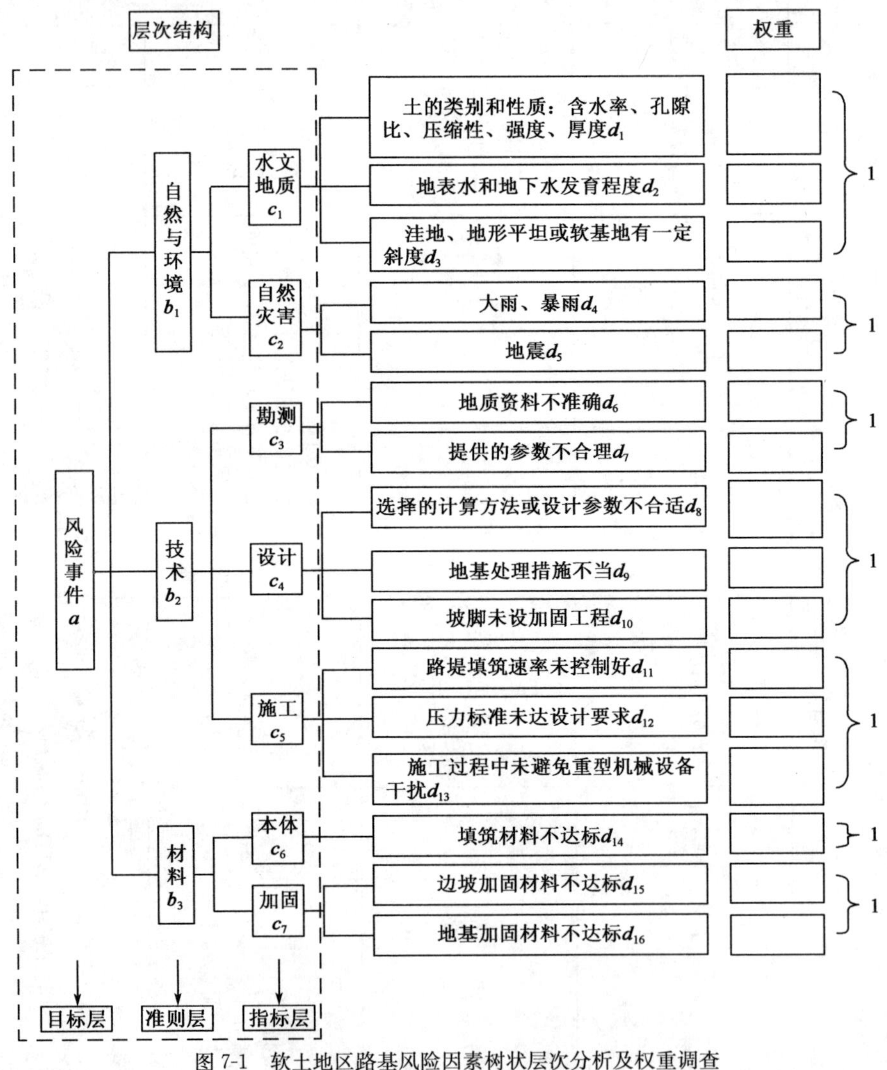

图 7-1　软土地区路基风险因素树状层次分析及权重调查

注：虚线框中的内容采用层次分析法计算，专家按风险因素权重调查表进行打分。虚线框外右侧“权重”一栏为专家根据经验打分处，每一个分组权重之和为 1。权重反映了风险因素对风险出现所起作用的大小。

软土地区路基风险因素权重调查表　　表 7-3

层次		相比较的前后指标	极为不重要 1/9	非常不重要 1/7	明显不重要 1/5	稍微不重要 1/3	同样重要 1	稍微重要 3	明显重要 5	非常重要 7	极为重要 9
准则层		自然与环境 b_1 与技术 b_2 比较									
		自然与环境 b_1 与材料 b_3 比较									
		技术 b_2 与材料 b_3 比较									
指标层	自然与环境 b_1	水文地质 c_1 与自然灾害 c_2 比较									
	技术 b_2	勘测 c_3 与设计 c_4 比较									
		勘测 c_3 与施工 c_5 比较									
		设计 c_4 与施工 c_5 比较									
	材料 b_3	本体 c_6 与加固 c_7 比较									

注：此表用于图 7-1 左侧虚框线中层次结构重要性的比较。专家打分时只需在相应栏中打"√"，但如果出现中间数值，如"1/8、1/6、1/4、1/2、2、4、6、8"直接将数值填在表中即可。

软土地区路基风险发生可能性调查表　　表 7-4

可能导致风险发生的因素			权重 W	风险因素出现的可能性(C) 很大 1.0	较大 0.8	中等 0.6	不大 0.4	较小 0.2	风险可能性等级值 C	$W \times C$
自然与环境	水文地质	土的类别和性质：含水率、孔隙比、压缩性、强度、厚度 d_1								
		地表水和地下水发育程度 d_2								
		洼地、地形平坦或软基底有一定斜度 d_3								
	自然灾害	大雨、暴雨 d_4								
		地震 d_5								

续上表

可能导致风险发生的因素			权重 W	风险因素出现的可能性(C) 很大 1.0	较大 0.8	中等 0.6	不大 0.4	较小 0.2	风险可能性等级值 C	W×C
技术	勘测	地质资料不准确 d_6								
		提供的参数不合理 d_7								
	设计	选择的计算方法或设计参数不合适 d_8								
		地基处理措施不当 d_9								
		坡脚未设加固工程 d_{10}								
	施工	路堤填筑速率未控制好 d_{11}								
		压实标准未达设计要求 d_{12}								
		施工过程中未避免重型机械设备干扰 d_{13}								
材料	本体加固	填筑材料不达标 d_{14}								
		边坡加固材料不达标 d_{15}								
		地基加固材料不达标 d_{16}								

注：1. 权重——对风险的影响程度。

2. $W\times C$——本表中的风险得分。得分的高低表示风险在本表的范围中，相对于其他风险的高低。对于一个特定的工程，应根据工程所处的特定环境和条件，通过专家调查结果计算分配各种风险的权重，再根据专家对风险因素的可能性进行打分。

根据上述方法，计算得出对于软土路基开裂、坍滑这一风险事件的风险值结果见表7-5。

软土地区路基风险发生值调查结果表 表 7-5

可能导致风险发生的因素			W×C		
自然与环境	水文地质	土的类别和性质：含水率、孔隙比、压缩性、强度、厚度 d_1	0.064	0.147	0.193
		地表水和地下水发育程度 d_2	0.033		
		洼地、地形平坦或软基底有一定斜度 d_3	0.050		
	自然灾害	大雨、暴雨 d_4	0.036	0.046	
		地震 d_5	0.010		
技术	勘测	地质资料不准确 d_6	0.033	0.069	0.256
		提供的参数不合理 d_7	0.036		
	设计	选择的计算方法或设计参数不合适 d_8	0.041	0.103	
		地基处理措施不当 d_9	0.040		
		坡脚未设加固工程 d_{10}	0.022		
	施工	路堤填筑速率未控制好 d_{11}	0.033	0.084	
		压实标准未达设计要求 d_{12}	0.028		
		施工过程中未避免重型机械设备干扰 d_{13}	0.024		

续上表

可能导致风险发生的因素			$W\times C$		
材料	本体	填筑材料不达标 d_{14}	0.034	0.099	0.099
	加固	边坡加固材料不达标 d_{15}	0.022		
		地基加固材料不达标 d_{16}	0.043		

根据表7-5计算出的风险值,可以进一步分析得出以下结论:

(1)准则层各风险的风险值由大到小依次为:技术(0.256)、自然与环境(0.193)、材料(0.099)。可见,技术是软土路基开裂、坍滑的主要风险因素。

(2)指标层的自然与环境风险中,由于土的性质和类别以及地下水等因素是软土路基工程重要影响因素,并且具有破坏性的自然灾害发生的频率相对较小,因此水文地质等因素的风险值明显大于自然灾害。在技术风险中,风险大小依次为:设计(0.103)、施工(0.084)、勘测(0.069)。这是因为设计理论不完善,具有半经验性,勘测在深度、广度和密度上,难以做到全面,很多问题需要在施工中动态解决,因此合理的设计是决定软土路基是否出现开裂、坍滑现象的关键因素。材料方面,加固材料的风险值要大于填料本体材料的风险值。

(3)对于最底层风险因素,在工程实践中应对风险值较高的风险因素予以高度关注,有以下建议意见:

①在水文地质方面,应关注洼地、地形平坦或软基底有一定斜度以及地表水和地下水发育程度引起的工程风险。

②在自然灾害方面,应关注大雨、暴雨引起的工程风险。

③在勘测方面,应关注提供的参数不合理引起的工程风险。

④在设计方面,应关注选择的计算方法或设计参数不合适、地基处理措施不当、坡脚未设加固工程引起的工程风险。

⑤在施工方面,应关注路堤填筑速率未控制好、施工过程中未避免重型机械设备干扰等引起的工程风险。

同样的方法可以对表7-1及表7-2中其余风险事件进行分析,在此就不再累述。

7.1.2 软土路基各风险事件的内部联系

以上都是对软土路基风险单独进行分析,实际工程中,每种风险之间都有相互的关联,互相影响。下面,通过软土路基风险之间的关系图,进一步分析软基地段路堤所面临的风险之间的关系,找出其中的关键因素。

图7-2反映了各种风险的内在联系。图中黄色部分为路堤的四大类风险,椭圆形内为路基的终级破坏。边坡破坏、路基面破坏和地基破坏最终都会导致路基本体出现失稳、滑移、工后沉降超限、不均匀沉降超限、沉降不收敛、被掩埋等路基病害现象,危及行车安全。路基各部分破坏有先后,但路堤部分结构的破坏,最终都会造成路基本体的破坏。路基附近房屋管线或其他结构的破坏,本图中作为终极破坏,虽然不是路基本体的破坏,但造成的影响是很大的,故以此提醒。

图中右侧的虚线灰色框图,是表示基床加固措施所包含的风险对路堤地基、边坡、路基面的影响。路基面的加固措施较少，没有计算方法，只在相应的部分作风险因素的分析。

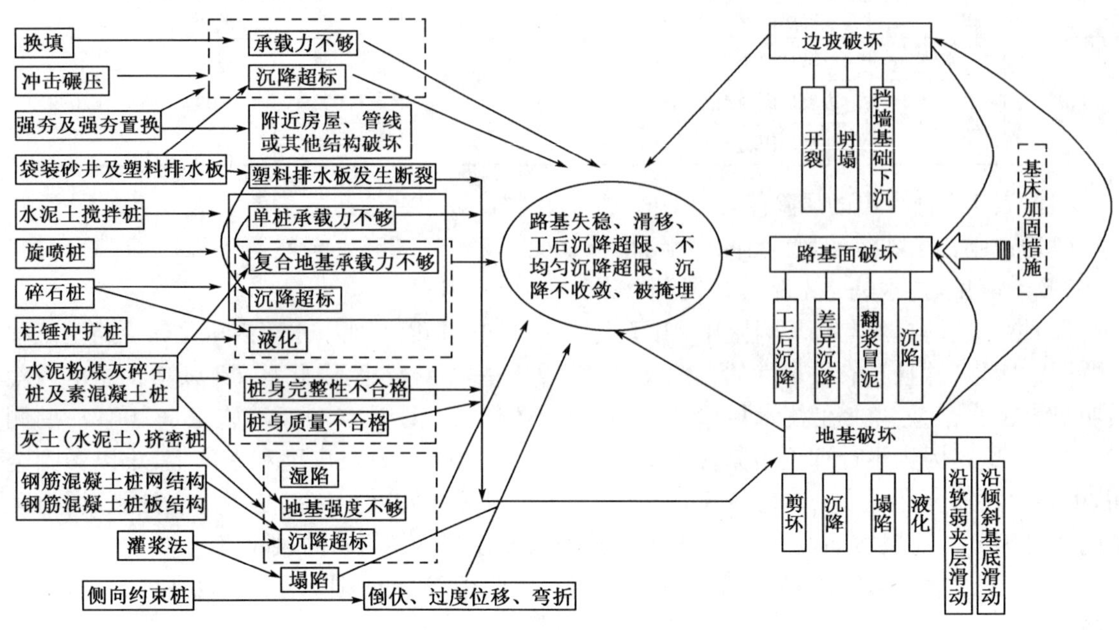

图 7-2　软土地段各风险之间的关系

图中左侧灰色方框为软土路基的各种加固处理措施，灰色箭头指向各种可能出现的风险。粉红色的框图显示了各种处理加固措施中所蕴含的风险。有些风险直接指向路基本体的破坏，有些通过不同的路径指向路基本体的破坏。各种风险事件有可能是另一种风险发生的因素，并且在一定的条件下相互转化。每一种风险在产生的路径中，各种风险因素所起的作用是不一样的，在一定的条件下，存在一个或几个关键的因素。

以塑料排水板为例，图 7-2 提供了塑料排水板中两种风险指向路基本体失稳的路径。其中，沉降超标直接指向路基终极破坏，而塑料排水板发生断裂则会导致沉降超标和地基破坏。因此对于塑料排水板处理软土路基最关键的是要保证塑料排水板不发生断裂、排水通畅，通过排水固结提高路基承载力控制沉降。

从以上的分析可以看出，图 7-2 只是给出了风险产生的路径，当然，也可以大致看出哪种风险更关键。比如：地基破坏除了可以直接导致路基终极破坏之外，还可以间接地从路基边坡和路基面的破坏，导致路堤发生破坏。对软基地段路基，地基破坏是关键风险因素。

7.1.3　软土路基的风险防范措施

1)设计阶段风险防范措施

软土地基处理施工技术难度较大，质量要求高，软基处治的方法很多，各种方法都有它的适用范围。具体工程的地质条件千变万化，对地基处理的要求不尽一致。因此，必须从地基条件、处理要求、处理范围、工程进度、材料机具等方面进行综合考虑，以确定合适的处理方法。设计阶段是工程建设的一个重要阶段，在工程的风险值里面占有相当大的比重，应该针对工程在设计方面的关键因素提出合理的预防措施来降低工程的风险值，将风险损失控制在最低限度。

总的来说，在设计阶段应采取下列的防治措施：

(1)在设计中，首先应对地勘资料做充分的分析和评估，掌握准确的第一手地质资料是设计的基础。选择合适的软土处理方案，是降低施工运营风险的前提。

(2)要严格按照相关规范的要求对软土处理方式进行设计，并预留必要的安全储备，选取参数时需要注意各项参数的准确性。

(3)对软土地基安全稳定性进行验算，控制工后沉降，使设计满足安全和正常使用的要求。

软土路基各种风险因素的防治措施具体见表7-6及表7-7。

软土地区路基设计阶段的风险预防措施 表7-6

风险事件及风险因素		风险防范对策与措施
路堤开裂坍滑	选择的计算方法或设计参数不合适	选择计算方法以及设计参数时，应查明沿线的地形、地貌、工程地质、水文地质、气象等资料，采取综合勘探、试验和综合分析的方法，查明地基土成因、分布及工程性质，取得详细可靠的工程地质、水文地质和环境条件资料，综合比较多种方案，首先充分考虑地基土特性、厚度及埋深、地层结构情况、地下水特征、荷载、环境条件等因素，初步选出可行的地基处理方案(包括组合处理方案)。然后对初步选出的地基处理方案，从预期处理效果、材料、施工机械、工期要求和对环境的影响等方面进行技术经济对比分析，选择最佳处理方法
	坡脚未设加固工程	路堤坡脚外应设置不小于2m宽的天然护道。在经济作物区地段，当能保证路堤稳定时，可设宽度不小于1m的人工护道或设坡脚墙。当处于斜坡地段时，应设置侧向约束桩
	地基处理措施不当	应根据地层厚度分布情况，物理力学特性选择地基处理措施
沉降不收敛，工后沉降无法达到设计要求，路基不均匀沉降	选择的计算方法或设计参数不合适	软土地基沉降计算应符合相关规范的规定： 1.地基沉降量计算其压缩层厚度按附加应力等于0.1倍自重应力确定； 2.地基的总沉降量(S)计算应包括瞬时沉降(S_d)、主固结沉降(S_c)，对于富含有机质土和泥炭土尚应计算次固结沉降(S_s)
	地基处理措施不当	参照"路堤开裂坍滑"风险的预防措施
	工后沉降不能达到规范要求	设计工后沉降不能达到规范要求时，应查明原因，调整设计参数或改用其他地基处理方法。路基的工后沉降量应满足以下要求：Ⅰ级铁路不应大于20cm，路桥过渡段不应大于10cm，沉降速率均不应大于5cm/年；Ⅱ级铁路不应大于30cm；高速铁路路基工后沉降量不得大于15mm，路桥过渡段不得大于5mm
	没有计算不均匀沉降，计算范围划分不细致，没有设置沉降过渡段，复合地基桩间距和桩长未采用渐变方式	软土及其他类型松软地基上的路基应进行工后沉降分析。高速铁路上应计算不均匀沉降；路基与桥梁、隧道或横向结构物交界处的工后沉降差不应大于5m，不均匀沉降造成的折角不应大于1/1000。应采用分段计算沉降量，设置沉降过渡段和改变桩长和桩间距等渐变方式消除差异沉降

续上表

风险事件及风险因素		风险防范对策与措施
挡墙基础下沉、开裂	计算方法或设计参数不合适	参照"路堤开裂坍滑"风险的预防措施
	地基处理措施不当	参照"路堤开裂坍滑"风险的预防措施，地基处理范围应超出墙基础范围
	工后沉降不能达到规范要求	参照"沉降不收敛"风险的预防措施
	没有计算不均匀沉降，计算范围划分不细致，没有设置沉降过渡段，复合地基桩间距和桩长未采用渐变方式	参照"沉降不收敛"风险的预防措施
	未进行基础承载力检算和沉降检算	设计中应对基础承载力以及基础沉降进行检算，不满足要求应处理，直到达到规范要求
斜坡软土、软土基底倾斜情况下的路堤失稳	选择的计算方法或设计参数不合适	参照"路堤开裂坍滑"风险的预防措施
	坡脚未设加固工程	参照"路堤开裂坍滑"风险的预防措施，斜坡软基的坡脚处一般应考虑侧向约束桩
	地基处理措施不当	参照"路堤开裂坍滑"风险的预防措施。地基处理措施中，除了考虑抗剪，抗弯承载力，减小沉降外，还应考虑支挡的功能
	未进行沿倾斜基底检算	设计中应对斜坡软土、软土基底进行沿倾斜基底检算。除了一般的稳定性检算外，还要进行沿斜底滑动的检算
软土路堑边坡开裂、坍滑	选择的计算方法或设计参数不合适	参照"路堤开裂坍滑"风险的预防措施。计算方法中应考虑到施工顺序，软土地段的路堑，一般要先对边坡加固，再进行开挖
	坡脚未设加固工程	参照"路堤开裂坍滑"风险的预防措施
	地基处理措施不当	参照"路堤开裂坍滑"风险的预防措施，坡脚是薄弱环节，加固措施应比一般地区更强
	边坡稳定性安全系数未达规范要求，排水设计不完善	路堑边坡形式和坡率应根据工程地质和水文地质条件、土的性质、边坡高度、防排水措施、施工方法及力学分析综合确定。路堑的侧沟、天沟等排水措施应与排水沟形成完整的体系
路堑基床翻浆冒泥	基床加固不合理，排水不畅	路堑的基床加固应考虑全面工程地质和水文地质条件、土的性质等各方面因素并符合规范的要求。路基面和基床的排水应和测沟形成完整的体系

软土地区路基设置加固措施后设计阶段对可能出现的风险的预防措施　　表7-7

风险事件及风险因素			风险防范对策与措施
换填	承载力不满足要求	设计换填范围、深度不够	换填垫层厚度应根据需要换填的软弱土层深度或下卧土层的承载力确定，宜为0.5～3.0m，并符合《铁路工程地基处理技术规程》相关条款的规定。应根据换填厚度进行承载力的核算，不符合要求应改变处理措施
冲击碾压	承载力和沉降不满足要求	根据地形地貌、土质条件、线路等级、工期要求不适合选择这种方法	该方法适用于浅层卵石土、砂土、低饱和度的粉土与黏性土、湿陷性黄土、素填土和杂填土，设计时应考虑对环境的影响
强夯及强夯置换	承载力和沉降不满足要求。造成附近房屋、管线或其他结构破坏	设计中未说明要调查清楚施工场地附近房屋、地下管线等结构物情况	强夯可用于处理碎石土、砂土、低饱和度的粉土和黏性土、湿陷性黄土、素填土和杂填土等地基。强夯置换适用于高饱和度的粉土和软塑—流塑的黏性土等地基处理，邻近既有建筑物、居民区的地基处理不应采用强夯及强夯置换。勘测时应对采取强夯的工点进行调查，提供附近房屋和地下管线等结构物的分布情况，设计时应在说明中明确哪些地方应进行复查，不能采用强夯措施应改成其他加固措施
袋装砂井及塑料排水板	沉降不满足要求。塑料排水板发生断裂	选择的计算方法不合适	袋装砂井及塑料排水板可用于大面积场坪工程的淤泥质土、淤泥和冲填土等饱和黏性土地基，不应用于正线及到发线地基处理
		设计参数不合理	袋装砂井及塑料排水板处理地基应预先通过勘察查明地层成因，水平和竖直方向的分布、变化，查明地下水类型及水源补给情况等，并应通过土工试验结合原位测试确定土层的基本物理指标、压缩指标、渗透系数、固结系数、抗剪强度指标等。其设计参数的选择应符合《铁路工程地基处理技术规程》相关条款的规定
		设计的深度不够、密度不够	袋装砂井及塑料排水板的间距应根据地基土的固结特性、允许工后沉降和工期要求等确定。袋装砂井及塑料排水板的深度应根据地质条件、软基厚度等确定。对以地基抗滑稳定性控制的工程，打设深度应超过最危险滑动面不少于2.0m；对以变形控制的工程，打设深度应根据在限定的时间内工后沉降是否能达到要求确定。袋装砂井及塑料排水板宜穿透受压软土层
		排水措施不合理或不完善	应确保塑料排水板处理软土地基和垫层的排水措施合理，满足规范的要求

续上表

风险事件及风险因素			风险防范对策与措施
碎石桩	单桩承载力和复合地基承载力无法达到设计要求；沉降不满足要求。液化风	桩径、桩间距设计不合理	碎石桩的间距应根据上部结构荷载大小和场地土层情况，结合施工设备综合考虑，宜为桩径的2～3倍
		处理范围不够	碎石桩处理范围宜在路堤坡脚或基础外缘扩大1～2排桩。要求消除地基液化时，在路堤坡脚或基础外缘扩大宽度不应小于基底下可液化土层厚度的1/2。碎石桩桩长应根据工程要求和地质条件通过计算确定，并符合下列规定： 1. 松软土层厚度不大时，桩长宜穿过松软土层； 2. 松软土层厚度较大时，桩长应不小于最危险滑动面以下2m，并满足沉降及承载力要求； 3. 处理液化地基时，桩长应按抗震要求确定； 4. 桩长不宜小于4m
灰土（水泥土）挤密桩	湿陷。地基强度和沉降不满足要求	桩径、桩间距设计不合理	灰土（水泥土）挤密桩桩孔直径可根据所选用的成孔设备，成孔方法和地基处理深度综合确定。挤密处理深度小于12m时，成桩直径宜为350～450mm；挤密处理深度超过12m时，可采用预钻孔，孔径宜为250～350mm，成桩直径宜为500～600mm。桩间距宜为桩孔直径的2.0～2.4倍
		处理范围不够	灰土（水泥土）挤密桩处理范围应大于路基基底面积。一般地基，处理范围应在路堤坡脚外缘扩大1～2排桩，且不小于2m；自重湿陷性黄土地基，处理范围应在路堤坡脚外缘扩大不小于3m
水泥土搅拌桩	单桩承载力和复合地基承载力无法达到设计要求；沉降不满足要求	桩径、桩间距设计不合理、处理范围不够	水泥土搅拌桩处理范围不应小于基底范围。水泥土搅拌桩桩径宜采用500mm
		设计说明中未明确拔管速度、搅拌次数等	搅拌头翼片的枚数、宽度与搅拌轴的垂直夹角、搅拌头的回转数、提升速度应相互匹配，水泥土搅拌桩成桩过程中应严格控制钻进和提升速度、喷粉（浆）高程及数量，确保成桩质量
水泥粉煤灰碎石桩及素混凝土桩	桩身质量、完整性、强度及复合地基承载力无法达到设计	桩径、桩间距设计不合理	水泥粉煤灰碎石桩和素混凝土桩桩径宜为400～600mm。桩间距宜为3～5倍桩径
		处理范围和深度不够	水泥粉煤灰碎石桩和素混凝土桩处理范围应不小于基底范围，路堤宜处理至填方坡脚，刚性基础宜适当加宽

续上表

风险事件及风险因素			风险防范对策与措施
旋喷桩	单桩承载力和复合地基承载力无法达到设计要求；沉降不满足要求	桩径、桩间距设计不合理	旋喷桩间距应根据注浆方法、复合地基承载力、容许沉降等因素确定，宜取2～3倍桩径
		处理范围和深度不够	旋喷直径应根据注浆方法，通过现场试验确定。无现场试验资料时，可参照相似地质条件的工程经验确定，宜为500～1500mm。旋喷桩处理范围宜超出路堤坡脚或基础外缘1～3m。旋喷桩的长度应根据上部结构对承载力、稳定和变形的要求确定，宜穿透软弱土层到达承载力相对较高的土层。为提高抗滑稳定性而设置的旋喷桩，其桩长应超过危险滑弧以下不小于2m
柱锤冲扩桩	承载力和沉降不满足要求、液化	桩径、桩间距设计不合理	柱锤冲扩桩桩径宜为600～800mm，桩间距宜为1.0～2.0m
		处理范围和深度不够	柱锤冲扩桩处理范围应大于路基基底面积。一般地基，处理范围应在路堤坡脚外缘扩大1～2排桩，且不应小于2m；自重湿陷性黄土地基，处理范围应在路堤坡脚外缘扩大不小于3m。柱锤冲扩桩处理深度可根据工程地质情况及设计要求确定，一般不大于25m。处理深度一般应至持力层，当持力层较深时，应按下卧层地基承载力及路基地基的变形允许值确定。对湿陷性黄土地基，应按相关规范的有关规定确定
灌浆法	塌陷、沉降	密度、范围、深度不够	注浆的有效范围和注浆量应通过现场试验确定。注浆钻孔深度应结合溶洞、土洞、溶蚀破碎带、采空区坑道位置及分布特征综合确定，并符合下列规定： 1.采空区钻孔深度应至底板； 2.裸露型岩溶区存在溶洞的地段，顶板不满足稳定要求时，钻孔深度应至溶洞底板以下2m； 3.覆盖型岩溶地段，钻孔处理深度应不小于土石界面以下5m，在土石界面以下存在溶洞且顶板不满足稳定要求时，钻孔深度应至溶洞底板以下2m
		注浆量计算不准确	设计时采空区注浆量可根据加固范围、采空区体积及塌陷区松散程度等进行计算，岩溶注浆量可根据岩溶裂隙发育情况按《铁路工程地基处理技术规程》中规定的计算式进行计算
钢筋混凝土桩网结构	沉降不满足要求	公式选择不合理	选择的公式应符合《铁路工程地基处理技术规程》的规定
		桩径、桩间距、桩长不合理	灌注桩直径宜为500～600mm，预制桩边长宜为300～500mm，预应力管桩直径宜为300～500mm。桩(群)按矩形布置，桩间距根据荷载大小和地基岩土参数确定，宜为桩径的4～5倍。桩长根据单桩承载力、桩网或桩筏结构地基沉降以及桩网结构整体稳定性检算确定。持力层埋藏较浅时，桩应穿透软弱土层
		桩帽尺寸设计不合理	桩网结构的桩顶应设置钢筋混凝土桩帽，桩帽混凝土强度不小于C30，厚度宜为300～400mm，桩帽面积占单桩加固面积的比例应不小于25%，桩帽可按冲切破坏检算配置钢筋
钢筋混凝土桩板结构	沉降不满足要求	公式选择不合适	选择的公式应符合《铁路工程地基处理技术规程》(JB 10106—2010)相关条款的规定。例如：非埋式桩板结构，浅埋式桩板结构和深埋式桩板结构应分别采用不同的结构计算模型
		桩径、桩间距、桩长不合理	灌注桩桩径宜为0.8～1.25m，桩长及桩间距应满足承载力及沉降的要求，桩间距应满足承载板竖向挠度的限制值
		板结构尺寸不合理	桩板结构承载板跨度宜为2.4～10m，厚度宜为0.6～1.5m

2)施工阶段风险防范措施

软土路基工程工点分散，外购重要的设备、材料的产地也较分散，所以其质量控制难度大，工程施工中小的管理疏忽都可能会产生严重的质量后果。工程施工风险很大程度影响到了工程的风险等级。为了降低工程风险，针对工程在施工中涉及的关键风险因素提出合理可行的管理和应对措施来降低工程风险，将可能的风险损失控制在最低限度。在施工阶段，应采取下列的防范措施：

(1)应当严格按照设计要求和施工的要求进行施工。杜绝软弱地基、路堤与地基结合部处理不彻底，排水不畅等情况出现。

(2)软土路基在路堤的填筑过程中，必须进行沉降和稳定性的观测。一方面保证路堤在施工过程中的安全与稳定，另一方面能够正确监测工后沉降量，使工后沉降控制在设计的允许范围之内。沉降观测的项目包括地表沉降量、地表水平位移量及隆起量、地下土体分层水平位移量和地下土体的深层沉降量。

(3)加强对软土加固的质量控制，加强管理，严把质量关，保证加固深度、密度等指标满足设计要求，保证填筑和加固材料达到设计和施工的要求。

(4)密切关注施工过程中出现的情况，如果与设计的前提条件不同，比如有新的软土层，土质情况有差异，要及时与设计人员沟通，变更设计。

(5)由于软土地基复杂和多变性、在软基处理及路基荷载加载过程中应根据软基监控成果进行动态设计。

施工阶段具体各风险因素的防范措施见表7-8及表7-9。

软土地区路基施工阶段的风险管理和应对措施 表7-8

风险事件及风险因素		风险防范对策与措施
路堤开裂坍滑	路堤填筑速率未控制好	路堤填筑过程中，应进行沉降和稳定监测。当接近或达到极限填土高度时，严格控制填土速率，以免由于加载过快而造成地基破坏。一般每填一层，应进行一次监测，控制标准为：路堤中心线地面沉降速率每昼夜不大于1.0cm；坡脚水平位移速率每昼夜不大于0.5cm。观测结果应结合沉降和位移发展趋势进行综合分析。其填筑速率，应以水平位移控制为主，如超过此限应立即停止填筑
	压实标准未达设计要求	施工中严格控制含水量，分层碾压，按验收标准对压实质量进行检测
	施工过程中未避免重型机械设备干扰	施工过程中应注意周围有无重型机械作业，应避免重型机械设备对软土路堤的干扰和影响
沉降不收敛，工后沉降无法达到设计要求，路基不均匀沉降	路堤填筑速率未控制好	参照"路堤开裂坍滑"风险的预防措施
	压实标准未达设计要求	参照"路堤开裂坍滑"风险的预防措施
	没按设计要求对加固措施过渡渐变	采用加固措施对软土地基加固时应按设计要求对加固措施进行过渡渐变，确保加固后的软土路基沉降均匀，差异沉降达标

续上表

风险事件及风险因素		风险防范对策与措施
挡墙基础下沉、开裂	未按设计要求对墙基加固	应按设计要求对挡土墙墙基进行加固，加固后应对基底承载力进行检测
	基底排水和隔水不到位	挡墙后与地面交界处应铺设隔水层墙背的泄水孔和反滤层，墙前回填斜坡朝外，使基底排水和隔水形成有效的体系
斜坡软土、软土基底倾斜情况下的路堤失稳	坡脚没按设计要求	对于斜坡软土，应按设计要求先进行侧向约束桩的施工，再进行填筑
	基底加固措施没按设计要求	加强施工中的质量检测
软土路堑边坡开裂、坍滑	边坡加固施工不符合要求	边坡加固的施工应确保达到设计的要求
路堑基床翻浆冒泥	垫层施工不合格	需确保路堑基床的垫层施工合格，满足排水隔水等功能要求

软土地区路基设置加固措施后施工阶段风险的管理和应对措施　　表7-9

风险事件及风险因素			风险防范对策与措施
换填	承载力不满足要求	换填深度未达到设计要求	应按设计图纸中的方式施工，对于开挖的宽度和深度按规定测量，换填后对承载力进行检测
冲击碾压	承载力和沉降不满足要求	没有进行试压	冲击(振动)碾压施工前应选取代表性场地进行试验性施工，确定其适用性、施工工艺和施工参数
		碾压频率、次数、范围、深度不符合要求	碾压频率、次数、范围、深度应加强施工中的检测，达到设计要求
		排水不良	施工前应进行场地平整，清除表层土，修筑机械设备进出道路及施工区周边排水沟，确保场地排水通畅
强夯及强夯置换	承载力和沉降不满足要求。造成附近房屋、管线或其他结构破坏	施工时未核对现场	施工前应对现场土质类别、地下建筑物、管线布置等情况进行核对
		没有进行试夯	强夯及强夯置换施工前，应结合工程类型及工程地质条件等在施工现场有代表性的场地上选取一个或几个试验区，进行试夯或试验性施工，确定其适用性和处理效果
		置换墩的深度未达到较硬层	强夯置换墩的深度应穿透软土层，到达硬土层上，应加强施工中的检测
袋装砂井及塑料排水板	沉降不满足要求。塑料排水板发生断裂	垫层排水不顺畅	铺设垫层时应确保垫层排水顺畅
		加荷速率过快	袋装砂井及塑料排水板处理地基时，对堆载预压工程，在加载过程中应进行地基竖向变形、边桩水平位移及孔隙水压力等项目的监测，并根据监测资料控制加载速率

续上表

风险事件及风险因素			风险防范对策与措施
碎石桩	单桩承载力和复合地基承载力无法达到设计要求;沉降不满足要求。液化风	桩身强度达不到设计要求	桩身强度达不到要求时,应查明原因,及时调整桩设计参数,直至达标
		桩长未达到设计要求	碎石桩施工可采用振冲法式沉管桩,施工中应记录振冲器式沉管的下沉深度,直至达到设计要求的深度
		施工前未试桩	振冲碎石桩施工可根据设计荷载、原土强度、设计桩长等条件选用不同功率的振冲器。施工前应在现场进行试验,以确定水压、振密电流和留振时间等施工参数
		桩基未进入持力层	桩身宜穿透软弱土层到达承载力相对较高的土层,桩基应进入持力层
灰土(水泥土)挤密桩	湿陷。地基强度和沉降不满足要求	桩身强度、长度未达标	桩身强度未达标时,应查明原因,及时调整桩设计参数,直至达标。长度应严格按照设计要求,若通过钻孔确定土层有变化,可根据实际情况变更长度
		施工前未试桩	灰土(水泥土)挤密桩施工前应在工程施工现场选取有代表性的场地进行成桩试验,验证设计参数和施工效果,确定施工工艺和施工参数,试桩数量应符合设计要求且不得少于2个施工单元
		成孔时含水量不够	灰土(水泥土)挤密桩成孔时,地基土宜接近最优含水量或塑限。土的含水量低于12%(特别是在整个处理深度范围内的含水量普遍很低)时,宜对拟处理范围内的土层进行增湿,增湿处理应于地基处理前4～6d,通过一定数量、深度的渗水孔,均匀地将水浸入拟处理范围内的土层中
水泥土搅拌桩	单桩承载力和复合地基承载力无法达到设计要求;沉降不满足要求	搅拌不均匀、断桩,无法成桩	粉体搅拌桩成桩过程中因故停止喷粉时,应将搅拌头下沉至停灰面以下1m处,待恢复喷粉时再喷粉搅拌提升;喷浆搅拌桩如因故停浆,应将搅拌头下沉至停浆点以下0.5m处,待恢复供浆时再喷浆搅拌提升。若停机超过3h,应在原桩位旁边进行补桩处理。水泥土搅拌桩施工完成以后需进行质量检验,内容应包括桩身完整性、均匀性、桩身强度、单桩或复合地基承载力等
		桩长未达到设计要求	当要求桩体强度较高或桩长较长时,宜采用双轴多向水泥土搅拌桩机或双轴多向水泥砂浆搅拌桩机
		未安装计量装置	根据地基的加固深度选择合适的搅拌钻机、注浆泵、粉体喷射机及配套设备,不得使用无浆(粉)体自动计量装置的搅拌机
水泥粉煤灰碎石桩及素混凝土桩	桩身质量、完整性、强度及复合地基承载力无法达到设计要求	桩基未进入持力层	桩身宜穿透软弱土层到达承载力相对较高的土层。施工桩顶高程宜高出设计桩顶高程不少于0.5m
		材料配合比不符合设计要求	施工前应按设计要求进行室内配合比试验,施工时按配合比配制桩体材料。长螺旋钻孔管内泵压桩体材料成桩施工的坍落度宜为160～200mm,振动沉管灌注成桩施工的坍落度宜为30～50mm。振动沉管灌注成桩后桩顶浮浆厚度不宜超过200mm

续上表

风险事件及风险因素			风险防范对策与措施
旋喷桩	单桩承载力和复合地基承载力无法达到设计要求；沉降不满足要求	桩长未达设计要求	施工中应严格按照设计要求施工
		桩基未进入持力层	加强施工中的检测，通过钻孔取样判断是否进入持力层
		材料配合比不合理	旋喷桩的主要材料为水泥，水灰比可取 0.8～1.5。根据工程需要可加入适量的外加剂及掺和料，其类型和掺量应通过试验确定
柱锤冲扩桩	承载力和沉降不满足要求、液化	成孔方式不合适	施工前应进行现场试验及试验性施工，确定施工工艺及参数。地基处理深度不大于 6m 时，可采用柱锤冲孔，根据土质及地下水情况可分别采用冲击、填料冲击、复打三种成孔方式
灌浆法	塌陷、沉降	空洞未注满，漏浆	钻孔钻至设计深度后埋入注浆管，注浆管距孔底距离不大于 1m，并在注浆孔上部设置止浆装置，注浆应按先外后内、自下而上的顺序进行，必要时采用分层注浆
		动态施工不到位	注浆过程中根据浆液流量、注浆压力特征动态调整浆液水灰比。岩溶注浆水灰比可取 0.6～2.0，常用的水灰比为 1.0
		施工完成未检测	岩溶注浆施工结束后应采用钻孔取芯、压水试验、瞬态面波法和电测深法进行质量检验。检查应符合下列规定： ①钻孔取芯及压水试验孔数不少于注浆孔总数的 2%； ②瞬态面波法检测点数不少于注浆孔总数的 5%； ③电测深法检测长度不少于整治段落长度的 10%； ④不足 20 孔的注浆工程，检验点的数量不少于 3 个点
钢筋混凝土桩网结构	沉降不满足要求	场地未平整	施工前应平整场地，并准确进行桩位放样测量。桩平面点位中误差不大于 50mm
		钻孔不到位	注浆孔距应根据加固目的和加固地层的地质特征确定，并通过现场注浆试验验证。采空区注浆孔间距宜为 5～20m，岩溶注浆孔间距宜为 3～10m。注浆钻孔深度应结合溶洞、土洞、溶蚀破碎带、采空区坑道位置及分布特征综合确定，并符合相关规范规定
钢筋混凝土桩板结构	沉降不满足要求	场地未平整	参照“钢筋混凝土桩网结构”风险的预防措施
		钻孔不到位	参照“钢筋混凝土桩网结构”风险的预防措施

7.2　膨胀土地段路基风险识别与防范

膨胀土是指土中黏土矿物主要由亲水矿物(以蒙脱石、伊利石为主)组成，具有吸水膨胀、软化、崩解和失水急剧收缩开裂，并能产生往复变形的黏性土，具有反复变形后强度大幅衰减，颗粒多分散，液限比较大，胀缩性能大，吸水膨胀软化，失水收缩硬裂等特点。其主要特征归纳如下：

(1)粒径小于 0.002mm 的颗粒含量超过 30%。

(2)黏土矿物中蒙脱石和伊利石含量较高。

(3)土体中含水量增高则体积膨胀产生膨胀力,土体受热干燥则收缩形成干缩裂缝。

(4)膨胀收缩变形随环境湿热变化,反复多次导致强度衰减。

(5)属于液限大于40%的高液限黏土。

膨胀土分布比较广泛,世界上已经发现膨胀土存在的国家已达40多个,遍布世界五大洲。我国膨胀土分布也比较的广泛,主要分布于广西、云南、四川、陕西、新疆、贵州、内蒙古、山西、湖北、湖南、河南、安徽、山东、浙江、广东等20多个省(区)180多个市县,总面积在10万平方千米以上。分布的地域大致分为两大流域,即长江流域和黄河流域。

7.2.1 膨胀土地段路基风险及识别

大量工程实践发现,膨胀土地区的铁路路基与公路路基,存在以下主要病害:

(1)滑坡

无论路堤还是路堑,滑坡是膨胀土路基最为严重的病害。

(2)溜坍和坍塌

一般溜坍多发生在路堤坡腰和坡脚处,坍塌易发生在路基施工过程中。

(3)结构物破坏

由于膨胀土的膨胀变形和膨胀力作用,造成挡墙推移以及墙身开裂、被剪断等。

(4)路堑边坡变形

路堑边坡变形,通常有以下4种形式。

①剥落与泥流:路堑表层土经物理风化作用使土棱块解体,碎裂成松散土粒,在重力作用下沿坡面滚落堆积于坡脚,在雨季时剥落物被水流裹带搬运而形成泥流。

②冲蚀:路堑坡面剥落的松散表土,在大气降雨地表径流的集中水流冲刷侵蚀作用下,沿边坡形成沟状冲蚀坡面。

③鼓胀:膨胀土边坡开挖后,由于一部分应力释放而产生的不均匀卸载膨胀,以及干缩湿胀效应使坡面局部土体产生外鼓现象。

④溜塌:路堑坡面松散,表土结构失去连接,在大气降雨或地表片状水流作用下充分吸水饱和而达到塑流状态,在土体自身重力作用下沿坡面产生塑流态片状下溜。

膨胀土路基的病害具有潜伏性和多次反复性,因此膨胀土被称为“工程中的癌症”。

综合运用专家调查法、核对表法和分解分析法等方法,得出膨胀土地区路基、支挡及加固工程的主要风险事件有路堤失稳、路肩开裂、边坡坍滑、重力式挡土墙倾覆,滑移,下沉,开裂,剪断等。因此,为保证工程质量,应正确及时的识别各类风险并采取防范措施。各类风险及其风险因素列表见表7-10、表7-11。

针对膨胀土地区路基存在的风险事件,利用层次分析法结合专家打分法对各个风险因素对风险事件的影响进行分析。以路堤失稳、路肩开裂、边坡坍滑风险此类风险事件为例,首先根据表7-10中风险因素建立风险因素树状层次分析及权重调查图(图7-3)和风险因素权重调查表(表7-12)和风险因素发生可能性调查表(表7-13)。利用表7-12,由专家打分得到各个判断矩阵,结合层次分析法计算出C层的各个指标相对于A层得权重。利用表7-13,由专家打分得到D层指标相对于C层指标的权重,两者相乘得到D层指标对A层指标的权重W;再利用表7-13,采用专家投票的方式得出可能性的加权平均值C,将$W \times C$作为风险因素的风险值。

膨胀土地区路基风险因素分类表 表7-10

风险事件	风险因素						
	自然与环境		技术			材料	
	水文、地质等	自然灾害	勘测	设计	施工	本体材料	加固材料
路堤失稳、路肩开裂、边坡坍滑	①地下水，坡面湿度大幅变化； ②伊利石、蒙脱石含量高，超固结； ③裂隙发育； ④气温水分变化频繁	大雨、暴雨、地震	①岩土类别有误； ②参数不正确	①对采用填料性质没搞清楚； ②在必须采用膨胀土作填料时，加固措施不合理； ③采用的压实度标准有误； ④没有放缓路堤边坡； ⑤排水措施设计不合理； ⑥稳定性检算方法不对	①没有清除灰白色和灰绿色的裂土层； ②没有按设计要求进行土质改良； ③没有严格分层填筑，较大土块未碾碎； ④没有按照设计要求进行边坡加固； ⑤没有放缓边坡	①填料中有胀缩性较强的成分； ②有较大的土块	①外包材料不合格； ②掺和材料不合格； ③加固材料不合格
路堤沉降后宽度不足	同①、②、③、④	大雨、暴雨、地震	①岩土类别有误； ②参数不正确	同①、②、③、⑤； ⑦路堤下沉量计算不够，路基预留加宽不足	同①、②、③； ⑥没有按照设计要求加宽路基	同上	同上
基床病害	同①、②、③、④	大雨、暴雨、地震	同上； ③岩土分层厚度不准确	同①、②、③、⑤、⑦； ⑧基床换填深度不足	同①、②、③	同上	同上
路堑边坡溜坍	同①、②、③、④	大雨、暴雨、地震	同①、②、③	⑨路堑边坡未放缓； ⑩边坡平台宽度不够； ⑪坡面防护措施不合适； ⑫稳定性检算不对； ⑬地表排水和地下排水措施不完善	同④、⑤； ⑦边坡平台和排水坡度不符合设计要求； ⑧排水措施不符合设计要求	重塑反压土质不合格	草皮、片石、水泥砂浆、混凝土、钢筋不合格。渗水材料不合格

表 7-11

膨胀土地区支挡工程风险因素分类表

加固措施和支挡结构	风险事件	风险因素					适用范围
		自然与环境	技术				
		水文地质、自然灾害等	勘测	设计	施工	材料	
重力式挡土墙	倾覆、滑移、下沉、开裂、剪断	大雨、暴雨、地下水、地震	①墙背参数不正确； ②基底岩土参数不正确； ③地层的类型不正确	①膨胀力计算不合适； ②挡墙基础设计埋深不够； ③设计反滤层厚度不够； ④排水措施不够	①础埋深不够； ②基础和墙顶隔水措施没做好； ③反滤层厚度不够； ④排水不顺畅	水泥、粗集料、细集料、墙背反滤层不合格	土质较坏的边坡，高度较大的边坡，容易遭受地表水、地下水侵蚀的坡脚
抗滑桩（桩间挡土板、土钉或挡土墙）	倒伏、弯折、变形过大、挡土板开裂	同上。处于腐蚀性环境	同①、③； ④桩身锚固段岩土参数不正确	同①、③、④、⑤； ⑥桩身锚固段长度不够	同①、③、⑤	同上 钢筋材料不合格	推力过大，设置挡土墙困难
锚索桩	桩倒伏、弯折、变形，桩身开裂，锚索失效	同上	同①、③、④； ⑤锚索锚固段岩土参数不正确	同①、③、④、⑤、⑥； ⑦锚索锚固段长度不够	同①、③、⑤	同上	推力过大，需要在桩上加锚索
边坡渗沟	垮塌、堵塞	大雨、暴雨、地下水、地震	边坡土类、土性不准确，水文、气象资料不准确	①边坡设计坡率不合适； ②边坡渗沟尺寸和密度不合适	①与排水系统不配套； ②未按设计要求放坡； ③未按设计尺寸施工； ④未按设计要求选材	石块尺寸、干砌片石、水泥砂浆、反滤层不合格	边坡上有地下水出露；土体潮湿；表层裂隙发育的强风化带
纵向渗水暗沟	堵塞	同上	同上	同②	同上	同上	路堑侧沟下或侧沟旁，疏干坡脚土体
反压重塑土	溜坍、垮塌	同上	同上	同①	未夯实	仍具有膨胀性	边坡坍滑地段

续上表

加固措施和支挡结构	风险事件	风险因素					适用范围
		自然与环境	技术				
		水文地质、自然灾害等	勘测	设计	施工	材料	
外包其他填料	溜坍、垮塌	同上	同上	同①； ③外包材料选材不合理	外包材料施工厚度不够	基床材料、边坡材料不合格	附近有部分其他填料
土工格栅加筋	溜坍、垮塌	同上	同上	同①； ④筋带设计长度、分层厚度不合理	筋带铺设长度不够，分层碾压厚度不符合设计要求，碾压密实度不够	筋带、填料不合格	路堤边坡
基床加固	不均匀沉降、翻浆冒泥	大雨、暴雨，地震、岩土质软	岩类、岩性不准确，地表排水情况不准确	换填的材料选择不合适；换填厚度不够；排水材料或排水措施不合适	没按设计要求选材、换填、排水	渗水材料、滤水材料、隔水材料不合格	挖方地段和用裂土作填料地段
植物护坡	溜坍、垮塌	大雨、暴雨，地震	边坡土类、土性不准确，水文、气象资料不准确	①植物种类选择不合适； ②设计边坡坡率不合适	①物种选择没按设计要求； ②施工工艺不符合要求； ③施工养护不到位	草皮、树种质量不合格	低矮边坡
浆砌片石护坡或混凝土护坡	坍塌、开裂	大雨、暴雨，地震	同上	设计边坡坡率不合适	同②、③、④	钢筋、水泥、石料、砂，品种、规格、质量不合格	较高路堑，挡墙之上
骨架护坡	坍塌、开裂	大雨、暴雨，地震	同上	①设计边坡坡率不合适； ②骨架间距不合理	同②、③、④； ⑤骨架没有嵌入坡面	水泥、石料、砂，品种、规格、质量不合格	坡面不是常年潮湿并向外渗水

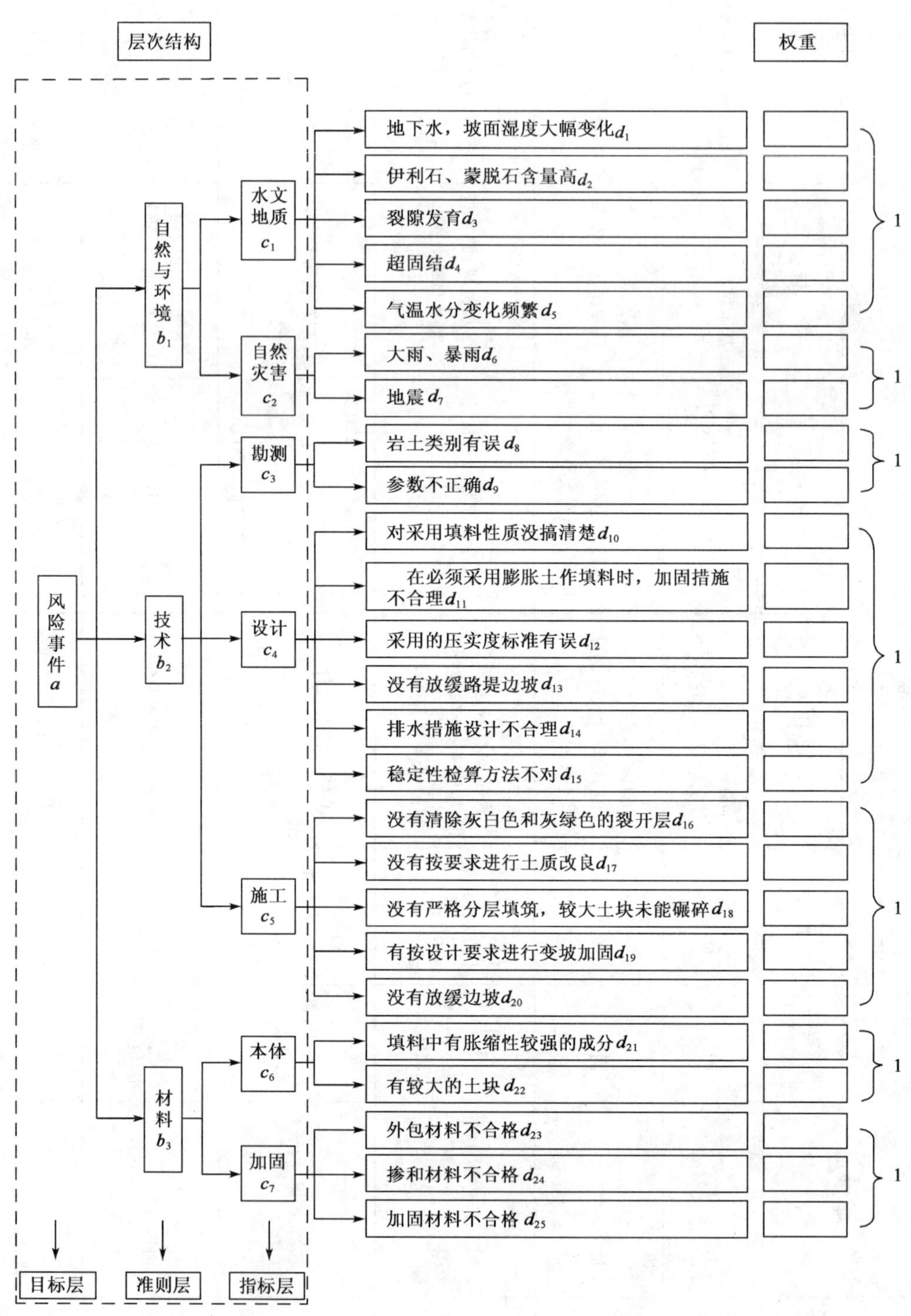

图 7-3 路堤失稳、路肩开裂、边坡坍滑风险因素层次结构及权重调查

注：虚线框中的内容采用层次分析法计算，专家按风险因素权重调查表进行打分。虚线框外右侧“权重”一栏为专家根据经验打分处，每一个分组权重之和为 1。权重反映了风险因素对风险出现所起作用的大小。

路堤失稳、路肩开裂、边坡坍滑风险因素权重调查表 表 7-12

层次		相比较的前后指标	极为不重要 1/9	非常不重要 1/7	明显不重要 1/5	稍微不重要 1/3	同样重要 1	稍微重要 3	明显重要 5	非常重要 7	极为重要 9
准则层		自然与环境 b_1 与技术 b_2 比较									
		自然与环境 b_1 与材料 b_3 比较									
		技术 b_2 与材料 b_3 比较									
指标层	自然与环境 b_1	水文地质 c_1 与自然灾害 c_2 比较									
	技术 b_2	勘测 c_3 与设计 c_4 比较									
		勘测 c_3 与施工 c_5 比较									
		设计 c_4 与施工 c_5 比较									
	材料 b_3	本体 c_6 与加固 c_7 比较									

注：此表用于图 7-3 左侧虚框线中层次结构重要性的比较。专家打分时只需在相应栏中打"√"，但如果出现中间数值，如"1/8、1/6、1/4、1/2、2、4、6、8"直接将数值填在表中即可。

路堤失稳、路肩开裂、边坡坍滑风险可能性调查表 表 7-13

可能导致风险发生的因素			权重(W)	风险因素出现的可能性(C)					风险可能性等级值 C	W×C
				很大 1.0	较大 0.8	中等 0.6	不大 0.4	较小 0.2		
自然与环境	水文地质等	地下水，坡面湿度大幅变化 d_1								
		伊利石、蒙脱石含量高 d_2								
		裂隙发育 d_3								
		超固结 d_4								
		气温水分变化频繁 d_5								
	自然灾害	大雨、暴雨 d_6								
		地震 d_7								
技术	勘测	岩土类别有误 d_8								
		参数不正确 d_9								
	设计	对采用填料性质没搞清楚 d_{10}								
		在必须采用膨胀土作填料时，加固措施不合理 d_{11}								
		采用的压实度标准有误 d_{12}								

续上表

可能导致风险发生的因素			权重（W）	风险因素出现的可能性（C）					风险可能性等级值 C	$W \times C$	
				很大 1.0	较大 0.8	中等 0.6	不大 0.4	较小 0.2			
技术	设计	没有放缓路堤边坡 d_{13}									
		排水措施设计不合理 d_{14}									
		稳定性检算方法不对 d_{15}									
	施工	没有清除灰白色和灰绿色的裂土层 d_{16}									
		没有按要求进行土质改良 d_{17}									
		没有严格分层填筑，较大土块未碾碎 d_{18}									
		有按设计要求进行边坡加固 d_{19}									
		没有放缓边坡 d_{20}									
材料	本体	填料中有胀缩性较强的成分 d_{21}									
		有较大的土块 d_{22}									
	加固	外包材料不合格 d_{23}									
		掺和材料不合格 d_{24}									
		加固材料不合格 d_{25}									

注：1. 权重——对风险的影响程度。

2. $W \times C$——本表中的风险得分。得分的高低表示风险在本表的范围中，相对于其他风险的高低。对于一个特定的工程，应根据工程所处的特定环境和条件，通过专家调查结果计算分配各种风险的权重，再根据专家对风险因素的可能性进行打分。本表调查专家为13位。

根据专家打分结果，膨胀土地区路堤失稳、路肩开裂、边坡坍滑这一风险事件中各因素风险值计算结果见表7-14。

路堤失稳、路肩开裂、边坡坍滑风险值调查结果表 表7-14

可能导致风险发生的因素			$W \times C$		
自然与环境	水文地质	地下水，坡面湿度大幅变化 d_1	0.042	0.235	0.333
		伊利石、蒙脱石含量高 d_2	0.074		
		裂隙发育 d_3	0.042		
		超固结 d_4	0.034		
		气温水分变化频繁 d_5	0.043		
	自然灾害	大雨、暴雨 d_6	0.080	0.098	
		地震 d_7	0.018		

续上表

可能导致风险发生的因素			$W\times C$		
技术	勘测	岩土类别有误 d_8	0.029	0.054	0.177
		参数不正确 d_9	0.025		
	设计	对采用填料性质没搞清楚 d_{10}	0.013	0.057	
		在必须采用膨胀土作填料时,加固措施不合理 d_{11}	0.013		
		采用的压实度标准有误 d_{12}	0.005		
		没有放缓路堤边坡 d_{13}	0.010		
		排水措施设计不合理 d_{14}	0.006		
		稳定性检算方法不对 d_{15}	0.010		
	施工	没有清除灰白色和灰绿色的裂土层 d_16	0.011	0.066	
		没有按要求进行土质改良 d_{17}	0.020		
		没有严格分层填筑,较大土块未碾碎 d_{18}	0.012		
		没有按设计要求进行边坡加固 d_{19}	0.011		
		没有放缓边坡 d_{20}	0.012		
材料	本体	填料中有胀缩性较强的成分 d_{21}	0.052	0.074	0.119
		有较大的土块 d_{22}	0.022		
	加固	外包材料不合格 d_{23}	0.016	0.045	
		掺和材料不合格 d_{24}	0.018		
		加固材料不合格 d_{25}	0.011		

根据表7-5计算出的风险值,可以进一步分析得出以下结论:

(1)准则层各风险的风险值由大到小的顺序为:自然与环境(0.333)、技术(0.177)、材料(0.119)。可见自然与环境因素在膨胀土路堤失稳、路肩开裂、边坡坍滑风险中占主导地位。因此,在设计时尽量使路基处在有利的自然环境中。如果不行,应针对不利的自然条件采取响应的措施。

(2)指标层的技术风险中,风险值由大到小的排序为:施工(0.066)、设计(0.057)、勘测(0.054)。施工因素对目标层风险事件的影响要大于设计和勘测因素。因此在施工过程中要加强施工质量的监管,确保施工达到设计的质量要求。

(3)对于最底层风险因素,在工程实践中应对风险值较高的风险因素予以高度关注,有以下建议意见:

①在水文地质方面,风险值由大到小排序:伊利石、蒙脱石含量过高>气温水分变化频繁>地下水、坡面湿度大幅变化>裂隙发育>超固结。膨胀土中富含蒙脱石、伊利石等亲水性物质,遇水时亲水矿物吸水崩解,干燥时失水开裂,在干湿循环、地下水和坡面雨水冲刷等因素作用下极易发生路堤失稳、路肩开裂、边坡坍滑等风险。因此在设计时必须对膨胀土路堤进行有利于一般路基的加固处理,施工时要保证施工质量。

②在自然灾害方面,从风险值的大小来看,大雨暴雨远大于地震,这是因为大雨、暴雨出现的概率较地震要大得多,对膨胀土的影响较一般土质更大,在设计时要做好排水防水措施。

③在勘测方面，应关注岩土类别有误、岩土参数不准确引起的工程风险。

④在设计方面，应关注对采用填料性质没有搞清楚、膨胀土填料加固措施不合理、没有放缓路堤边坡、稳定性验算方法不对、排水措施设计不合理等引起的工程风险。

⑤在施工方面，应关注没有按要求进行土质改良、没有放缓边坡、没有严格分层填筑等引起的工程风险。

⑥在材料方面，应关注填料中有胀缩性较强的成分、掺和材料不合格等引起的工程风险。

同样的方法可以对如表 7-10 及表 7-2 中其余风险事件进行分析，在此就不再累述。

7.2.2 膨胀土各风险事件的内在联系

以上都是对膨胀土路基风险单独进行分析，实际工程中，每种风险之间都有相互的关联，互相影响。为了明确各风险事件之间的相互影响，建立如下膨胀土各风险事件的内在联系图。

图 7-4 反映了膨胀土各风险事件的内在联系。图中中部及右边方框为膨胀土地区的三大类风险，边坡破坏、路基面破坏和地基破坏最终都会导致路堑边坡坍滑、路基失稳、路堤沉降后宽度不足、路基被掩埋，危及行车安全。边坡破坏也可以先导致路基面破坏，再导致堤本体破坏。地基的破坏，也可以是先导致路基面破坏，再导致堤本体破坏；还可以是先导致边坡破坏，再导致堤路堑边坡坍滑、路基失稳、路堤沉降后宽度不足、路基被掩埋破坏；还可以是先导致边坡破坏，再导致路基面破坏，再导致路堑边坡坍滑、路基失稳、路堤沉降后宽度不足、路基被掩埋。总之，方框显示：膨胀土地区路基结构的破坏，最终都会指向路堤路堑边坡坍滑、路基失稳、路堤沉降后宽度不足、路基被掩埋的破坏。

图 7-4 右侧的虚线框图，是表示各种加固结构所包含的风险对膨胀土地区路基地基、路基面的影响。图 7-4 左侧为膨胀土地区路基的主要支挡结构和加固措施，左侧虚线框图中显示了各种结构和加固措施中所蕴含的风险。有些风险直接指向路堤路堑边坡坍滑、路基失稳、路堤沉降后宽度不足、路基被掩埋的破坏，有些通过不同的路径指向路堤路堑边坡坍滑、路基失稳、路堤沉降后宽度不足、路基被掩埋的破坏。各种风险事件有可能是另一种风险发生的因素，并且在一定的条件下相互转化。每一种风险在产生的路径中，各种风险因素所起的作用是不一样的，在一定的条件下，存在一个或几个关键的因素。下面以重力式挡墙为例，分析一下在膨胀土地区路基设置该种墙型时，路基可能导致破坏的关键因素。

图 7-4 提供了重力式挡土墙中各种风险指向路堑边坡坍滑、路基失稳、路堤沉降后宽度不足、路基被掩埋破坏的路径。图中，直接导致路堑边坡坍滑、路基失稳、路堤沉降后宽度不足、路基被掩埋破坏的因素（也是重力式挡土墙的主要风险事件）有三个：倾覆、滑移、剪断，此外下沉为间接因素。在雨季时，大量的降水汇集到墙顶，并渗入到墙背土体，如果墙顶和墙背的水没有及时的排走，就会使墙后膨胀土遇水膨胀，挡墙的约束使其产生膨胀力，而膨胀力与土压力一起作用于墙背，可分解为水平和垂直分量，土压力的水平分量作用于墙背一定高度并对挡墙产生倾覆力矩。为了减少膨胀力对挡墙的影响，一般都在墙背填筑一定厚度的反滤缓冲层，既起到滤水作用又起到抵消一部分膨胀力作用，若果墙背的反滤层材料不合格以及在施工时没有保证施工质量，就会使墙背水地下水不能及时排走，增加了墙后土体的膨胀，由此产生较大的膨胀力，进而增大了墙后土体对挡墙的倾覆力矩，当这个力矩超出了挡墙的抗倾覆力矩时会使挡墙倾覆。在施工中当墙身厚度尺寸做得不达设计要求时，挡墙上部土体产生的土压

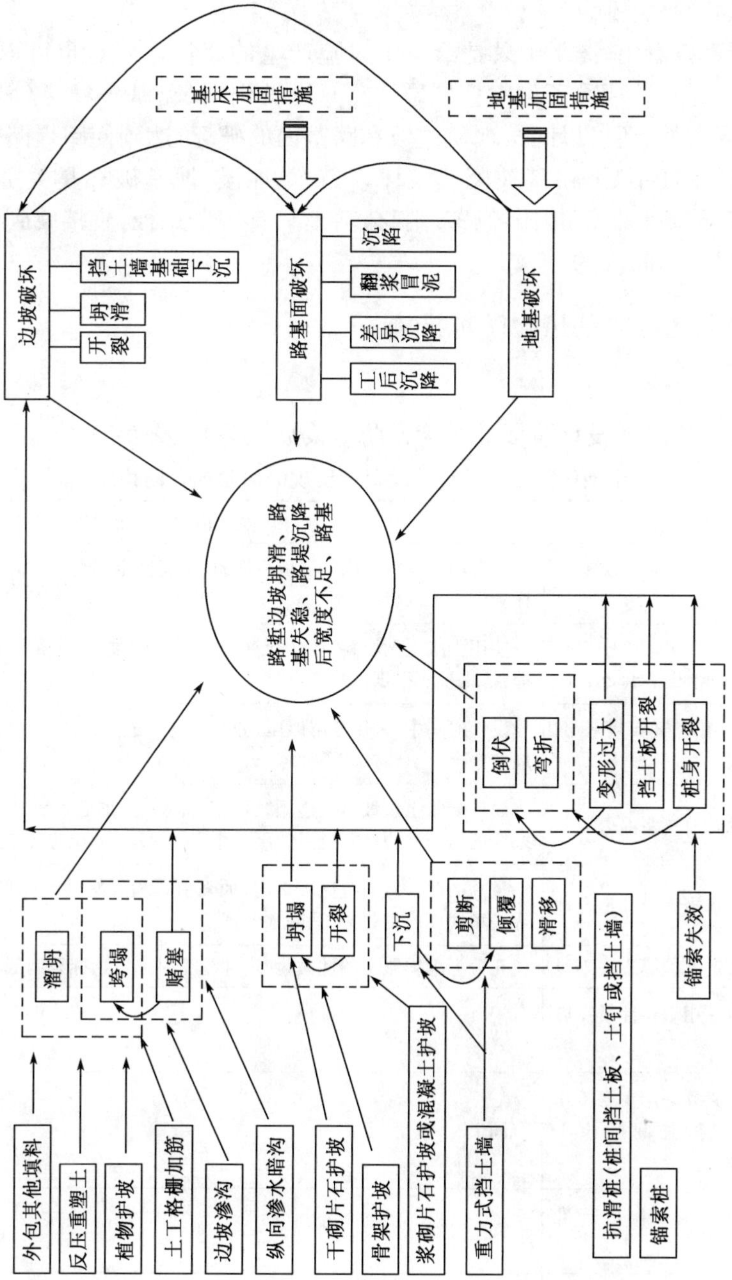

外包其他填料
反压重塑土
植物护坡
土工格栅加筋
边坡渗沟
纵向渗水暗沟
干砌片石护坡
骨架护坡
浆砌片石护坡或混凝土护坡
重力式挡土墙
抗滑桩(桩间挡土板、土钉或挡土墙)
锚索桩
溜坍
垮塌
赌塞
坍塌
开裂
下沉
剪断
倾覆
滑移
倒伏
弯折
变形过大
挡土板开裂
桩身开裂
锚索失效
路堑边坡坍滑、路基失稳、路堤沉降后宽度不足、路基
边坡破坏
开裂
坍滑
挡土墙基础下沉
路基面破坏
工后沉降
差异沉降
翻浆冒泥
沉陷
地基破坏
基床加固措施
地基加固措施

图7-4　膨胀土地区各风险之间的关系

力与水平膨胀力会使挡墙开裂甚至剪断。当设计的基底承载力不足及施工时基底和墙顶的隔水措施没做好,施工的墙趾承载力不足以及施工时在墙顶堆放过多弃土等,会导致重力式挡墙发生下沉。挡墙下沉会使墙顶一定高度边坡处于临空状态,在雨水的影响下会发生溜滑。由此可见,控制水的因素是关键。

从以上的分析可以看出,图 7-4 只是给出了风险产生的路径,当然,也可以大致看出哪种风险更关键。比如:地基破坏除了可以直接导致路堑边坡坍滑、路基失稳、路堤沉降后宽度不足、路基被掩埋破坏之外,还可以间接地从边坡和路基面的破坏,达到使路堤路堑边坡坍滑、路基失稳、路堤沉降后宽度不足、路基被掩埋破坏,在软基地段,地基破坏是关键因素。不难看出,挡墙倾覆、滑移、剪断和下沉相比,倾覆、滑移、剪断只有一个路径,直接就到达路堤破坏,而下沉有两个路径,但都是间接的。

7.2.3 膨胀土地段路基风险防范措施

1)设计阶段风险防范措施

膨胀土地区路基风险在设计阶段的风险预防对策见表 7-15 及表 7-16。

膨胀土地区路基在设计阶段可能出现的风险的预防措施　　表 7-15

风险事件及风险因素		风险防范对策与措施
路堤失稳、路肩开裂、边坡坍滑	对采用填料性质没搞清楚	根据勘察资料准确判定填料性质,不能确定填料性质的一定要提出现场取样验证
	在必须采用膨胀土作填料时,加固措施不合理	使用膨胀土做填料时,必须对膨胀土进行改良,掺和料宜采用石灰或水泥等,掺入量应根据试验确定
	采用的压实度标准有误	设计原则中,采用分层碾压,分层厚度一定要合理,并保证每层压实度达到规范要求
	没有放缓路堤边坡	设计膨胀土边坡时应遵循缓坡率、宽平台、加固坡脚和适宜的坡面防护相结合的原则。边坡安全系数不应小于 1.25,边坡高度不宜超过 10m
	排水措施设计不合理	较高的路堤宜设置边坡渗沟,加强引排地表水及坡面积水;基床底层顶面或换填底面应加强封闭、隔水处理
	稳定性检算方法不对	充分考虑膨胀土的性质,稳定性检算时强度指标采用低峰值
路堤沉降后宽度不足	对采用填料性质没搞清楚	同上
	在必须采用膨胀土作填料时,加固措施不合理	同上
	采用的压实度标准有误	同上
	没有放缓路堤边坡	同上
	排水措施设计不合理	同上
	路堤下沉量计算不够,路基预留加宽不足	应根据路基本体填料性质和地基土性质及加固情况计算沉降量,根据沉降量预留加宽量

续上表

风险事件及风险因素		风险防范对策与措施
基床病害	对采用填料性质没搞清楚	同前
	膨胀土作填料时，加固措施不合理	同前
	采用的压实度标准有误	同前
	没有放缓路堤边坡	同前
	排水措施设计不合理	基床底层顶面或换填地面应加强封闭、隔水处理，路堤及地下水发育的路堑基床，不宜采用土质填料作为封闭层。在采用土工合成材料封闭、隔水时，应全断面铺设。地下水发育的路堑基床应采用降低或加深侧沟，设置必要的纵向排水渗沟、渗管等防排水措施
	路堤下沉量计算不够，加宽不足	同前
	基床换填深度不足	对于弱、中膨胀土(岩)换填深度，时速200km/h铁路不应小于1.0m，其他Ⅰ、Ⅱ级铁路不应小于0.5m；强膨胀土(岩)换填深度应大于气候剧烈影响层，且不宜小于基床底面深度
路堑边坡溜坍	路堑边坡未放缓	设计路堑边坡应放缓边坡坡率，边坡安全系数不应小于1.25
	边坡平台宽度不够	当边坡高度大于6m时，路堑边坡应设置足够宽度的边坡平台
	坡面防护措施不合适	根据边坡高度和膨胀土的膨胀性，选取合适的坡面防护，将坡面防护与排水措施有机结合起来
	稳定性检算不对	对于整体边坡的稳定，如果不考虑边坡防护加固，则按浅层膨胀土质特征检算边坡；对于较高的边坡，设置了边坡防护加固，可按深部的地层强度进行边坡稳定性分析
	地表排水和地下排水措施不完善	堑顶及边坡应根据地形及边坡高度，设置单侧或双侧天沟及边坡平台截水沟；地下水发育的路堑边坡，宜采取仰斜排水孔、支撑渗沟和纵向盲沟等地下排水措施

膨胀土地区支挡结构和加固措施在设计阶段可能出现的风险的预防措施　　表7-16

风险事件及风险因素			风险防范对策与措施
植物护坡	溜坍、垮塌	植物种类选择不合适	对于土质边坡或强风化、全风化的岩石边坡，宜选用种草皮或液压喷播植草；对于漂石土、块石土、粗粒土、强风化岩石边坡等宜选用适合当地的喷混植生或客土植生
		设计边坡坡率不合适	边坡坡率应比一般地区边坡坡率要缓，土质边坡不应陡于1:1.75，岩质边坡不应陡于1:1.5
浆砌片石护坡或混凝土护坡	坍塌、开裂	设计边坡坡率不合适	边坡坡率应比一般地区边坡坡率要缓，土质边坡不应陡于1:1.75，岩质边坡不应陡于1:1.5

续上表

风险事件及风险因素			风险防范对策与措施
骨架护坡	坍塌、开裂	设计边坡坡率不合适	边坡坡率应缓于一般地区，土质边坡不应陡于 1∶1.75，岩质边坡不应陡于 1∶1.5
		骨架间距不合理	骨架间距不宜大于 3m，宽度不宜小于 0.5m，深度不应小于 0.6m
重力式挡土墙	倾覆、滑移、下沉、开裂、剪断	膨胀力计算不合适	根据实验资料，考虑膨胀力作用。当墙高低于 3m 时，可采用增大土压力系数法，当墙高较高时应根据膨胀应力的分布计算外力
		基础设计埋深不够	挡墙基础的埋置深度，不应少于 1.5m
		设计反滤层厚度不够	设置足够的反滤层厚度，不应小于 0.5m
		排水措施不够	设置好截水沟和排水够等地面排水措施，以及设置合理的泄水孔和伸缩缝等墙身排水措施，泄水孔在挡墙由墙内向墙外的坡度不应小于 4%
		选择墙背岩土参数不正确	根据墙背岩土类型、层数、结构、工况合理选择参数
		基底承载力不正确	套用标准图或个别设计时应根据基底所处地层选择基底承载力指标；断面图和正面图中注意挡墙基础应置于相应的地层；施工注意事项中注意基底防水，并交代根据实际施工情况调整墙趾埋置深度。必要时采用换填和地基加固措施或采用桩基
		墙顶坡率设计不正确	墙顶填方坡率除应满足边坡的稳定性外，还应注意与土压力计算公式中的 φ 相对应，以破裂面陡于填方坡率为宜
		土压力计算边界条件不正确	注意墙顶边坡坡率、平台、高度，综合选定计算刷方坡率
		安全系数不合理	安全系数的选择应不低于规范的规定
		施工注意事项交代不完善	施工注意事项中，对墙顶防排水措施、墙背反滤层厚度和墙趾埋深、墙背回填填料类型、地基承载力、泄水孔、基底隔水层、墙顶坡率、平台宽度等提出明确要求
抗滑桩（桩间挡土板、土钉或挡土墙）	倒伏、弯折、变形过大、挡土板开裂	膨胀力计算不合适	根据勘测报告中的实验资料，考虑膨胀力。桩较长时应根据膨胀应力分布计算外力
		桩身锚固段长度不够	不仅要满足设计要求，还应结合常规的设计经验和构造要求
		设计反滤层厚度不够	设计足够的反滤层厚度，一般不少于 0.5m
		排水措施不够	设置好截水沟和排水够等地面排水措施，以及设置合理的泄水孔等桩间排水措施，泄水孔的排水坡度不应小于 4%

续上表

风险事件及风险因素			风险防范对策与措施
抗滑桩（桩间挡土板、土钉或挡土墙）	倒伏、弯折、变形过大、挡土板开裂	选择墙背岩土参数不正确	根据桩背岩土类型、层数、结构、工况合理选择参数
		墙顶坡率设计不正确	墙顶挖方坡率除应满足边坡的稳定性外，还应注意与土压力计算公式中的φ相对应，以破裂面陡于填方坡率为宜
		土压力计算边界条件不正确	注意桩顶边坡坡率、平台、边坡、高度、桩背地层数、是否存在顺层、滑坡等边界条件
		安全系数不合理	安全系数的选择按规范的规定，并结合滑坡的规模、膨胀土的厚度
		施工注意事项交代不完善	施工注意事项中，应防排水措施、反滤层厚度、桩背回填填料类型、桩身锚固段长度、泄水孔、桩顶坡率、桩身尺寸、桩身原材料等提出明确要求
锚索桩	倒伏、弯折、变形，桩身开裂，锚索失效	膨胀力计算不合适	根据勘测报告中的实验资料，考虑膨胀力作用。当锚索桩身较长时应根据膨胀应力的分布计算外力
		桩身设计锚固段长度不够	由于设置锚索后，桩身锚固段长度一般较短，应注意满足构造要求
		锚索设计锚固段长度不够	锚固长度应从破裂面之后一定深度算起，嵌入稳定岩层
		设计反滤层厚度不够	设计反滤层的厚度一般不应小于0.5m
		排水措施不够	设置好截水沟和排水够等地面排水措施，以及设置合理的泄水孔等桩间排水措施，泄水孔的排水坡度不应小于4%
		选择墙背岩土参数不正确	应根据桩背岩土类型、层数、结构、工况合理选择参数
		墙顶坡率设计不正确	墙顶填方坡率除应满足边坡的稳定性外，还应注意与土压力计算中的φ相对应，以破裂面陡于填方坡率为宜
		土压力计算边界条件不正确	对边坡坡率、边坡岩土性质、桩身形式和尺寸、锚索锚固长度等做出恰当选择
		安全系数不合理	安全系数的选择应不低于规范的规定，锚索较多的情况下土压力增大系数应取大值
		施工注意事项交代不完善	施工注意事项中，应对锚固岩性指标、锚索锚固长度、桩身锚固深度、桩间距、锚索张拉吨位、墙顶坡率、锚索类型、墙身尺寸、墙身原材料等提出明确要求
边坡渗沟	垮塌、堵塞	边坡设计坡率不合适	设计边坡坡率应适当放缓，应满足稳定性要求
		渗沟尺寸和密度不合适	设计的渗沟尺寸应适当加大，设置的密度应合理

续上表

风险事件及风险因素			风险防范对策与措施
纵向渗水暗沟	堵塞	渗沟尺寸和密度不合适	设计的渗沟尺寸应适当加大,设置的密度应合理,并注意交代施工质量
反压重塑土	溜坍、垮塌	边坡设计坡率不合适	设计边坡坡率不宜太陡,应满足边坡稳定性要求,应缓于稳定性坡角为宜
外包其他填料	溜坍、垮塌	边坡设计坡率不合适	设计边坡坡率不宜太陡,应满足边坡稳定性要求,应缓于稳定性坡角为宜
		外包材料选材不合理	尽量选择岩性比较好的好土作为外包材料,并注意交代外包材料的施工质量
土工格栅加筋	溜坍、垮塌	边坡设计坡率不合适	设计边坡坡率不宜太陡,应满足边坡稳定性要求,应缓于稳定性坡角为宜
		分层厚度不合理	选择合理的分层厚度,不宜太厚也不宜太薄,并交代清楚施工时压实标准
		筋带设计长度不合理	对筋带的受力状态进行计算,选取合理的设计长度
基床加固	不均匀沉降、翻浆冒泥	换填的材料选择不合适	尽量不用膨胀土作为换填材料,不得已采用膨胀土做换填时必须对其进行改良
		换填厚度不够	根据荷载、地质情况确定基床换填厚度
		排水材料或措施不合适	选择正确的排水材料,设计合理的排水措施

2)施工阶段风险防范措施

膨胀土地区路基及挡护工程风险在施工阶段的风险防范对策见表7-17及表7-18。

膨胀土地区路基风险在施工阶段的管理和应对措施 表7-17

风险事件及风险因素		风险防范对策与措施
路堤失稳、露肩开裂、边坡坍滑	没有清除灰白色和灰绿色的裂土层	施工时应注意将灰白色和灰绿色的裂土层清除干净
	没有按要求进行土质改良	不得直接采用膨胀土作填料,应按设计要求进行土质改良,改良土原材料应通过检测达到设计要求
	没有严格分层填筑,较大土块未碾碎	应严格按设计要求分层填筑,分层厚度和压实度符合设计要求,分层压实厚度不应大于30cm,对于较大土块一定要碾碎
	没有按设计要求进行边坡加固	应按照设计要求进行边坡加固,加固位置不能随意更改,加固质量达到验收标准
	没有放缓边坡	边坡坡率不能陡于设计值,边坡应密实稳固
路堤沉降后宽度不足	没有清除灰白色和灰绿色的裂土层	施工时应按设计要求清除灰白色和灰绿色的裂土层

续上表

风险事件及风险因素		风险防范对策与措施
路堤沉降后宽度不足	没有按要求进行土质改良	不得直接采用膨胀土作填料，应按设计要求进行土质改良，改良土原材料及压实度应符合设计要求
	没有严格分层填筑，较大土块未碾碎	应严格按设计要求分层填筑，分层厚度和压实度符合设计要求，分层压实厚度不应大于30cm，一定要将较大土块碾碎
	没有按照设计要求加宽路基	施工时应加宽路基，路基加宽值应符合设计要求，加宽地段压实度和本体一致
基床病害	没有清除灰白色和灰绿色的裂土层	应按设计要求清除灰白色和灰绿色的裂土层
	没有按要求进行土质改良	应严格按设计要求对基床土进行换填或土质改良，改良土原材料及压实度应符合设计要求
	没有严格分层填筑，较大土块未碾碎	一定要严格分层填筑，分层厚度和压实度符合设计要求，对于较大土块一定要碾碎
路堑边坡溜坍	没有按要求进行边坡加固	一定要按照设计要求进行边坡加固，路堑坡脚位于两种不同分类等级膨胀土(岩)层交界处时，应设坡脚墙
	没有放缓边坡	施工边坡坡率不应陡于设计边坡坡率，施工中按规定进行检测，对开挖的边坡及时做好边坡防护工作
	边坡平台和排水坡度不符合设计要求	边坡平台宽度应达到设计值，保持不小于4%的排水坡，半坡排水沟应畅通，严禁开挖边坡积水
	排水措施不符合设计要求	路堑边坡开挖前应先做好天沟、吊沟，并将其出水口与排水系统相连，排水系统的施工质量应符合设计要求

膨胀土地区路基风险在施工阶段的管理和应对措施　　表7-18

风险事件及风险因素			风险防范对策与措施
植物护坡	溜坍、垮塌	物种选择没按设计要求	施工所选择的物种应符合设计要求，并适合当地生长条件的物种
		施工工艺不符合要求	植物防护施工应符合设计要求，施工时应根据植物的特性，适时种植，避免在暴雨季节、大风和高温条件下施工
		施工养护不到位	加强现场管理，保证施工养护到位
砂浆砌片石护坡或混凝土护坡	坍塌、开裂	施工工艺不符合要求	浆砌片石应采用挤浆法砌筑，并养生良好；混凝土护坡应与边坡密贴，嵌入坡面深度符合设计要求，表面应与坡面顺接
		施工养护不到位	砌筑或浇筑后的混凝土应注意及时养护，养护的条件应适宜，注意及时给混凝土浇水，混凝土的强度应满足设计要求
		砌筑不密实、不平整，厚度不够	砌筑密实度、平整度、厚度应满足设计要求

续上表

风险事件及风险因素			风险防范对策与措施
骨架护坡	坍塌、开裂	施工工艺不符合要求	骨架护坡的间距、排水等施工工艺应符合设计要求
		施工养护不到位	混凝土骨架浇筑完成后应及时养护，养护的条件应符合设计要求，避免混凝土骨架发生干裂
		砌筑不密实、不平整，厚度不够	砌筑密实度、平整度、厚度应满足设计要求
		骨架没有嵌入坡面	骨架应与边坡密贴，嵌入坡面的深度应符合设计要求
重力式挡土墙	倾覆、滑移、下沉、开裂、剪断	基础埋深不够	基础埋置深度应比一般地区更深，施工时满足设计要求
		排水不顺畅	严格按照设计要求施工，排水设施应纵坡顺适沟底平整，排水顺畅，无冲刷和阻水现象，泄水孔的纵向坡度不应小于4%，并保证畅通
		反滤层不符合要求	反滤层比一般地区更厚，尺寸及施工质量应满足设计要求
		基础和墙顶隔水措施没做好	严格按照设计要求施工，做好基础和墙顶隔水措施，施工中加强此项工序的检测
		泄水孔少设、位置不当、堵塞	按设计要求合理布置泄水孔，泄水孔数量和位置应满足设计要求，保持泄水孔畅通，泄水坡度不应小于4%
		墙顶坡率陡于设计坡率或墙顶平台堆放弃土	墙顶坡率不应陡于设计坡率，弃土应远离墙顶平台
		墙身尺寸不够	无论墙身多厚，墙身尺寸必须满足设计要求
		墙趾承载力不足	墙趾承载力应满足设计要求，若施工中检测不达标应进行地基处理
抗滑桩（桩间挡土板、土钉或挡土墙）	倒伏、弯折、变形过大、挡土板开裂	锚固段不够	锚固段应按设计要求施工，若发现锚固段岩层类别出现不利的变化应变更设计
		反滤层厚度不够	反滤层厚度应符合设计值，一般不应小于0.5m
		排水不顺畅	严格按照设计要求施工，排水设施应纵坡顺适沟底平整，排水顺畅，无冲刷和阻水现象
		隔水措施没做好	隔水措施一定要满足设计要求，并且与排水系统配套

续上表

风险事件及风险因素			风险防范对策与措施
抗滑桩（桩间挡土板、土钉或挡土墙）	倒伏、弯折、变形过大、挡土板开裂	泄水孔少设、位置不当、堵塞	泄水孔不应少设，位置得当，保证泄水孔畅通，泄水孔排水坡度不应小于4%
		墙顶坡率陡于设计坡率或墙顶平台堆放弃土	墙顶坡率不应陡于设计坡率，弃土应远离墙顶平台
		墙身尺寸不够	墙身尺寸应符合设计要求
锚索桩	倒伏、弯折、变形，桩身开裂，锚索失效	锚固桩锚固段不够	锚固段长度应满足设计要求
		锚索锚固段不够	锚索一定要插入稳固的岩层部分，锚固长度应满足设计要求，并做好现场拉拔试验
		注浆不密实	严格按照设计要求进行注浆，注浆过程应一次性完成，注浆压力应达到设计压力或试验确定的压力，保证注浆密实，并在浆液初凝前进行二次补浆
		反滤层厚度不够	反滤层厚度应满足设计值，一般不应小于0.5m
		排水不顺畅	施工做到排水顺畅
		隔水措施没做好	按设计要求做好隔水措施
		泄水孔少设、位置不当、堵塞	泄水孔数量布置位置应达到设计要求，防止泄水孔堵塞
边坡渗沟	垮塌、堵塞	与排水系统不配套	边坡渗沟应与排水系统配套
		未按设计要求放坡	严格按照设计要求放坡
		未按设计尺寸施工	严格按照设计尺寸施工
		未按设计要求选材	选材应符合设计要求
纵向渗水暗沟	堵塞	与排水系统不配套	纵向渗水暗沟应与排水系统配套
		未按设计要求放坡	放坡坡率应符合设计坡率要求

续上表

风险事件及风险因素			风险防范对策与措施
纵向渗水暗沟	堵塞	未按设计尺寸施工	按设计要求尺寸施工
		未按设计要求选材	应按设计要求选材
反压重塑土	溜坍、垮塌	未夯实	对反压重塑土一定要夯实
外包其他填料	溜坍、垮塌	外包材料施工厚度不够	外包材料的施工厚度一定要满足设计要求
土工格栅加筋	溜坍、垮塌	筋带铺设长度不够	筋带铺设长度一定要符合设计要求
		分层厚度不符合设计要求	按设计要求进行分层
		碾压密实度不够	碾压密实度一定要满足设计要求
基床加固	不均匀沉降、翻浆冒泥	没按设计要求选材	严格按照设计要求选材
		没按设计要求换填	严格按照设计要求换填
		没按设计要求排水	严格按照设计要求排水

7.3 冻土地区路基风险识别与防范

温度小于或等于0℃，且含有冰的土(石)，称为冻土。在天然条件下，地面以下的冻土保持三年或三年以上者，称为多年冻土。冻土是一种由固体矿物颗粒、黏塑性冰包裹体、液相水及气态包裹体组成的特殊的土体。其成分、结构及物理力学性质均不同于一般的土体。冻土对温度十分敏感且性质易变，对寒区经济开发、工程建设以及人类的生存和发展有着重要的影响。冻土存在以下基本性质：

(1)温度敏感性

在冻土的物理力学性能中温度是最重要的影响因素。冻土的力学性能与负温成正比关系且温度的变化导致其他性能变化。

(2)相变性

所谓冻土的相变是指冻土中冰的形成和融化,温度降低,土中水冻结土体变得坚固;温度升高,冰融化成水,土体变得松软。冻土的力学性能主要取决于土中水的数量和状态,而水的状态又取决于温度的高低,所以冻土的相变是由温度决定的。在高温度时,随着单位温度的变化,未冻水含量的变化比较大;而低温度时,随着单位温度的变化,未冻水的含量变化不大。冻土的相变主要发生在剧烈相变区。

(3)流变性

在外荷载作用下,冻土中应力和应变随时间变化的特性成为冻土的流变性。流变性是冻土的重要性质之一。它主要包括三个方面:外荷载保持不变时,其变形随时间继续增加的蠕变性能;应变保持不变,应力随时间增加而衰减的松弛性能;冻土的强度随作用荷载的时间增加而逐渐降低,即长期强度小于瞬时强度的性能。

(4)冻胀性和融缩性

冻土的冻胀和融缩特性是导致冻土路基破坏的主要原因。当温度降低时,土中的水分向冻结锋面迁移,并在此结成冰。由于冰的体积大于相同质量的水,所以导致冻土的冻胀。而当温度升高时,冻土中的冰逐渐融化成水,从而造成融化下沉。

7.3.1 冻土地区路基存在的风险及识别

冻土地区路基常见病害有以下3种。

(1)冻胀。道路冻胀特别是不均匀冻胀可以使路面开裂、不平,影响车辆的正常行驶,具有巨大的危害。道路冻胀是土质、水分、气温综合作用的结果。温度在0℃以下时,水变成冰,因而温度是发生冻胀的前提。但同时,必须保证有充足的水分对土体冻结前及冻结期给予水分补给,冻胀现象才会发生。

(2)融沉。融沉是多年冻土地区路基的主要病害之一。当路基基底分布有较厚的地下冰层时,在施工及营运等人为因素的作用下,冻土发生局部融化,路基在上覆荷载的作用下产生下沉,对路基造成严重破坏。融沉病害的影响因素主要包括地域、路基高度、填料类别、水文特征等因素。

(3)翻浆。翻浆是伴随冻胀而发生的,冻胀是翻浆形成过程中一个十分重要的发展阶段。入冬后路基表面开始冻结,使路面开裂。春融期间,路面及上部路基融化较快,而路基下部的冻结层仍处于冻结状态,冻土层里的冰水较多而又无法排除,就会使路基上部处于饱水状态,强度降低,在外荷载的作用下便会出现翻浆冒泥现象。路基翻浆的影响因素有土质,水分,温度,车载及路面等级。

在冻土地区修建路基在自然与环境、技术及材料方面存在的风险因素见表7-19。

风险因素识别之后要对各个风险因素进行分析及重要性排序,以冻土路基冻胀开裂、坍滑这一风险事件为例,采用前面同样的分析方法,绘制图7-5、表7-20和表7-21给专家打分。

根据专家打分结果,冻土路基冻胀开裂、坍滑这一风险事件中各因素风险值计算结果见表7-22。

冻土地区路基风险因素分类表　　表 7-19

风险事件	风险因素						
	自然与环境		技术			材料	
	水文、地质等	自然灾害	勘测	设计	施工	本体材料	加固材料
冻土路基冻胀开裂、坍滑	降雨季节 气温	地震 洪水、暴雨	冻融层厚度、土的种类及潮湿程度不准确； 冻土成因、分布、构造、含冰状况不准确	地基加固措施不恰当； 冻土层计算方法和参数选择不恰当； 计算边界条件与实际不符合； 附属设计不完善	没有按照设计要求施工； 地基或填料压实度没有达到设计要求； 施工过程中未避免重型机械设备干扰	改良土的掺入材料不符合要求； 地基本体材料不符合要求； 填筑材料不达标	边坡加固和地基加固材料不达标
路基融沉，产生不均匀沉降	同上	同上	地质资料不准确，提供的参数不合理	工后沉降不能达到规范要求； 对含水量较大的路基段未引起重视	没按设计要求对加固措施过渡渐变； 施工过程中未避免重型机械设备干扰	同上	同上
冻土路堑边坡冻胀开裂、坍滑	同上	同上	同上	边坡稳定性安全系数未达规范要求，排水设计不完善； 没有放缓路堤边坡	边坡加固施工不符合要求	同上	同上
基础翻浆下沉、开裂	同上	同上	同上	排水措施设计不合理	未按设计要求对墙基加固； 基底排水和隔水不到位	同上	同上

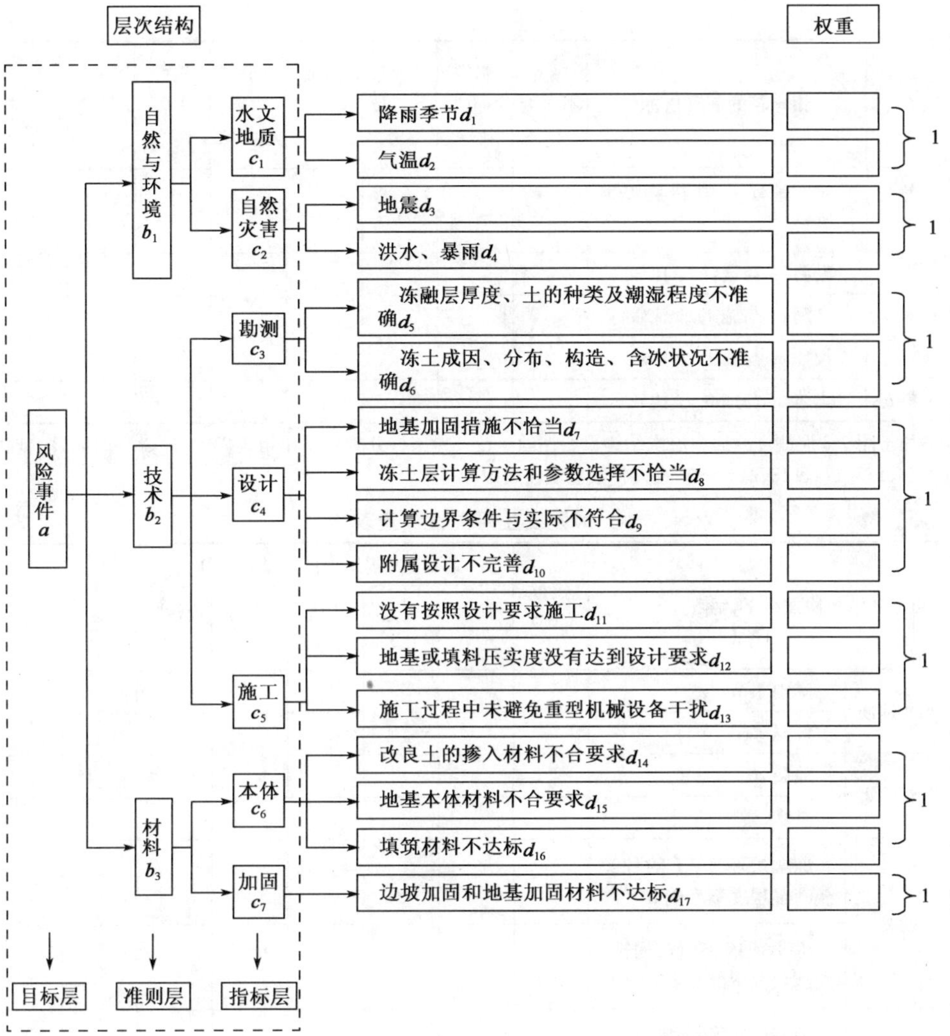

层次结构　　　　权重

- 风险事件 a
  - 自然与环境 b_1
    - 水文地质 c_1
      - 降雨季节 d_1
      - 气温 d_2　（权重之和 1）
    - 自然灾害 c_2
      - 地震 d_3
      - 洪水、暴雨 d_4　（权重之和 1）
  - 技术 b_2
    - 勘测 c_3
      - 冻融层厚度、土的种类及潮湿程度不准确 d_5
      - 冻土成因、分布、构造、含冰状况不准确 d_6　（权重之和 1）
    - 设计 c_4
      - 地基加固措施不恰当 d_7
      - 冻土层计算方法和参数选择不恰当 d_8
      - 计算边界条件与实际不符合 d_9
      - 附属设计不完善 d_{10}　（权重之和 1）
    - 施工 c_5
      - 没有按照设计要求施工 d_{11}
      - 地基或填料压实度没有达到设计要求 d_{12}
      - 施工过程中未避免重型机械设备干扰 d_{13}　（权重之和 1）
  - 材料 b_3
    - 本体 c_6
      - 改良土的掺入材料不合要求 d_{14}
      - 地基本体材料不合要求 d_{15}
      - 填筑材料不达标 d_{16}　（权重之和 1）
    - 加固 c_7
      - 边坡加固和地基加固材料不达标 d_{17}　（权重之和 1）

目标层　　准则层　　指标层

图 7-5　风险因素及树状层次分析结构

注：虚线框中的内容采用层次分析法计算，专家按风险因素权重调查表进行打分。虚线框外右侧“权重”一栏为专家根据经验打分处，每一个分组权重之和为 1。权重反映了风险因素对风险出现所起作用的大小。

风险因素权重调查表　　　　表 7-20

层　次	相比较的前后指标	极为不重要 1/9	非常不重要 1/7	明显不重要 1/5	稍微不重要 1/3	同样重要 1	稍微重要 3	明显重要 5	非常重要 7	极为重要 9
准则层	自然与环境 b_1 与技术 b_2 比较									
	自然与环境 b_1 与材料 b_3 比较									
	技术 b_2 与材料 b_3 比较									

续上表

层次		相比较的前后指标	极为不重要 1/9	非常不重要 1/7	明显不重要 1/5	稍微不重要 1/3	同样重要 1	稍微重要 3	明显重要 5	非常重要 7	极为重要 9
指标层	自然与环境 b_1	水文地质 c_1 与自然灾害 c_2 比较									
	技术 b_2	勘测 c_3 与设计 c_4 比较									
		勘测 c_3 与施工 c_5 比较									
		设计 c_4 与施工 c_5 比较									
	材料 b_3	本体 c_6 与加固 c_7 比较									

注：此表用于图 7-5 左侧虚框线中层次结构重要性的比较。专家打分时只需在相应栏中打"√"，但如果出现中间数值，如"1/8、1/6、1/4、1/2、2、4、6、8"直接将数值填在表中即可。

风险发生可能性调查表 表 7-21

可能导致风险发生的因素			权重（W）	风险因素出现的可能性（C） 很大 1.0	较大 0.8	中等 0.6	不大 0.4	较小 0.2	风险可能性等级值 C	$W\times C$	
自然与环境	水文地质	降雨季节 d_1									
		气温 d_2									
	自然灾害	地震 d_3									
		洪水、暴雨 d_4									
技术	勘测	冻融层厚度、土的种类及潮湿程度不准确 d_5									
		冻土成因、分布、构造、含冰状况不准确 d_6									
	设计	地基加固措施不恰当 d_7									
		冻土层计算方法和参数选择不恰当 d_8									
		计算边界条件与实际不符合 d_9									
		附属设计不完善 d_{10}									
	施工	没有按照设计要求施工 d_{11}									
		地基或填料压实度没有达到设计要求 d_{12}									
		施工过程中未避免重型机械设备干扰 d_{13}									

续上表

可能导致风险发生的因素			权重(*W*)	风险因素出现的可能性(*C*)					风险可能性等级值*C*	*W*×*C*
				很大 1.0	较大 0.8	中等 0.6	不大 0.4	较小 0.2		
材料	本体	改良土的掺入材料不符合要求 d_{14}								
		地基本体材料不符合要求 d_{15}								
		填筑材料不达标 d_{16}								
	加固	边坡加固和地基加固材料不达标 d_{17}								

注：1. 权重——对风险的影响程度。

2. *W*×*C*——本表中的风险得分。得分的高低表示风险在本表的范围中，相对于其他风险的高低。对于一个特定的工程，应根据工程所处的特定环境和条件，通过专家调查结果计算分配各种风险的权重，再根据专家对风险因素的可能性进行打分。

冻土路基冻胀开裂、坍滑风险值调查结果表　　表 7-22

可能导致风险发生的因素			*W*×*C*		
自然与环境	水文地质	降雨季节 d_1	0.042	0.1588	0.2662
		场地温度效应 d_2	0.1168		
	自然灾害	地震 d_3	0.0426	0.1074	
		洪水、暴雨 d_4	0.0648		
技术	勘测	冻融层厚度、土的种类及潮湿程度不准确 d_5	0.048	0.0744	0.2229
		冻土成因、分布、构造、含冰状况不准确 d_6	0.0264		
	设计	地基加固措施不恰当 d_7	0.0189	0.1058	
		冻土层计算方法和参数选择不恰当 d_8	0.0528		
		计算边界条件与实际不符合 d_9	0.0153		
		附属设计不完善 d_{10}	0.0188		
	施工	没有按照设计要求施工 d_{11}	0.0126	0.0427	
		地基或填料压实度没有达到设计要求 d_{12}	0.0118		
		施工过程中未避免重型机械设备干扰 d_{13}	0.0183		
材料	本体	改良土的掺入材料不符合要求 d_{14}	0.0236	0.0587	0.0867
		地基本体材料不符合要求 d_{15}	0.0171		
		填筑材料不达标 d_{16}	0.018		
	加固	边坡加固和地基加固材料不达标 d_{17}	0.028	0.28	

根据表 7-22 计算出的风险值，根可以进一步分析得出以下结论：

(1)准则层各风险的风险值由大到小依次为：自然与环境(0.2662)、技术(0.2229)、材料(0.0867)。自然与环境是冻土地区路基冻胀开裂、坍滑的主要风险因素。

(2)指标层的技术风险中,风险大小依次为:设计(0.1058)、勘测(0.0744)、施工(0.0427)。设计不完善是导致冻土路基出现冻胀开裂、坍滑现象的主要因素,这是因为目前设计理论不完善,具有半经验性,而勘测在深度、广度和密度上,尚难以做到全面。

(3)对于最底层风险因素,在工程实践中应对风险值较高的风险因素予以高度关注,有以下建议意见:

①在水文地质方面,应高度关注场地温度效应引起的工程风险。

②在自然灾害方面,应高度关注洪水、暴雨引起的工程风险。

③在勘测方面,应高度关注冻土成因、分布、构造、含冰状况不准确以及冻融层厚度、土的种类及潮湿程度不准确引起的工程风险。

④在设计方面,应高度关注冻土层计算方法和参数选择不恰当、地基加固措施不恰当引起的工程风险。

⑤在施工方面,应高度关注填料的水稳性不好、填料类型不符合设计要求等引起的工程风险。

同样的方法可以对表 7-19 中其余风险事件进行分析,在此就不再累述。

7.3.2 冻土地区路基风险防范措施

1)设计阶段风险防范措施

在设计阶段,根据不同的工程地质条件,采取相应的不同设计原则。在年平均地温较低的稳定型多年冻土区应采取保持地基冻结状态的设计原则;在年平均地温较高、含冰量较少、路基沉降量可以得到有效控制的地段,采取允许融化的设计原则。特别的冻土地温控制是冻土地区路基设计首先要解决的问题。被动地温控制措施在运行期间不要人为提供动力,也没有任何持续运动的机械部件,是冻土地温控制最常用的技术;主动的温控制措施,需要动力支持或温控系统中有持续运动的部件。两种措施最显著的区别在于冻结过程的人为可控制性和是否提供能量消耗。在冻土区的道路施工中应根据具体的地质条件和工程要求对地温控制方式进行合理的设计。如采取草皮、泥炭、草甸土层、黏性土、塑料泡沫隔温材料等传统的隔温材料铺设人工隔热保温层可以降低路堤的高度,减少防冻层厚度。

针对风险识别的结果,可对冻土地区路基在设计阶段可能出现的风险采取如表 7-23 所示的预防措施。

冻土地区路基在设计阶段可能出现的风险的预防措施 表 7-23

风险事件及风险因素		风险防范对策与措施
冻土路基冻胀开裂、坍滑	地基加固措施不恰当	加固措施的选取,应注意加固土层的性质、厚度、埋置深度、排水条件、施工的可能性
	冻土层计算方法和参数选择不恰当	选择计算方法以及设计参数时,应查明沿线的地形、地貌、工程地质、水文地质、气象等资料,采取综合勘探、试验和综合分析的方法,查明地基土成因、分布及工程性质,取得详细可靠的工程地质、水文地质和环境条件资料,综合比较多种方案,首先充分考虑地基土特性、厚度及埋深、地层结构情况、地下水特征、荷载、环境条件等因素,初步选出可行的地基处理方案

续上表

风险事件及风险因素		风险防范对策与措施
冻土路基冻胀开裂、坍滑	计算边界条件与实际不符合	边界条件尽可能与实际情况相吻合，完善的附属工程，能提供与公式要求相匹配的边界条件
	附属设计不完善	当采用排水固结措施时，应保证基底垫层排水通畅，应保证基底水被引出后，进入旁边完善的排水体系中
路基融沉，产生不均匀沉降	工后沉降不能达到规范要求	在设计过程中，应尽量采取路堤式设计，保护多年冻土层，减低沉降风险
	对含水量较大的路基段未引起重视	对含水量较大的路基，应采取保护多年冻土原则，防止融化后发生过量沉降，应严格按照计算沉降分析。除需满足路基填土高度的要求外，还需要做好路基排水工程，并保护好路基附近的植被
冻土路堑边坡冻胀开裂、坍滑	边坡稳定性安全系数未达规范要求，排水设计不完善	冻土路堑边坡形式和坡率应根据工程地质和水文地质条件、土的性质、边坡高度、防排水措施、施工方法及力学分析综合确定。路堑的侧沟、天沟等排水措施应与排水沟形成完整的体系
	没有放缓路堤边坡	设计边坡时应遵循缓坡率、宽平台、加固坡脚和适宜的坡面防护相结合的原则。
基础翻浆下沉、开裂	排水措施设计不合理	较高的路堤宜设置边坡渗沟，加强引排地表水及坡面积水；基床底层顶面或换填底面应加强封闭、隔水处理

2）施工阶段风险防范措施

当路基所处地段冻土含冰量高时，必须保持路基的冻土处于冻结状态。排水系统与路基坡角应保持足够距离，严禁坡脚滞水；在基底处理上，当路基的地下冰层较薄时，可将其挖出并用填料进行回填压实，再修筑路基，填料需选用保温隔水性能均较好的细粒土，同时控制好土的湿度使其达到最优含水量。当基底处于排水困难的地段时应在其底部设置一层隔离层；在路基高度的设置上，要使其达到防治翻浆与不超过路基冻胀值要求的最低填土高度；在路基压实上，采用重型击实标准进行检验，使路基在不小于20t的压路机碾压2～3遍后不出现任何弹软现象为宜。

针对风险识别的结果，可对冻土地区路基在施工阶段可能出现的风险采取如表7-24所示的预防措施。

冻土地区路基在施工阶段可能出现的风险的应对措施　　表7-24

风险事件及风险因素		风险防范对策与措施
冻土路基冻胀开裂、坍滑	没有按照设计要求施工	严格按照设计要求施工，路堤填土高度达到设计要求
	地基或填料压实度没有达到设计要求	压实度应达到要求

续上表

风险事件及风险因素		风险防范对策与措施
冻土路基冻胀开裂、坍滑	施工过程中未避免重型机械设备干扰	施工过程中应注意周围有无重型机械作业，应避免重型机械设备对软土路堤的干扰和影响
路基融沉，产生不均匀沉降	没按设计要求对加固措施过渡渐变	采用加固措施对冻土地基加固时应按设计要求对加固措施进行过渡渐变，确保加固后的软土路基沉降均匀，差异沉降达标
	施工过程中未避免重型机械设备干扰	施工过程中应注意周围有无重型机械作业，应避免重型机械设备对软土路堤的干扰和影响
冻土路堑边坡冻胀开裂、坍滑	边坡加固施工不符合要求	边坡加固的施工应确保达到设计的要求
基础翻浆下沉、开裂	未按设计要求对墙基加固	采用加固措施对冻土地基加固时应按设计要求对加固措施进行过渡渐变，确保加固后的软土路基沉降均匀，差异沉降达标
	基底排水和隔水不到位	注重排水系统的施工，使基底排水和隔水形成有效的体系

7.4 黄土地区路基风险识别与防范

黄土是第四纪的一种特殊堆积物。其主要特征为颜色以黄色为主，有灰黄、褐黄等色，含有大量粉粒，含量一般在55%以上，具有肉眼可看见的大孔隙，孔隙比在1左右，富含碳酸钙成分，无层理、垂直节理发育。具有易溶蚀、易冲刷，尤其是湿陷等工程特性。上述特征和特性导致黄土地区的路基容易产生多种特有的问题和病害。

7.4.1 黄土地区路基风险及识别

黄土因其本身的结构和构造特点，常常引起工程问题。黄土具有多孔的骨架结构和垂直节理，尤其是新黄土抗剪强度较低，并且随着含水量的增减有较大的变化，老黄土无湿陷性，而新黄土具有湿陷性或强湿陷性，因此也通常引起路基的下沉，在做黄土路基设计时应充分考虑这些性质，以避免造成工程事故。

综合运用专家调查法、核对表法和分解分析法等方法，得出黄土地区路基及其加固工程和支挡工程主要的风险事件有路堤本体下沉；边坡的滑坍和崩坍；坡面的剥落、冲刷和泥流等。因此，为保证工程质量，应正确及时的识别各类风险并采取防范措施。各类风险及其风险因素列表见表7-25。

以黄土路堤本体下沉这一风险事件为例，采用前面同样的方法进行风险重要性排序，绘制图7-6、表7-26及表7-27给专家打分。

根据专家打分结果，黄土路堤本体下沉这一风险事件中各因素风险值计算结果见表7-28。

黄土地区路基风险因素分类表

表 7-25

风险事件	风险因素						
	自然与环境		技术			材料	
	水文、地质	自然灾害	勘测	设计	施工	本体材料	加固材料
路堤本体下沉	地表水和地下水 软弱地基或有软弱夹层 地面横坡陡	地震、暴雨、洪水、滑坡、泥石流等	黄土所属地貌单元、结构、构造不准确，黄土的时代成因不准确	地基加固措施不恰当，黄土计算方法和参数选择不恰当，计算边界条件与实际不符合，附属设计不完善	没有按照设计要求施工，地基或填料压实度没有达到设计要求，填料的水稳性不好，填料类型不符合设计要求	改良土的掺入材料不符合要求，地基加固材料不符合要求	加固措施不当或未加固
坡面的剥落、冲刷和泥流	同上	同上	提供的地下水位、地形情况、岩土类别和参数不准确	排水设计不合理，分析方法不正确，选用的地质参数不准确	排水工程未按设计要求施工加载区堵塞了排水通道	同上	同上
边坡的滑坍和崩坍	同上	同上	同上	排水设计不合理，上侧未设支挡结构或支挡结构设计不合理	排水工程未按设计要求施工加载区堵塞了排水通道，边坡开挖后，减载使上方不稳定	同上	同上
基床变形	同上	同上	同上	排水设计不合理，分析方法不正确，选用的地质参数不准确	弃方处于路基上方，边坡开挖后，减载使上方不稳定	同上	同上

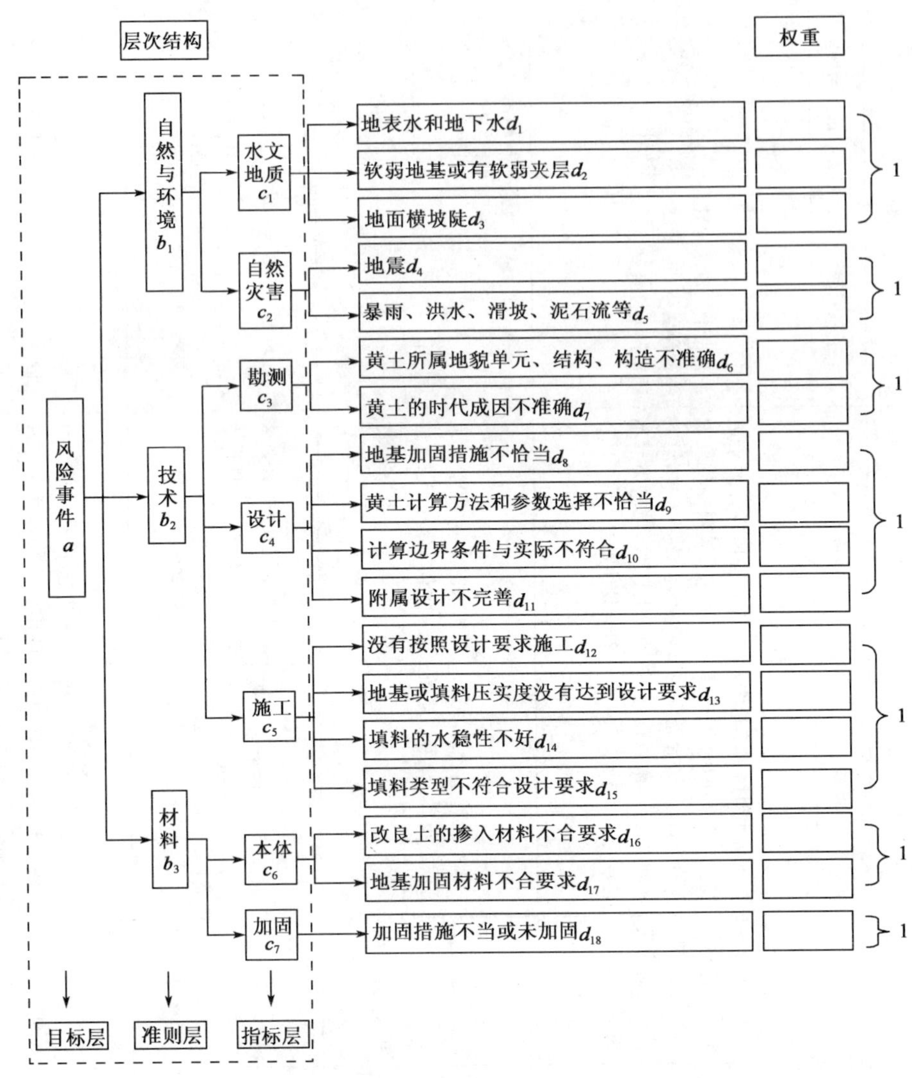

图 7-6　黄土路堤本体下沉风险因素层次结构及权重调查

注：虚线框中的内容采用层次分析法计算，专家按风险因素权重调查表进行打分。虚线框外右侧“权重”一拦为专家根据经验打分处，每一个分组权重之和为 1。权重反映了风险因素对风险出现所起作用的大小。

根据表 7-5 计算出的风险值，可以进一步分析得出以下结论：

(1)准则层各风险的风险值由大到小依次为：技术＞自然与环境＞材料。可见技术风险是引起黄土路基发生风险的主导因素。

(2)指标层的技术风险中，风险值由大到小依次为：设计＞施工＞勘测。可见，恰当有效的设计对降低黄土路基技术风险非常重要。

(3)对于最底层风险因素，在工程实践中应对风险值较高的风险因素予以高度关注，有以下建议意见：

风险因素权重调查表 表 7-26

层次		相比较的前后指标	极为不重要 1/9	非常不重要 1/7	明显不重要 1/5	稍微不重要 1/3	同样重要 1	稍微重要 3	明显重要 5	非常重要 7	极为重要 9
准则层		自然与环境 b_1 与技术 b_2 比较									
		自然与环境 b_1 与材料 b_3 比较									
		技术 b_2 与材料 b_3 比较									
指标层	自然与环境 b_1	水文地质 c_1 与自然灾害 c_2 比较									
	技术 b_2	勘测 c_3 与设计 c_4 比较									
		勘测 c_3 与施工 c_5 比较									
		设计 c_4 与施工 c_5 比较									
	材料 b_3	本体 c_6 与加固 c_7 比较									

注:此表用于图 7-6 左侧虚框线中层次结构重要性的比较。专家打分时只需在相应栏中打"√",但如果出现中间数值,如"1/8、1/6、1/4、1/2、2、4、6、8"直接将数值填在表中即可。

风险发生可能性调查表 表 7-27

可能导致风险发生的因素			权重 W	风险因素出现的可能性(C) 很大 1.0	较大 0.8	中等 0.6	不大 0.4	较小 0.2	风险可能性等级值 C	W×C
自然与环境	水文地质	地表水和地下水 d_1								
		软弱地基或有软弱夹层 d_2								
		地面横坡陡 d_3								
	自然灾害	地震 d_4								
		暴雨、洪水、滑坡、泥石流等 d_5								
技术	勘测	黄土所属地貌单元、结构、构造不准确 d_6								
		黄土的时代成因不准确 d_7								
	设计	地基加固措施不恰当 d_8								
		黄土计算方法和参数选择不恰当 d_9								
		计算边界条件与实际不符合 d_{10}								
		附属设计不完善 d_{11}								

续上表

可能导致风险发生的因素			权重(W)	风险因素出现的可能性(C)					风险可能性等级值 C	$W \times C$	
				很大 1.0	较大 0.8	中等 0.6	不大 0.4	较小 0.2			
技术	施工	没有按照设计要求施工 d_{12}									
		地基或填料压实度没有达到设计要求 d_{13}									
		填料的水稳性不好 d_{14}									
		填料类型不合设计要求 d_{15}									
材料	本体	改良土的掺入材料不符合要求 d_{16}									
		地基加固材料不符合要求 d_{17}									
	加固	加固措施不当或未加固 d_{18}									

注：1. 权重——对风险的影响程度。

2. $W \times C$——本表中的风险得分。得分的高低表示风险在本表的范围中，相对于其他风险的高低。对于一个特定的工程，应根据工程所处的特定环境和条件，通过专家调查结果计算分配各种风险的权重，再根据专家对风险因素的可能性进行打分。

黄土路堤本体下沉风险值调查结果表 表 7-28

可能导致风险发生的因素			$W \times C$		
自然与环境	水文地质	地表水和地下水 d_1	0.058	0.164	0.256
		软弱地基或有软弱夹层 d_2	0.055		
		地面横坡陡 d_3	0.051		
	自然灾害	地震 d_4	0.044	0.092	
		暴雨、洪水、滑坡、泥石流等 d_5	0.048		
技术	勘测	黄土所属地貌单元、结构、构造不准确 d_6	0.035	0.078	0.262
		黄土的时代成因不准确 d_7	0.043		
	设计	地基加固措施不恰当 d_8	0.024	0.096	
		黄土计算方法和参数选择不恰当 d_9	0.032		
		计算边界条件与实际不符合 d_{10}	0.031		
		附属设计不完善 d_{11}	0.009		
	施工	没有按照设计要求施工 d_{12}	0.030	0.088	
		地基或填料压实度没有达到设计要求 d_{13}	0.016		
		填料的水稳性不好 d_{14}	0.022		
		填料类型不符合设计要求 d_{15}	0.020		

续上表

可能导致风险发生的因素			$W \times C$		
材料	本体	改良土的掺入材料不符合要求 d_{16}	0.016	0.036	0.054
		地基加固材料不符合要求 d_{17}	0.020		
	加固	加固措施不当或未加固 d_{18}	0.018	0.018	

①在水文地质方面，应关注地表水和地下水、软弱地基或有软弱夹层、地面横坡陡引起的工程风险。

②在自然灾害方面，应关注暴雨、洪水、滑坡、泥石流等引起的工程风险。

③在勘测方面，应关注黄土的时代成因不准确，黄土所属地貌单元、结构、构造不准确等引起的工程风险。

④在设计方面，应关注计算方法和参数选择不恰当、计算边界条件与实际不符合等引起的工程风险。

⑤在材料方面，应关注改良土的掺入材料不符合要求等引起的工程风险。

同样的方法可以对表 7-25 中其余风险事件进行分析，在此就不再累述。

7.4.2 黄土地区路基风险防范措施

(1)设计阶段风险防范措施

针对风险识别的结果，可对黄土地区路基在设计阶段可能出现的风险采取如表 7-29 所示的预防措施。

黄土地区路基在设计阶段可能出现的风险的预防措施 表 7-29

风险事件及风险因素		风险防范对策与措施
路堤本体下沉	地基加固措施不恰当	加固措施的选取，应注意加固土层的性质、厚度、埋置深度、排水条件、施工的可能性
	黄土计算方法和参数选择不恰当	选择计算方法以及设计参数时，应查明沿线的地形、地貌、工程地质、水文地质、气象等资料，采取综合勘探、试验和综合分析的方法，查明地基土成因、分布及工程性质，取得详细可靠的工程地质、水文地质和环境条件资料，综合比较多种方案，首先充分考虑地基土特性、厚度及埋深、地层结构情况、地下水特征、荷载、环境条件等因素，初步选出可行的地基处理方案
	计算边界条件与实际不符合	边界条件尽可能与实际情况相吻合，完善的附属工程，能提供与公式要求相匹配的边界条件
	附属设计不完善	当采用排水固结措施时，应保证基底垫层排水通畅，应保证基底水被引出后，进入旁边完善的排水体系中
坡面的剥落、冲刷和泥流	排水设计不合理	地下水丰富的地段根据水的埋藏深度选择明沟、渗沟和渗水隧洞
	分析方法不正确，选用的地质参数不准确	运用工程地质的各种手段，通过调查、测绘、物探和观测，对滑坡地段的地貌形态演变、地质条件的对比、坡体滑动因素变动的研究分析，再辅以力学平衡检算

续上表

风险事件及风险因素		风险防范对策与措施
坡体的滑坍和崩坍	排水设计不合理	各种渗沟应注意渗水材料的选择和出水口的设计
	上侧未设支挡结构或支挡结构设计不合理	为防止路基上侧滑体溜走，应根据具体情况在坡体上部的适宜位置设置抗滑挡墙或抗滑桩群，抵抗其下滑
坡体的滑坍和崩坍	排水设计不合理	各种沟槽应与坡体周界的排水沟、坡面的截水沟连成一体
	分析方法不正确，选用的地质参数不准确	运用工程地质的各种手段，通过调查、测绘、物探和观测，对滑坡地段的地貌形态演变、地质条件的对比、坡体滑动因素变动的研究分析，再辅以力学平衡检算

(2)施工阶段风险防范措施

在施工阶段可能出现的风险采取如表 7-30 所示的预防措施。

黄土地区路基在施工阶段可能出现的风险的预防措施 表 7-30

风险事件及风险因素		风险防范对策与措施
路堤本体下沉	没有按照设计要求施工	施工应该严格遵循设计要求，分层碾压，边坡放坡不能陡于设计值
	地基或填料压实度没有达到设计要求	压实度应达到要求
	填料的水稳性不好	施工单位应杜绝偷工减料，采用水稳定性好的填料
	填料类型不符合设计要求	根据设计要求，采用满足要求的填料类型
坡面的剥落、冲刷和泥流	排水工程未按设计要求施工	严格按照设计要求施作排水设施，滑坡周边的排水沟应顺地势设置，出口不要漫流，应和主体的排水沟连通引入涵洞，中部截水沟不要漏设
	加载区堵塞了排水通道	设计采用阻滑区域加载的措施应注意排水结构的贯通，必要时可改变排水沟的位置，但一定要保证排水通畅
坡体的滑坍和崩坍	排水工程未按设计要求施工	严格按照设计要求视施工滑坡周边排水沟、中部截水沟，注意天沟不能漏设，而且要将水引入排水沟中
	加载区堵塞了排水通道	设计采用阻滑区域加载的措施应注意排水结构的贯通，必要时可改变排水沟的位置，但一定要保证排水通畅
	边坡开挖后，减载使上方不稳定	边坡开挖严格按照设计要求，注意观察减载边坡的稳定性
坡体的滑坍和崩坍	弃方处于路基上方	严禁弃方堆积在路基上方，以免荷载过大造成路基上方滑体失稳
	边坡开挖后，减载使上方不稳定	边坡开挖严格按照设计要求，注意观察减载边坡的稳定性

第8章 路基支挡风险识别与防范

8.1 常见路基支挡工程形式

支挡结构是用来支撑、加固填土或山体土坡，以保持其稳定的一种建筑物，主要承受土体侧向土压力或滑坡推力。在铁路与公路路基工程中，支挡结构被广泛应用于稳定路堤、路堑、隧道洞口以及桥梁两端的路基边坡等，在水利、矿场、房屋建筑等工程中，支挡结构主要用于加固山坡、基坑边坡和河流岸壁。当以上工程或其他岩土工程遇到滑坡、崩塌、落石、泥石流等不良地质灾害时，支挡结构主要用于加固或挡拦不良地质体。

常见的路基支挡工程形式有，重力式挡土墙、悬臂式和扶壁式挡土墙、加筋土挡土墙、桩板墙、锚索桩和锚杆墙等。

8.2 重力式挡土墙风险识别与防范

重力式挡土墙，是依靠墙身自重抵抗土体侧压力的挡土结构。重力式挡土墙可采用片石混凝土、混凝土进行整体浇筑，或用块石、片石、混凝土预制块砌筑。重力式挡土墙的横截面形式一般都做成简单的多边形，如图 8-1 所示。它的优点是就地取材，施工方便，经济效果好。所以，重力式挡土墙在我国铁路、公路、水利、港湾、矿山等工程中得到广泛的应用。

受自然与环境、技术条件、材料等因素的影响，重力式挡土墙易产生倾覆、水平滑动和沿墙背滑动、墙身开裂、基底整体失稳等破坏。因此，正确识别重力式挡土墙风险并采取合理防范措施在挡土墙设计与施工中具有十分重要的意义。重力式挡土墙可设置在路基的填方和挖方边坡上，下面以填方地段的重力式挡土墙为例，分析研究重力式挡土墙风险识别与防范。

8.2.1 重力式挡土墙风险及识别

1)倾覆风险

由于水文地质、设计与施工不当、地基基础承载力不足或不均匀沉降等原因，可能导致重力式挡土墙自重无法抵抗侧向土压力而发生倾覆式破坏。

重力式挡土墙倾覆风险因素及树状层次分析结构如图 8-2 所示。

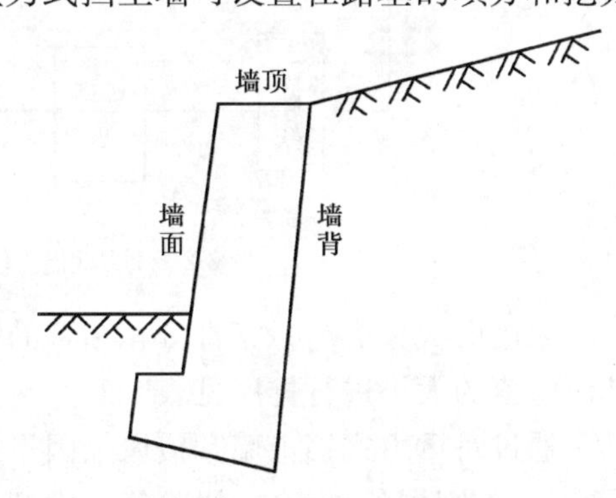

图 8-1 重力式挡土墙

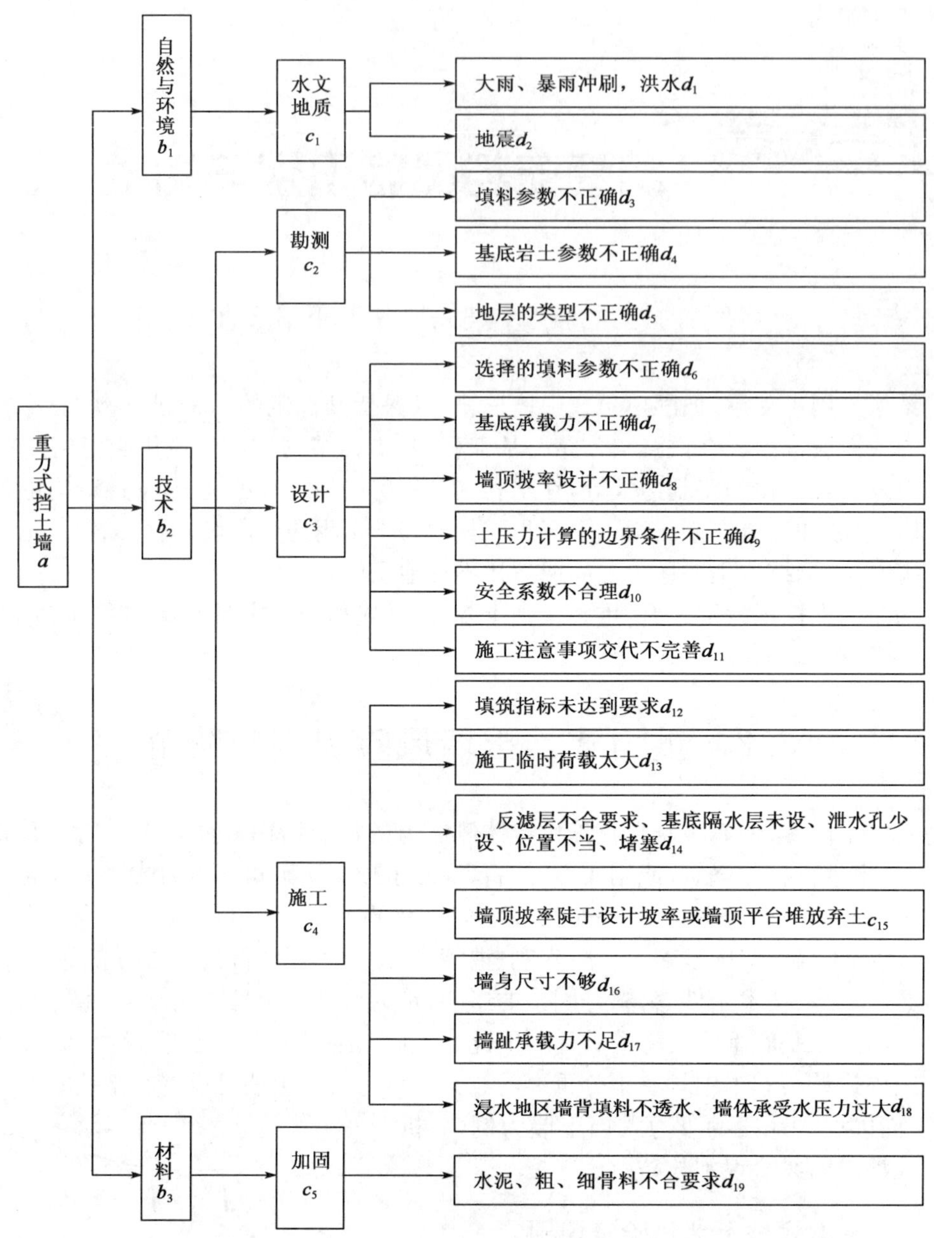

图 8-2　重力式挡土墙倾覆风险因素及树状层次分析结构图

采用层次分析与专家打分相结合的综合风险评估方法进行风险评估，并将各风险因素按其风险值的大小进行排序见表 8-1。

通过对重力式挡土墙倾覆风险因素分析及风险值大小的比对，可以得出以下结论。

(1)准则层各风险中，风险值由大到小依次为：技术＞自然与环境＞材料。可见技术风险是路堤地段重力式挡墙倾覆的最大风险因素。

重力式挡土墙倾覆风险值大小排序表　　　表 8-1

风险因素	风险值	排序	风险因素	风险值	排序
大雨、暴雨冲刷，洪水 d_1	0.143	1	墙趾承载力不足 d_{17}	0.015	11
水泥、粗、细集料不符合要求 d_{19}	0.093	2	施工注意事项交代不完善 d_{11}	0.014	12
地震 d_2	0.078	3	填筑指标未达到要求 d_{12}	0.014	13
选择的填料参数不正确 d_6	0.027	4	反滤层不符合要求、基底隔水层未设、泄水孔少设、位置不当、堵塞 d_{14}	0.014	14
填料参数不正确 d_3	0.026	5	浸水地区墙背填料不透水墙体承受水压力过大 d_{18}	0.014	15
基底岩土参数不正确 d_4	0.026	6	墙顶坡率设计不正确 d_8	0.010	16
地层的类型不正确 d_5	0.018	7	墙顶坡率陡于设计坡率或墙顶平台堆放弃土 d_{15}	0.010	17
土压力计算的边界条件不正确 d_9	0.015	8	施工临时荷载太大 d_{13}	0.009	18
安全系数不合理 d_{10}	0.015	9	基底承载力不正确 d_7	0.008	19
墙身尺寸不够 d_{16}	0.015	10			

(2)指标层的技术风险中，风险值大小依次为：施工＞设计＞勘测。按要求施工对降低路堤地段重力式挡墙倾覆风险非常重要。

(3)对于最底层风险因素，在工程实践中应对风险值较高的风险因素予以高度关注，主要有以下建议意见：

①在水文地质方面，应高度关注大雨、暴雨冲刷、洪水引起的工程风险。

②在勘测方面，应高度关注填料参数不正确、基底岩土参数不正确引起的工程风险。

③在设计方面，应高度关注选择填料参数不正确、土压力计算的边界条件不正确引起的工程风险。

④在施工方面，应高度关墙身尺寸不够以及反滤层不符合要求、基底隔水层未设、泄水孔少设、位置不当、堵塞等引起的工程风险。

2)水平滑动和沿墙背滑动风险

由于墙身尺寸不足或斜底不够、地基不良或者持力层土体结构变化，可能导致挡土墙基础产生滑移破坏，产生重力式挡土墙水平滑动和沿墙背滑动。

以路堤重力式挡土墙为例，挡土墙水平滑动和沿墙背滑动风险因素及树状层次分析结构如图 8-3 所示。

采用上述相同的分析方法，将各风险因素按其风险值的大小进行排序见表 8-2。

通过对重力式挡土墙滑动风险因素分析及风险值大小的比对，可以得出以下结论：

(1)准则层各风险中，风险由大到小依次为：自然与环境＞技术＞材料。可见自然与环境中存在的风险因素占主导地位。

(2)指标层的技术风险中，风险大小依次为：施工＞设计＞勘测。正确的施工对降低路堤地段重力式挡土墙水平滑动和沿墙背滑动风险非常重要。

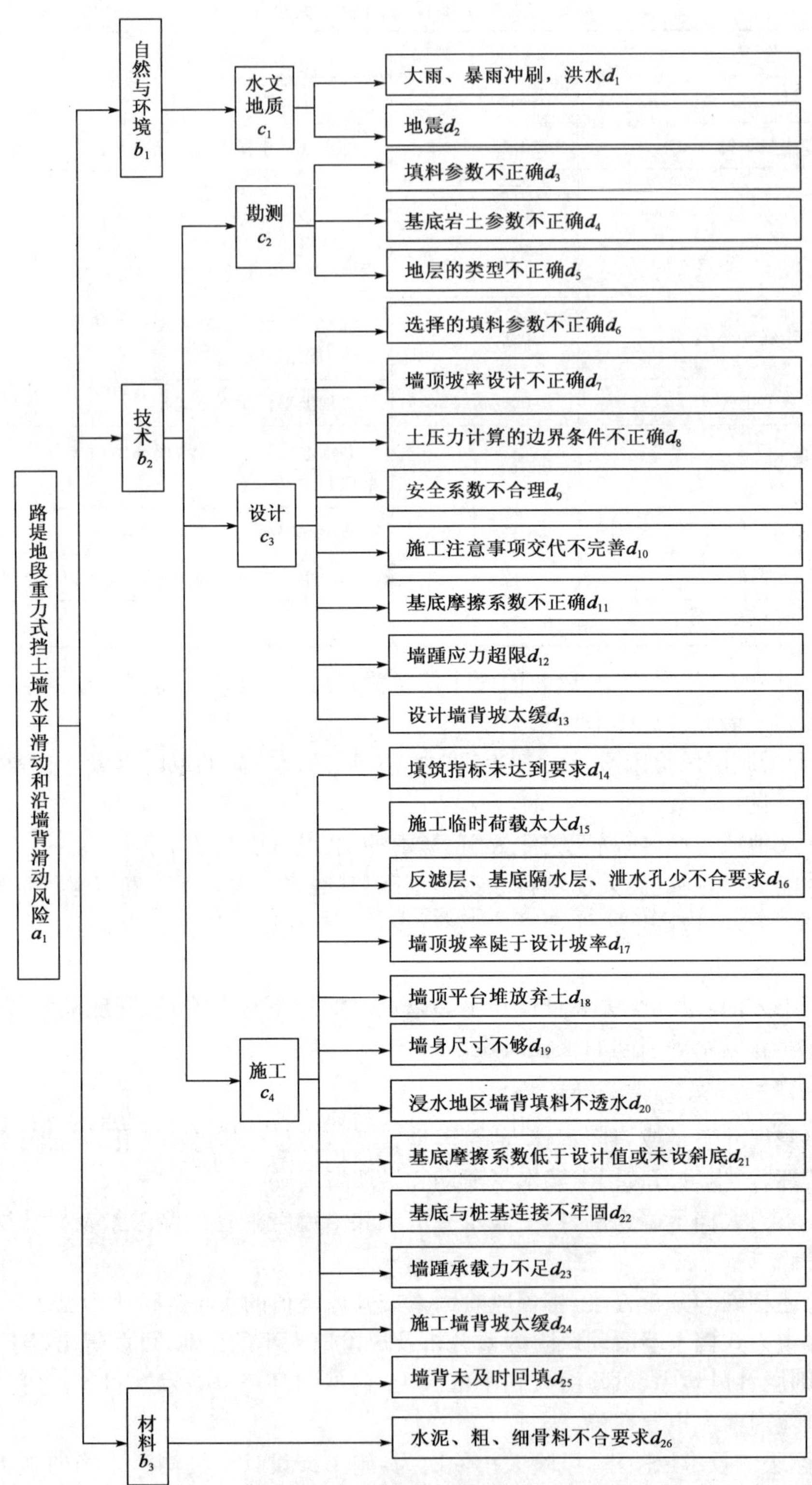

图 8-3 重力式挡土墙水平滑动和沿墙背滑动风险因素及树状层次分析结构图

重力式挡土墙水平滑动和沿墙背滑动风险值大小排序表　　表8-2

风险因素	风险值	排序	风险因素	风险值	排序
大雨、暴雨冲刷，洪水	0.145	1	反滤层、基底隔水层、泄水孔少不符合要求	0.0095	14
地震	0.100	2	浸水地区墙背填料不透水	0.0094	15
水泥、粗、细集料不符合要求	0.100	3	施工注意事项交代不完善	0.008	16
基底岩土参数不正确	0.029	4	墙顶坡率设计不正确	0.007	17
填料参数不正确	0.023	5	墙踵应力超限	0.007	18
基底摩擦系数不正确	0.022	6	施工临时荷载太大	0.0068	19
地层的类型不正确	0.019	7	墙顶坡率陡于设计坡率	0.0063	20
选择的填料参数不正确	0.015	8	基底与桩基连接不牢固	0.0061	21
基底摩擦系数低于设计值或未设斜底	0.013	9	墙顶平台堆放弃土	0.005	22
墙身尺寸不够	0.011	10	墙踵承载力不足	0.005	23
土压力计算边界条件不正确	0.010	11	设计墙背坡太缓	0.004	24
安全系数不合理	0.010	12	墙背未及时回填	0.004	25
填筑指标未达到要求	0.0098	13	施工墙背坡太缓	0.003	26

(3)对于最底层风险因素，在工程实践中应对风险值较高的风险因素予以高度关注，有以下建议意见：

①在水文地质方面，应高度关注大雨、暴雨冲刷、洪水引起的工程风险。

②在勘测方面，应高度关注填料参数不正确、基底岩土参数不正确引起的工程风险。

③在设计方面，应高度关注基底摩擦系数不正确、选择填料参数不正确、土压力计算的边界条件不正确引起的工程风险。

④在施工方面，应高度关注基底摩擦系数低于设计值或未设斜底、墙身尺寸不够以及反滤层不符合要求、基底隔水层未设、泄水孔少设、位置不当、堵塞等引起的工程风险。

3)墙身开裂风险

衡重式挡土墙由于存在截面变化，以及自然与环境、技术、材料等方面的原因，可能出现墙身开裂而发生破坏，其风险因素及树状层次分析结构如图8-4所示。

采用上述相同的分析方法，将各风险因素按其风险值的大小进行排序见表8-3。

衡重式挡土墙墙身开裂风险值大小排序表　　表8-3

风险因素	风险值	排序	风险因素	风险值	排序
墙身尺寸不够	0.140	1	填料参数不正确	0.044	6
水泥、粗、细集料不符合要求	0.113	2	土压力太大	0.044	7
墙身突变处应力集中	0.092	3	地层的类型不正确	0.038	8
地震	0.066	4	基底岩土参数不正确	0.034	9
大雨、暴雨冲刷，洪水	0.059	5			

通过对衡重式挡土墙墙身开裂风险因素分析及风险值大小的比对，可以得出以下结论。

(1)准则层各风险中，风险由大到小依次为：技术＞自然与环境＞材料。与滑动风险不同，技术风险是路堤地段重力式挡土墙墙身开裂风险的最大影响因素。

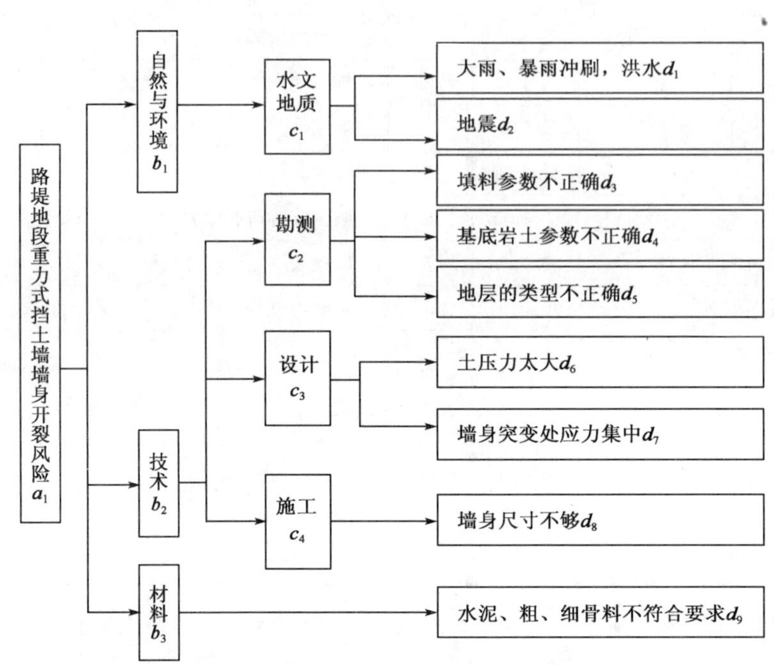

图 8-4　衡重式挡土墙身开裂风险因素及树状层次分析结构图

(2)指标层的技术风险中，风险大小依次为：施工＞设计＞勘测。合理的施工对降低路堤地段重力式挡土墙墙身开裂风险非常重要。

(3)对于最底层风险因素，在工程实践中应对风险值较高的风险因素予以高度关注，有以下建议意见：

①在水文地质方面，应高度关注地震以及大雨、暴雨冲刷、洪水引起的工程风险。

②在勘测方面，应高度关注填料参数不正确、基底岩土参数不正确引起的工程风险。

③在设计方面，应高度关注墙身突变处应力集中引起的工程风险。

④在施工方面，应高度关注墙身尺寸不够引起的工程风险。

通过上述对比分析可见，在设计风险中，墙身突变处应力集中是衡重式挡土墙墙身开裂的主要因素。其次，土压力太大也是另一项重要风险因素。设计时除注意检算突变处的抗剪、抗拉强度之外，还应在说明时交代突变处的连接；在施工风险中，主要风险因素是墙身尺寸不够，应严格按照设计施工。

4)基底整体失稳风险

重力式挡土墙由于水文地质、勘测、设计、施工、材料等方面的原因能出现基底整体失稳而发生破坏，其风险因素及树状层次分析结构如图 8-5 所示。

采用上述相同的分析方法，将各风险因素按其风险值的大小进行排序见表 8-4。

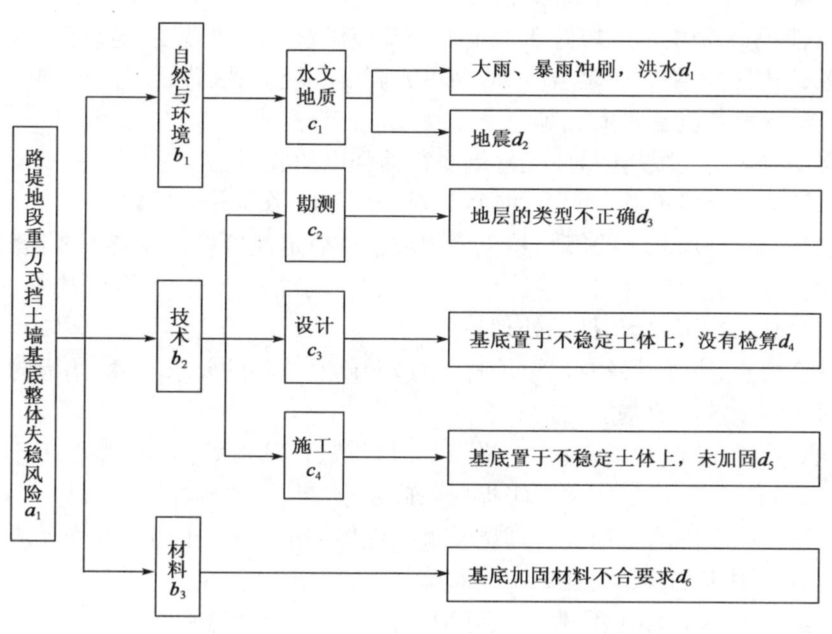

图 8-5　重力式挡土墙基底整体失稳风险因素及树状层次分析结构图

重力式挡土墙基底整体失稳风险值大小排序表　　表 8-4

风 险 因 素	风险值	排序	风 险 因 素	风险值	排序
大雨、暴雨冲刷，洪水	0.160	1	基底置于不稳定土体上，未加固	0.099	4
基底加固材料不符合要求	0.118	2	基底置于不稳定土体上，没有检算	0.072	5
地震	0.099	3	地层的类型不正确	0.069	6

通过对重力式挡土墙基底整体失稳风险因素分析及风险值大小的比对，可以得出以下结论。

(1)准则层各风险中，风险由大到小依次为：自然与环境＞技术＞材料。自然与环境是路堤地段重力式挡土墙基底整体失稳风险的主因。

(2)指标层的技术风险中，风险大小依次为：施工＞设计＞勘测。正确施工能有效降低路堤地段重力式挡土墙基底整体失稳风险。

(3)对于最底层风险因素，在工程实践中应对风险值较高的风险因素予以高度关注，有以下建议意见：

①在水文地质方面，应高度关注地震以及大雨、暴雨冲刷、洪水引起的工程风险。

②在勘测方面，应高度关注地层类型不正确引起的工程风险。

③在设计方面，应高度关注基底置于不稳定土体上引起的工程风险。

④在施工方面，应高度关注基底置于不稳定土体上引起的工程风险。

8.2.2　重力式挡土墙风险防范措施

针对重力式挡土墙的倾覆风险、滑动风险和墙体开裂的风险，应采取如下防范措施：

(1)挡土墙设计时应根据填料来源合理选择填料指标,根据基底所处地层选择基底承载力和基底摩擦系数指标。挡墙基础应置于稳定地层。应注意路基面宽度、荷载类型、荷载是否采用满铺、线间距、挡墙放在路肩还是坡脚、墙顶填方高度和坡度、墙背是埋入坡脚还是在坡脚外等边界条件的选择;墙背坡不宜太缓等。

(2)墙身移动或转动受限制时,应注意墙身截面强度的验算。

(3)安全系数的选择应不低于规范的规定,对于高墙应增大安全系数。

(4)应加强基底容许承载力检算与挡土墙边坡整体稳定性检算。注意不要遗漏加固边坡、墙体和基底同时失稳的检算,并根据检算结果采取相应的加固措施,如换填基础、增大墙基埋深使之置于稳定地层、地基加固、桩基处理等。

(5)注意基底防水;应强调及时回填墙背土;应明确对填料的要求,不能达标的应远方取土或改良,必要时采用换填和地基加固措施。

(6)施工注意事项中,应对填料指标、施工临时荷载、地基承载力、泄水孔、反滤层、基底隔水层、墙顶坡率、墙身尺寸、墙身原材料等提出明确要求。

(7)施工中应根据实际施工情况合理调整墙趾埋置深度;为防止墙身突变处应力集中造成墙身强度不足,施工中应在墙身突变处不间断施工,不留施工缝。

(8)当地层的类型不正确时,应根据实际地基类型重新设计与施工。

8.3 悬臂式和扶壁式挡土墙风险识别与防范

8.3.1 悬臂式和扶壁式挡土墙风险及识别

悬臂式挡土墙是由立壁、趾板、踵板组成的钢筋混凝土挡土墙,如图 8-6 所示。其构造简单,施工方便,能适应地基承载力较低的填方地段,墙高一般不宜大于 6m。当墙高较大时,立壁下部的弯矩较大,钢筋与混凝土的用量剧增,影响这种结构形式的经济效果,此时宜采用扶壁式挡土墙。

扶壁式挡土墙是沿悬臂式挡土墙的立壁,每隔一定距离加一道扶壁,将立壁与踵板连接起来的挡土墙,如图 8-7 所示。其主要特点是构造简单、施工方便,墙身断面较小,自身重量轻,可以较好的发挥材料的强度性能,能适应承载力较低的地基。适用于缺乏石料和地势平坦地

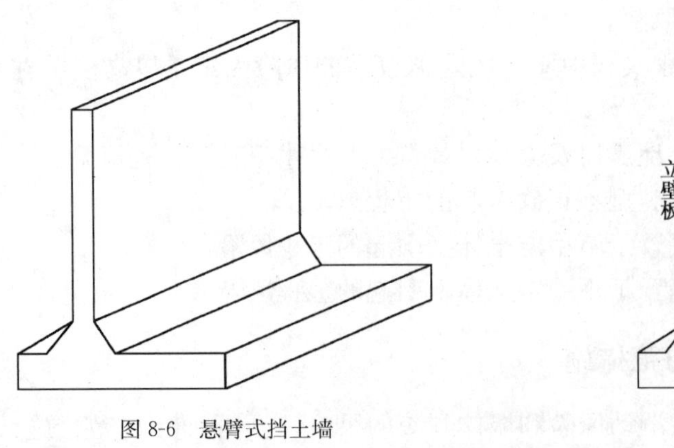

图 8-6 悬臂式挡土墙

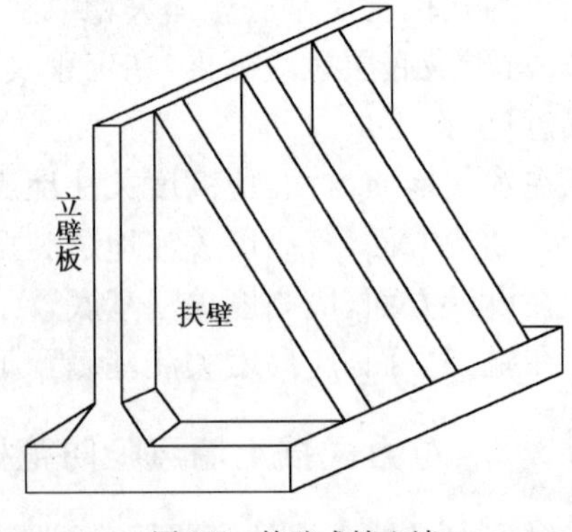

图 8-7 扶壁式挡土墙

段。一般在填方路段用来收坡，以减少土石方工程量和占地面积。扶壁式挡土墙断面尺寸较小，踵板上的土体重力可有效地抵抗倾覆和滑移，立壁板和扶壁共同承受土压力产生的弯矩和剪力，相对悬臂式挡土墙受力好但填料碾压困难。

悬臂式挡土墙高度不宜大于6m，墙顶宽度不应小于0.2m。当墙高大于4m时，宜在墙面板前加贴角。

扶壁式挡土墙高度不宜大于10m，墙顶宽度不宜小于0.3m。

当采用悬臂式和扶壁式挡土墙时，由于自然与环境、技术条件、材料等潜在的风险因素的影响，可能造成滑动、变形、开裂、钢筋锈蚀、路基面下沉等破坏。因此应正确识别各类风险并采取防范措施。

1)悬臂式和扶壁式挡土墙滑动风险

悬臂式和扶壁式挡土墙由于自然与环境、技术、材料等方面的原因导致滑动而发生破坏，其风险因素及树状层次分析结构如图8-8所示。

采用上述相同的分析方法，将各风险因素按其风险值的大小进行排序见表8-5。

路堤地段悬臂式和扶壁式挡土墙滑动风险值大小排序表 表8-5

风险因素	风险值	排序	风险因素	风险值	排序
基底光滑	0.224	1	安全系数不合理	0.0152	10
基底加固材料不符合要求	0.193	2	墙身底板不够长	0.0151	11
大雨、暴雨、地下水、洪水	0.189	3	基底未设隔水层	0.014	12
地层的类型不正确	0.023	4	填料指标未达到要求或未夯实	0.012	13
基底摩擦系数不正确	0.023	5	泄水孔少设、位置不当、堵塞	0.012	14
未设计凸榫	0.020	6	反滤层不符合要求	0.011	15
填料参数不正确	0.019	7	选择的填料参数不正确	0.010	16
施工注意事项交代不完善	0.0161	8	土压力计算的边界条件不正确	0.009	17
未按设计要求施作凸榫	0.0163	9	基底岩土参数不正确	0.007	18

基于上述风险值的计算分析，提出以下加强风险识别工作的建议意见：

(1)在设计方面，应高度关注基底摩擦系数不正确、未设置凸榫引起的工程风险。

(2)在施工方面，应高度关注未按设计要求施作凸榫、基底未设隔水层等引起的工程风险。

2)悬臂式和扶壁式挡土墙变形风险

悬臂式和扶壁式挡土墙由于自然与环境、技术、材料等方面的原因导致变形而发生破坏，其风险因素及树状层次分析结构如图8-9所示。

采用上述相同的分析方法，将各风险因素按其风险值的大小进行排序见表8-6。

基于上述风险值的计算分析，提出以下加强风险识别工作的建议意见：

(1)在设计方面，应高度关注悬臂式高墙未设纵肋、扶壁式墙扶壁间距太大引起的工程风险。

(2)在施工方面，应高度关注墙身尺寸不满足设计要求、基底应力不满足设计要求、填料指标未达到要求等引起的工程风险。

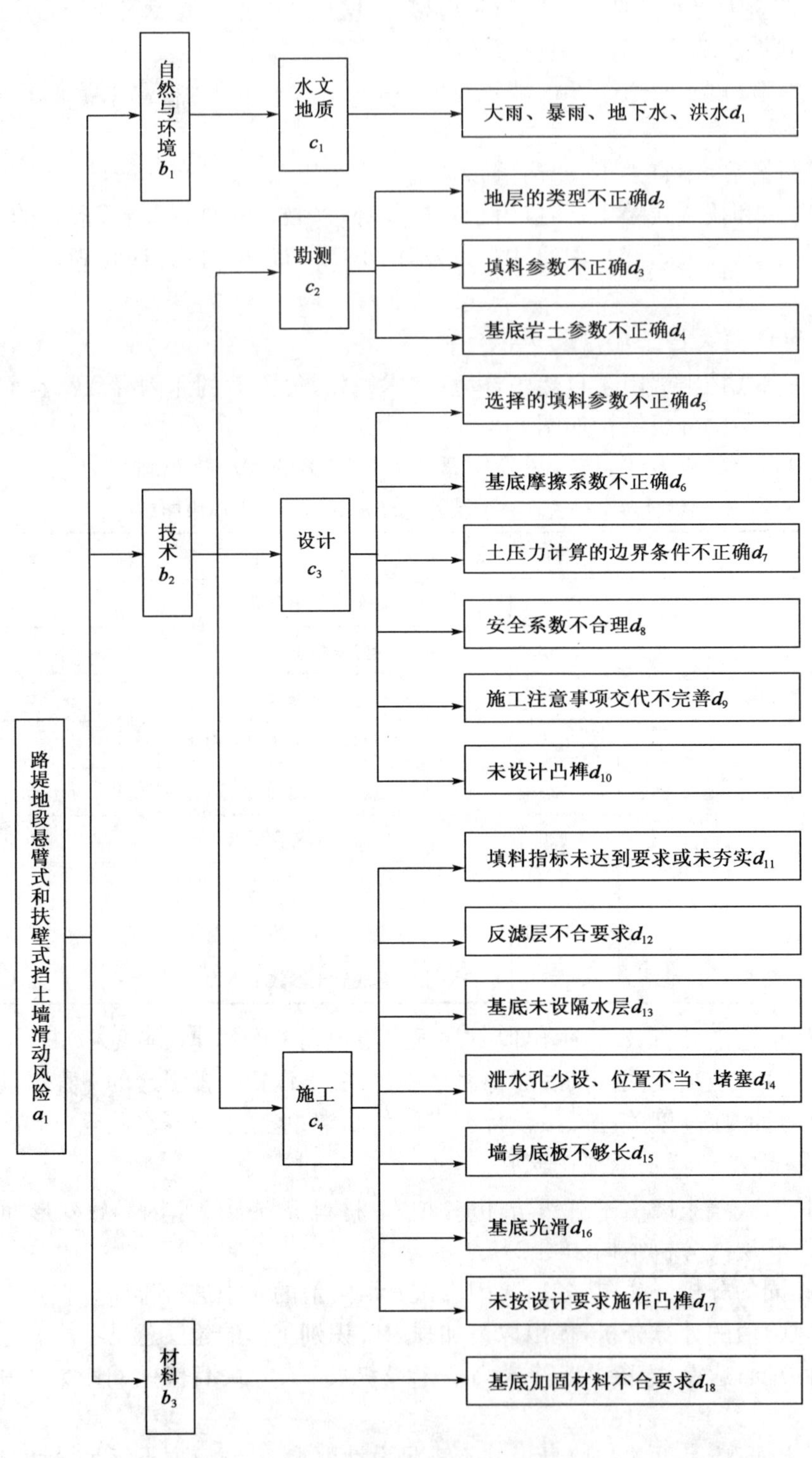

图 8-8　悬臂式和扶壁式挡土墙滑动风险因素及树状层次分析结构图

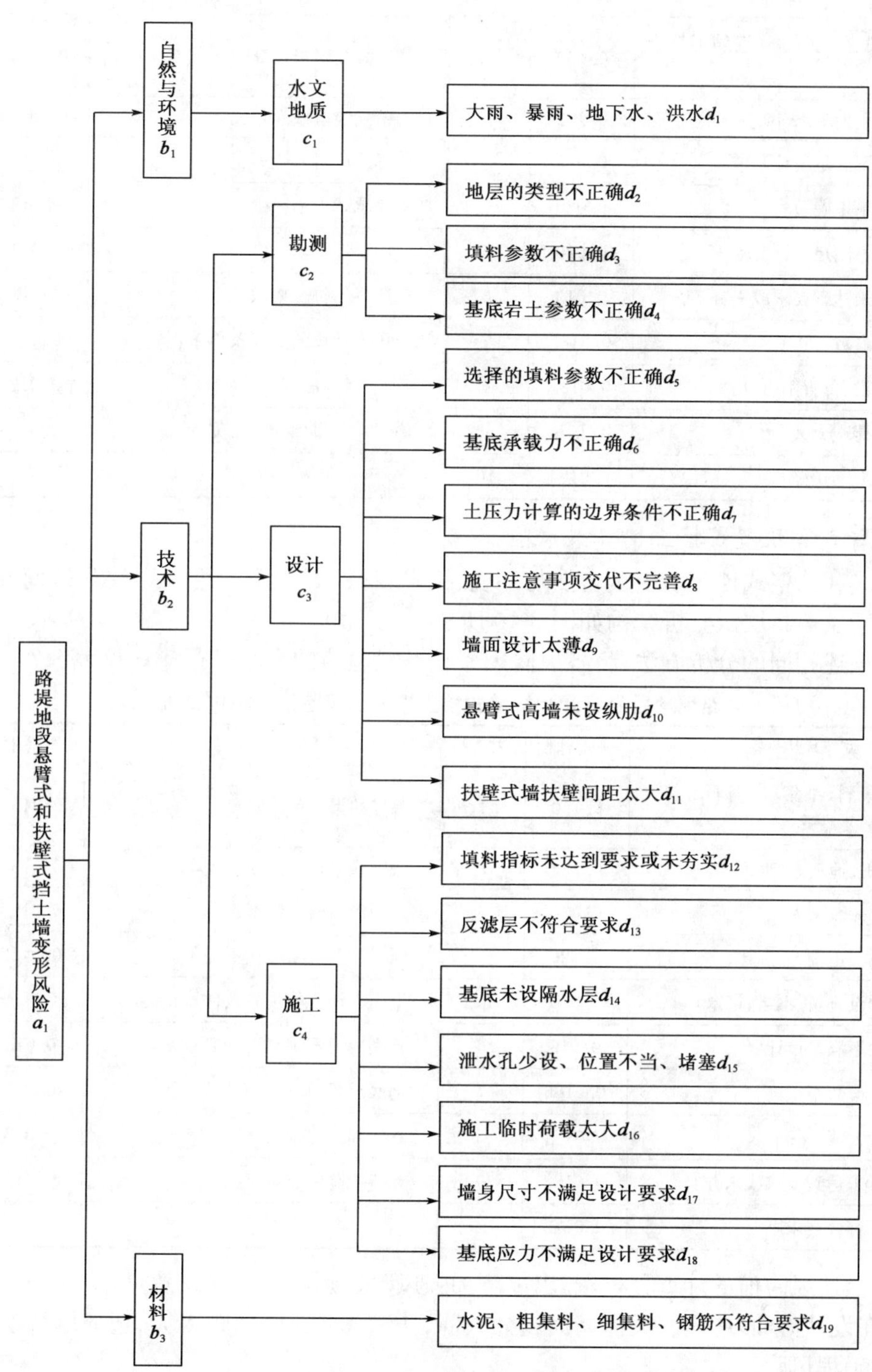

图 8-9　悬臂式和扶壁式挡土墙变形风险树状层次分析结构图

路堤地段悬臂式和扶壁式挡土墙变形风险值大小排序表 表 8-6

风险因素	风险值	排序	风险因素	风险值	排序
水泥、粗集料、细集料、钢筋不符合要求	0.160	1	悬臂式高墙未设纵肋	0.0162	11
大雨、暴雨、地下水、洪水	0.122	2	扶壁式墙扶壁间距太大	0.0161	12
墙身尺寸不满足设计要求	0.025	3	选择的填料参数不正确	0.015	13
填料参数不正确	0.020	4	基底承载力不正确	0.015	14
基底应力不满足设计要求	0.020	5	墙面设计太薄	0.014	15
填料指标未达到要求或未夯实	0.019	6	反滤层不符合要求	0.013	16
基底岩土参数不正确	0.0183	7	土压力计算的边界条件不正确	0.012	17
泄水孔少设、位置不当、堵塞	0.0181	8	基底未设隔水层	0.012	18
施工临时荷载太大	0.018	9	施工注意事项交代不完善	0.007	19
地层的类型不正确	0.0164	10			

3)悬臂式和扶壁式挡土墙开裂风险

悬臂式和扶壁式挡土墙由于自然与环境、技术、材料等方面的原因导致开裂而发生破坏，其风险因素及树状层次分析结构如图 8-10 所示。

采用上述相同的分析方法，将各风险因素按其风险值的大小进行排序见表 8-7。

路堤地段悬臂式和扶壁式挡土墙开裂风险值大小排序表 表 8-7

风险因素	风险值	排序	风险因素	风险值	排序
水泥、粗集料、细集料、钢筋不符合要求	0.160	1	地层的类型不正确	0.0167	11
大雨、暴雨、地下水、洪水	0.122	2	扶壁式墙扶壁间距太大	0.0165	12
施工临时荷载太大	0.026	3	选择的填料参数不正确	0.0163	13
填料参数不正确	0.020	4	施工注意事项交代不完善	0.0152	14
泄水孔少设、位置不当、堵塞	0.020	5	土压力计算的边界条件不正确	0.014	15
墙身尺寸不满足设计要求	0.019	6	基底应力不满足设计要求	0.013	16
基底岩土参数不正确	0.0186	7	基底承载力不正确	0.013	17
墙面设计太薄	0.0184	8	基底隔水层未设	0.012	18
填料指标未达到要求或未夯实	0.0182	9	悬臂式高墙未设纵肋	0.012	19
反滤层不符合要求	0.0172	10			

基于上述风险值的计算分析，提出以下加强风险识别工作的建议意见：

(1)在设计方面，应高度关注墙面设计太薄、扶壁式墙扶壁间距太大、选择填料参数不正确等引起的工程风险。

(2)在施工方面，应高度关注施工临时荷载太大，泄水孔少设、位置不当、堵塞以及墙身尺寸不满足设计要求等引起的工程风险。

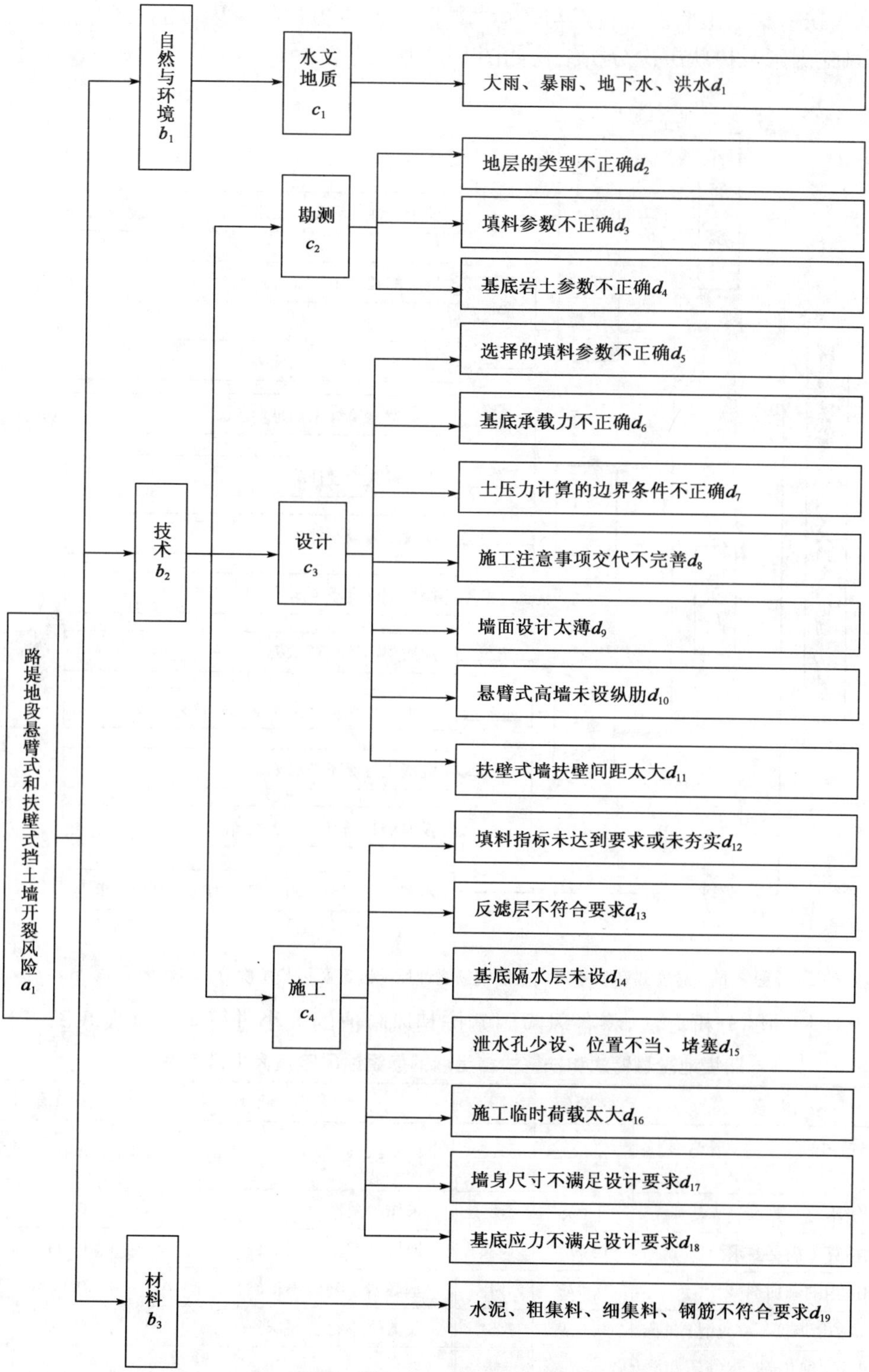

- 路堤地段悬臂式和扶壁式挡土墙开裂风险 a_1
  - 自然与环境 b_1
    - 水文地质 c_1
      - 大雨、暴雨、地下水、洪水 d_1
  - 技术 b_2
    - 勘测 c_2
      - 地层的类型不正确 d_2
      - 填料参数不正确 d_3
      - 基底岩土参数不正确 d_4
    - 设计 c_3
      - 选择的填料参数不正确 d_5
      - 基底承载力不正确 d_6
      - 土压力计算的边界条件不正确 d_7
      - 施工注意事项交代不完善 d_8
      - 墙面设计太薄 d_9
      - 悬臂式高墙未设纵肋 d_{10}
      - 扶壁式墙扶壁间距太大 d_{11}
    - 施工 c_4
      - 填料指标未达到要求或未夯实 d_{12}
      - 反滤层不符合要求 d_{13}
      - 基底隔水层未设 d_{14}
      - 泄水孔少设、位置不当、堵塞 d_{15}
      - 施工临时荷载太大 d_{16}
      - 墙身尺寸不满足设计要求 d_{17}
      - 基底应力不满足设计要求 d_{18}
  - 材料 b_3
    - 水泥、粗集料、细集料、钢筋不符合要求 d_{19}

图 8-10　悬臂式和扶壁式挡土墙开裂因素及树状层次分析结构图

4)悬臂式和扶壁式挡土墙钢筋锈蚀风险

悬臂式和扶壁式挡土墙由于自然与环境、技术、材料等方面的原因可能出现钢筋锈蚀而发生破坏,其风险因素及树状层次分析结构如图8-11所示。

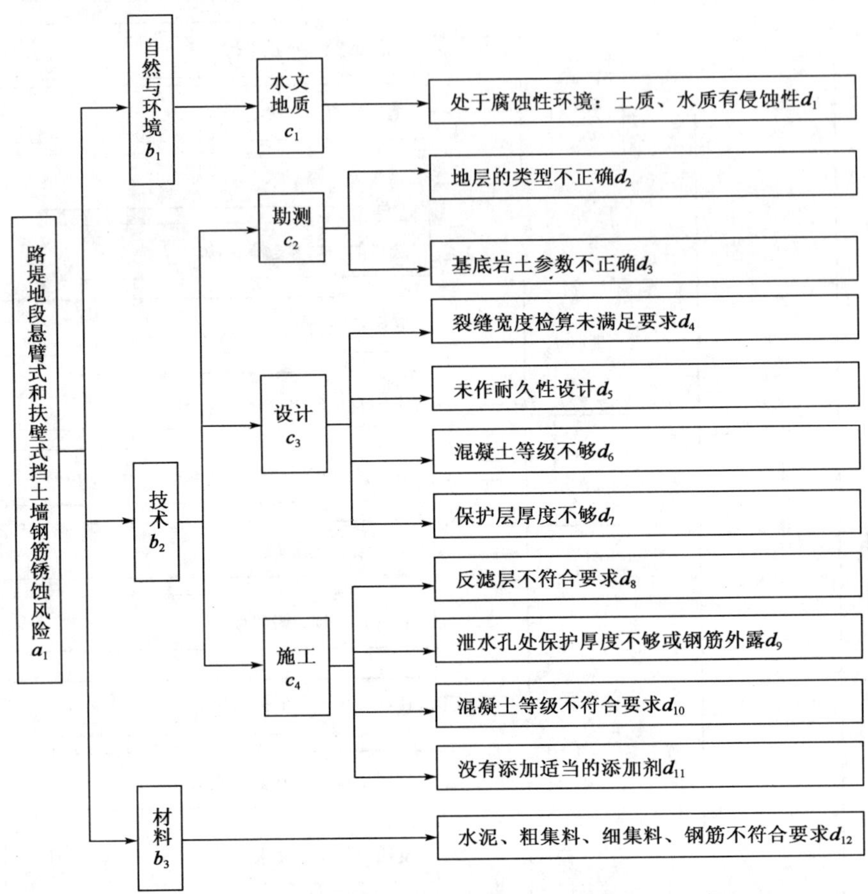

图8-11 悬臂式和扶壁式挡土墙钢筋锈蚀风险因素及树状层次分析结构图

采用上述相同的分析方法,将各风险因素按其风险值的大小进行排序见表8-8。

路堤地段悬臂式和扶壁式挡土墙钢筋锈蚀风险值大小排序表 表8-8

风险因素	风险值	排序	风险因素	风险值	排序
处于腐蚀性环境:土质、水质有侵蚀性	0.095	1	保护层厚度不够	0.056	7
混凝土等级不符合要求	0.088	2	未作耐久性设计	0.051	8
裂缝宽度检算未满足要求	0.079	3	地层的类型不正确	0.039	9
没有添加适当的添加剂	0.079	4	基底岩土参数不正确	0.034	10
泄水孔处保护层厚度不够或钢筋外露	0.059	5	反滤层不符合要求	0.029	11
水泥、粗集料、细集料、钢筋不符合要求	0.057	6	混凝土等级不够	0.026	12

基于上述风险值的计算分析，提出以下加强风险识别工作的建议意见：

(1)在环境方面，应高度关注处于腐蚀性环境以及土质、水质有侵蚀性等引起的工程风险。

(2)在设计方面，应高度关注保护层厚度不够、裂缝宽度检算未满足要求、未作耐久性设计、混凝土等级不够等引起的工程风险。

(3)在施工方面，应高度关注混凝土等级不符合要求、泄水孔处保护层厚度不够等引起的工程风险。

5)悬臂式和扶壁式挡土墙路基面下沉风险

悬臂式和扶壁式挡土墙由于自然与环境、技术、材料等方面的原因可能出现路基面下沉而发生破坏，其风险因素及树状层次分析结构如图 8-12 所示。

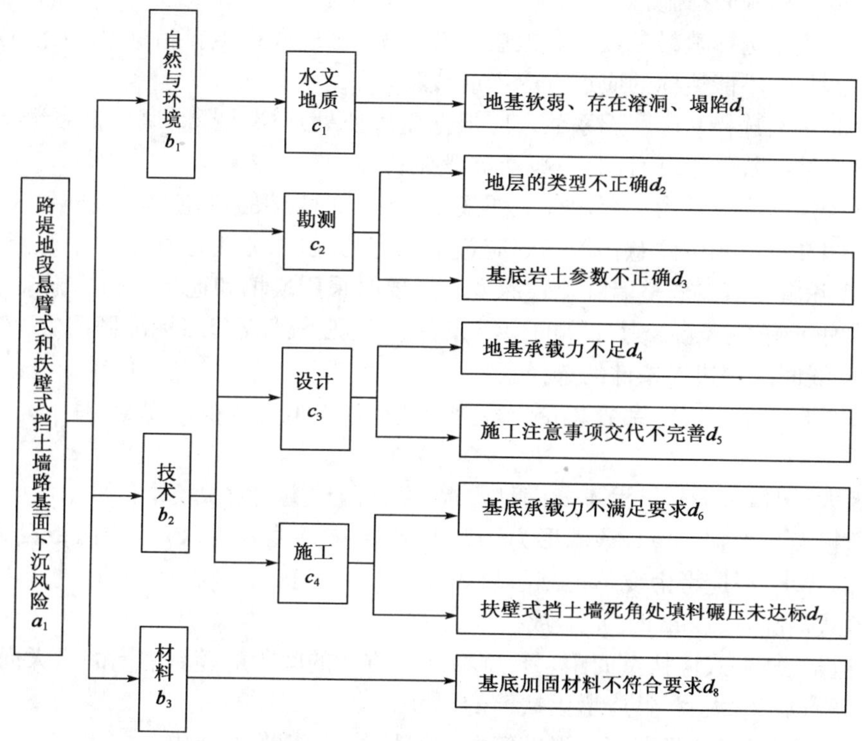

图 8-12 悬臂式和扶壁式挡土墙路基面下沉风险因素及树状层次分析结构图

采用上述相同的分析方法，将各风险因素的风险值大小进行排序见表 8-9。

路堤地段悬臂式和扶壁式挡土墙路基面下沉风险值大小排序表 表 8-9

风险因素	风险值	排序	风险因素	风险值	排序
地基软弱、存在溶洞、塌陷	0.200	1	地层的类型不正确	0.037	5
基底加固材料不符合要求	0.163	2	基底岩土参数不正确	0.030	6
扶壁式挡土墙死角处填料碾压未达标	0.063	3	地基承载力不足	0.019	7
施工注意事项交代不完善	0.045	4	基底承载力不满足要求	0.015	8

基于上述风险值的计算分析，提出以下加强风险识别工作的建议意见：

(1)在环境方面，应高度关注地基软弱、溶洞、塌陷等引起的工程风险。

(2)在设计方面，应高度关注施工注意事项交代不完善、地基承载力不足等引起的工程风险。

(3)在施工方面，应高度关注扶壁式挡土墙死角处填料碾压未达指标、基底承载力不满足要求引起的工程风险。

8.3.2 悬臂式和扶壁式挡土墙风险防范措施

针对悬臂式和扶壁式挡土墙滑动风险、变形风险、墙身开裂风险、钢筋锈蚀风险和路基下沉风险，应采取下列预防措施：

(1)设计时正确选择填料参数。应根据填料来源，合理选择填料指标；施工注意事项中应明确对填料的要求，不能达标的应远方取土或改良。

(2)设计时正确选择基底摩擦系数。应根据基底所处地层选择基底摩擦系数。该类挡墙埋深浅，摩擦系数一般较小，设计时一般受抗滑控制。

(3)正确确定基底承载力。套用标准图或个别设计时应根据基底所处地层选择基底承载力指标；断面图和正面图中注意挡墙基础应置于相应的地层；施工注意事项中注意基底防水，并交代根据实际施工情况调整墙趾埋置深度。必要时采用换填和地基加固措施或采用桩基。

(4)设计时正确选择土压力计算的边界条件。个别设计或套用标准图时，注意路基面宽度、荷载类型、线间距等边界条件的选择。

(5)设计时合理确定安全系数。安全系数的选择应不低于规范的规定，对于高墙应增大安全系数。

(6)踵板太长时，一般是抗滑不能满足要求，设计凸榫更能解决抗滑问题。

(7)墙面板设计不宜太薄。该墙形为轻型支挡结构，墙身尺寸较小，墙面板设计不能仅仅满足承载力的要求，还应考虑变形控制与耐久性。

(8)悬臂式墙高超过 6m 时，应做成扶壁式。

(9)合理设置扶壁式墙扶壁间距。扶壁在线路方向的间距应随着墙高的增大而减小；为不影响填筑，间距也不宜太密，且应增大扶壁的厚度。

(10)根据环境等级选择混凝土强度等级，满足耐久性规范的要求。

(11)保护层厚度除满足裂缝宽度验算外，还应满足耐久性要求。

(12)施工注意事项中，应对填料指标、施工临时荷载、地基摩擦系数、泄水孔、反滤层、基底隔水层、墙身尺寸、墙身原材料等提出明确要求。注意说明填料要夯实，特别是踵板和立壁板连接处；应保证底板地基密实，承载力均匀；扶壁式挡土墙死角处填料碾压施工时用小型机械碾压或用易压密的填料填筑。

8.4 加筋土挡土墙风险识别与防范

加筋土挡土墙是由填土、拉筋带和墙面板组成的承受土体侧压力的柔性挡土墙，如图8-13所示。加筋土挡土墙是在土中加入拉筋，利用拉筋与土之间的摩擦作用，改善土体的变形条件和提高土体的工程特性，从而达到稳定土体的目的。加筋土挡土墙一般应用于地形较为平坦且宽敞的填方路段上，在挖方路段或地形陡峭的山坡，由于不利于布置拉筋，一般不宜使用。

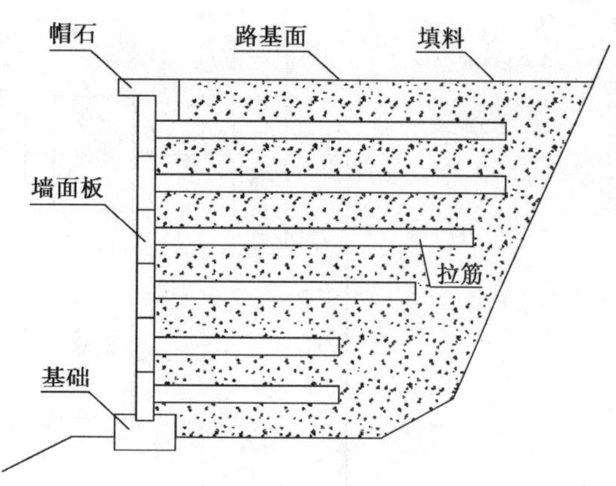

图 8-13　加筋土挡土墙

加筋土是柔性结构物，能够适应地基轻微的变形，填土引起的地基变形对加筋土挡土墙的稳定性影响比对其他结构物小，地基的处理也较简便；它是一种很好的抗震结构物；节约占地，造型美观；造价比较低，具有良好的经济效益。

当采用加筋土挡土墙时，由于自然与环境、技术条件、材料等因素的影响，易造成墙面位移及变形过大、下沉超标、加筋体失稳等破坏。

8.4.1　加筋土挡土墙风险及识别

1)加筋土挡土墙墙面位移及变形风险

加筋土挡土墙由于自然与环境、技术、材料等方面的原因可能出现墙面位移及变形过大而发生破坏，其风险因素及树状层次分析结构如图 8-14 所示。

将各风险因素按其风险值的大小进行排序见表 8-10。

路堤地段加筋土挡土墙墙面位移及变形过大风险值大小排序表　　表 8-10

风险因素	风险值	排序	风险因素	风险值	排序
筋带蠕变	0.136	1	填料不均匀	0.031	13
填料不合适	0.130	2	设计的筋带长度不够	0.026	14
地基加固材料不符合要求	0.100	3	地层的类型不正确	0.022	15
大雨、暴雨、地下水、洪水	0.069	4	选择的填料参数不正确	0.022	16
地震	0.050	5	选择的计算公式不合适	0.020	17
筋带与填料间摩擦力不够	0.049	6	筋带的设计参数不合理	0.019	18
地势不平坦	0.046	7	筋带和填料之间的摩擦系数不合理	0.019	19
筋带与墙面板连接处强度不够	0.045	8	分层厚度不合理	0.017	20
填料压实度不够	0.039	9	基底设计参数不正确	0.016	21
土压力大于设计值	0.038	10	安全系数不合理	0.014	22
填料参数不正确	0.034	11	施工注意事项交代不完善	0.014	23
基底岩土参数不正确	0.031	12	土压力计算的边界条件不正确	0.013	24

基于上述风险值的计算分析，提出以下加强风险识别工作的建议意见：

(1)在勘察方面，应高度关注填料参数不正确、基底岩土参数不正确引起的工程风险。

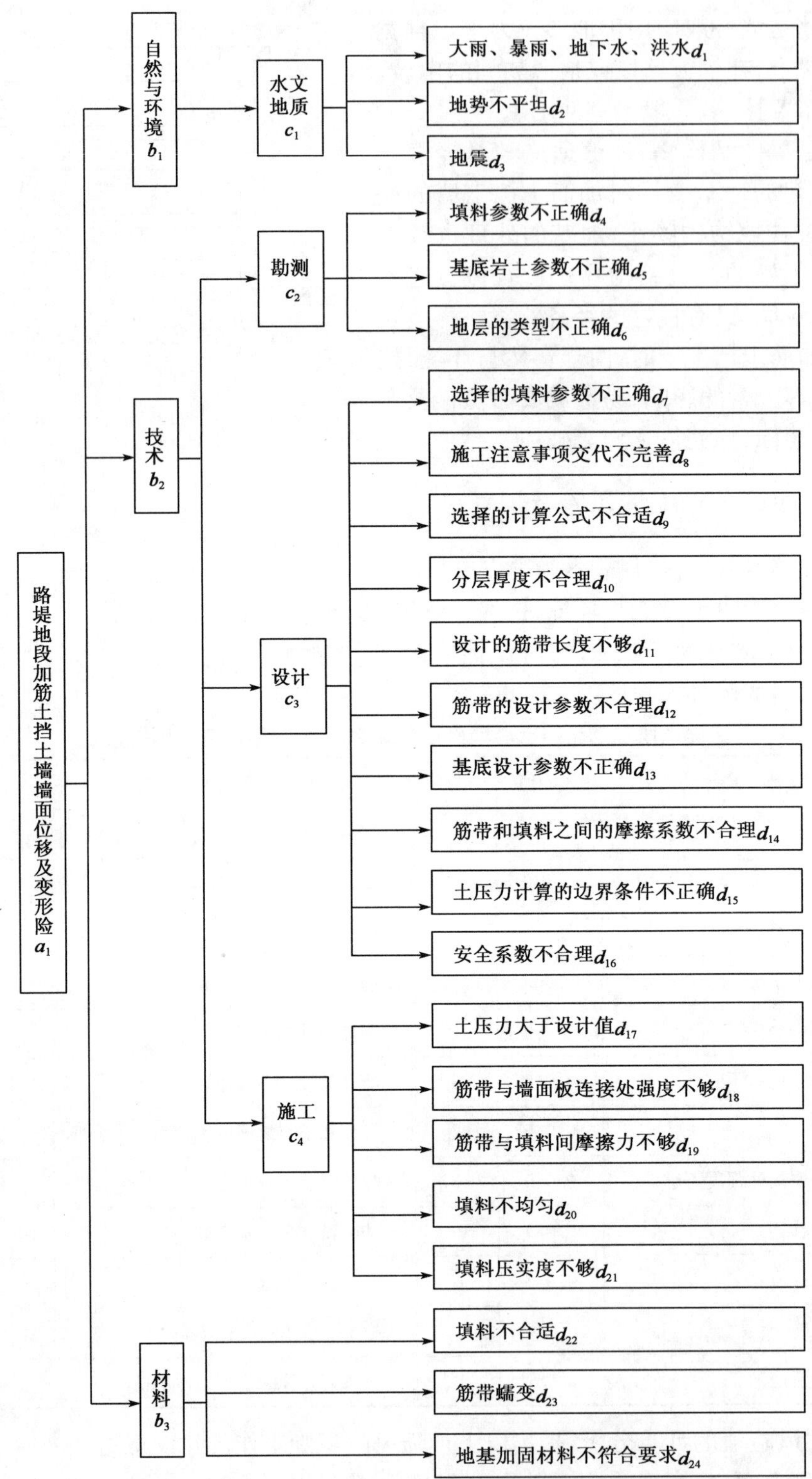

图 8-14 加筋土挡土墙墙面位移及变形风险因素及树状层次分析结构图

(2)在设计方面,应高度关注设计的筋带长度不够、选择的填料参数不正确、筋带的设计参数不合理等引起的工程风险。

(3)在施工方面,应高度关注筋带与墙面板连接处强度不够、填料压实度不够引起的工程风险。

2)加筋土挡土墙下沉风险

加筋土挡土墙由于自然与环境、技术、材料等方面的原因能出现下沉而发生破坏,其风险因素及树状层次分析结构如图8-15所示。

通过风险分析,将各风险因素按其风险值的大小进行排序见表8-11。

路堤地段加筋土挡土墙下沉风险值大小排序表 表8-11

风险因素	风险值	排序	风险因素	风险值	排序
填料不合适	0.108	1	地基未设加固措施	0.010	14
填料参数不正确	0.085	2	基底设计参数不正确	0.009	15
大雨、暴雨,地下水、洪水	0.068	3	施工注意事项交代不完善	0.009	16
地基加固材料不符合要求	0.056	4	选择的填料参数不正确	0.008	17
地震	0.054	5	基底岩土参数不正确	0.006	18
地基承载力不满足要求	0.027	6	地层的类型不正确	0.0056	19
地基处理不符合要求	0.025	7	筋带和填料之间的摩擦系数不合理	0.0054	20
地基未按设计要求加固	0.025	8	土压力计算边界条件不正确	0.0053	21
地基软弱、溶洞、塌陷	0.018	9	安全系数不合理	0.005	22
填料压实度不够	0.015	10	选择的计算公式不合适	0.0047	23
填料不均匀	0.014	11	设计的筋带长度不够	0.0043	24
土压力大于设计值	0.012	12	筋带的设计参数不合理	0.004	25
分层厚度不合理	0.011	13			

基于上述风险值的计算分析,提出以下加强风险识别工作的建议意见:

(1)在勘察方面,应高度关注填料参数不正确、基底岩土参数不正确引起的工程风险。

(2)在设计方面,应高度关注地基未设加固措施设计、地基承载力不满足要求等引起的工程风险。

(3)在施工方面,应高度关注地基承载力不满足要求、地基未按设计要求、填料压实度不够等引起的工程风险。

(4)在材料方面,应高度关注填料不合适引起的工程风险。

3)加筋土挡土墙失稳风险

加筋土挡土墙由于自然与环境、技术、材料等方面的原因能出现失稳而发生破坏,其风险因素及树状层次分析结构如图8-16所示。

通过风险分析,将各风险因素按其风险值的大小进行排序见表8-12。

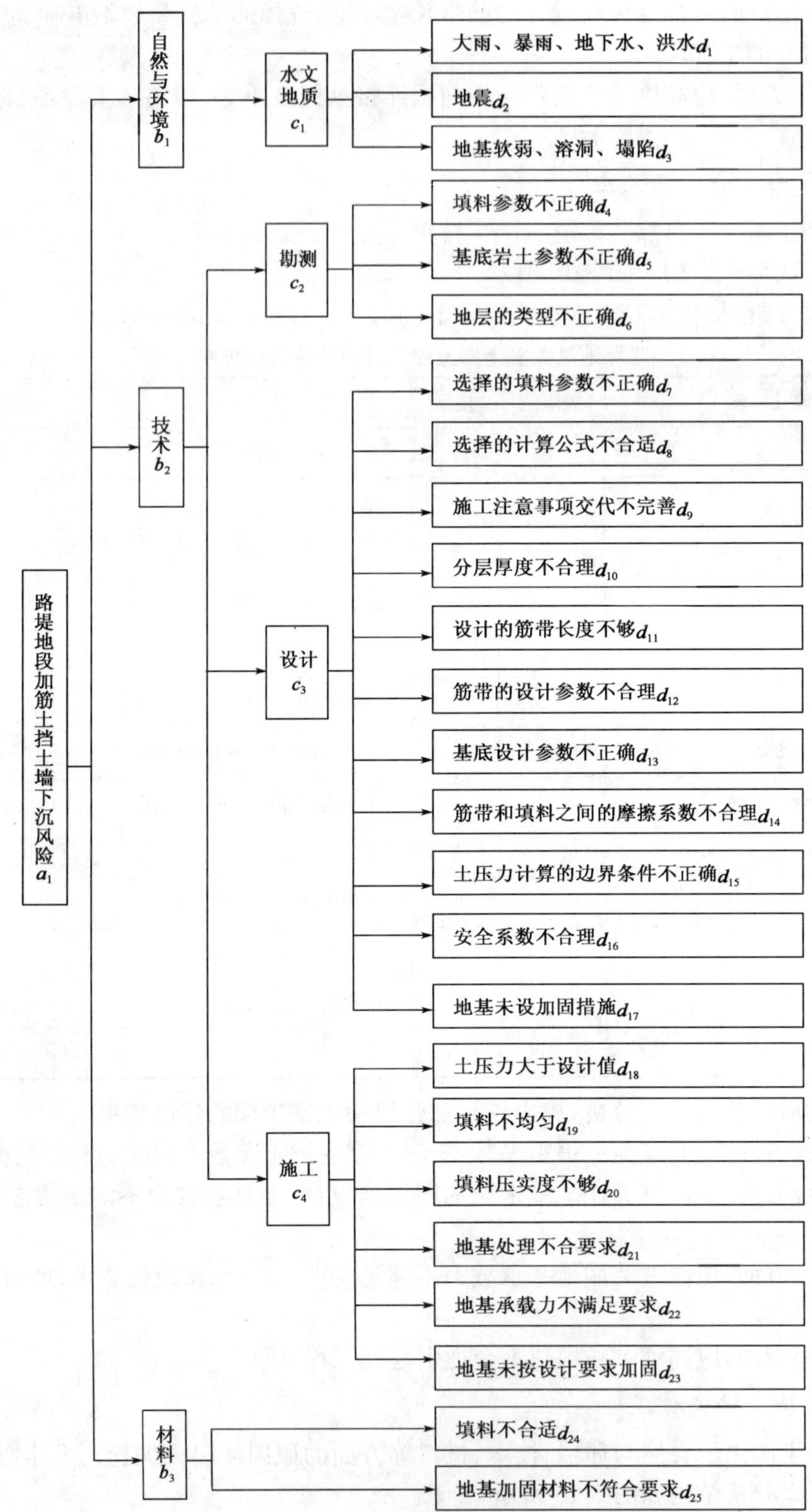

图 8-15　加筋土挡土墙下沉风险因素及树状层次分析结构图

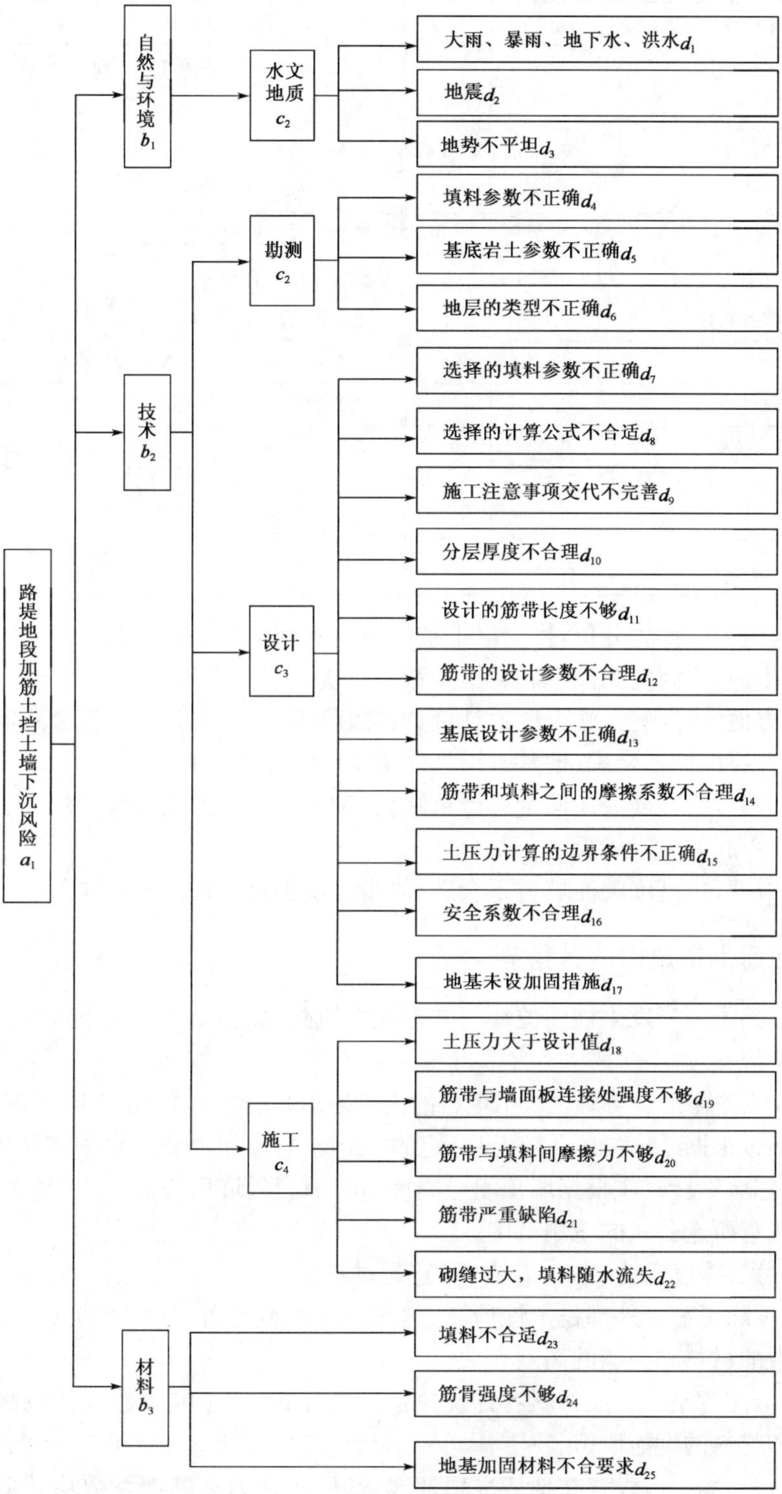

- 路堤地段加筋土挡土墙下沉风险 a_1
  - 自然与环境 b_1
    - 水文地质 c_2
      - 大雨、暴雨、地下水、洪水 d_1
      - 地震 d_2
      - 地势不平坦 d_3
  - 技术 b_2
    - 勘测 c_2
      - 填料参数不正确 d_4
      - 基底岩土参数不正确 d_5
      - 地层的类型不正确 d_6
    - 设计 c_3
      - 选择的填料参数不正确 d_7
      - 选择的计算公式不合适 d_8
      - 施工注意事项交代不完善 d_9
      - 分层厚度不合理 d_{10}
      - 设计的筋带长度不够 d_{11}
      - 筋带的设计参数不合理 d_{12}
      - 基底设计参数不正确 d_{13}
      - 筋带和填料之间的摩擦系数不合理 d_{14}
      - 土压力计算的边界条件不正确 d_{15}
      - 安全系数不合理 d_{16}
      - 地基未设加固措施 d_{17}
    - 施工 c_4
      - 土压力大于设计值 d_{18}
      - 筋带与墙面板连接处强度不够 d_{19}
      - 筋带与填料间摩擦力不够 d_{20}
      - 筋带严重缺陷 d_{21}
      - 砌缝过大，填料随水流失 d_{22}
  - 材料 b_3
    - 填料不合适 d_{23}
    - 筋骨强度不够 d_{24}
    - 地基加固材料不合要求 d_{25}

图 8-16　加筋土挡土墙失稳风险因素及树状层次分析结构图

路堤地段加筋土挡土墙失稳风险值大小排序表　　表 8-12

风 险 因 素	风险值	排序	风 险 因 素	风险值	排序
筋带强度不够	0.101	1	土压力计算的边界条件不正确	0.0147	14
大雨、暴雨、地下水、洪水	0.088	2	土压力大于设计值	0.0146	15
地基加固材料不符合要求	0.085	3	填料不合适	0.007	16
基底岩土参数不正确	0.054	4	设计的筋带长度不够	0.0066	17
地势不平坦	0.040	5	筋带的设计参数不合理	0.0064	18
地震	0.033	6	分层厚度不合理	0.0059	19
筋带与填料间摩擦力不够	0.029	7	基底设计参数不正确	0.0057	20
地层的类型不正确	0.023	8	筋带和填料之间的摩擦系数不合理	0.0056	21
筋带严重缺陷	0.021	9	选择的填料参数不正确	0.0035	22
砌缝过大，填料随水流失	0.020	10	施工注意事项交代不完善	0.0036	23
填料参数不对	0.0173	11	地基未设加固措施	0.0031	24
筋带与墙面板连接处强度不够	0.0175	12	安全系数不合理	0.002	25
选择的计算公式不合适	0.0142	13			

基于上述风险值的计算分析，提出以下加强风险识别工作的建议意见：

(1)在勘察方面，应高度关注基底岩土参数不正确引起的工程风险。

(2)在设计方面，应高度关注土压力计算边界条件不正确、选择的计算公式不合适、设计的筋带长度不够、分层厚度不合理、地基未设加固措施等引起的工程风险。

(3)在施工方面，应高度关注筋带有严重缺陷、砌缝过大导致填料随水流失、筋带与墙面板连接强度不够等引起的工程风险。

(4)在材料方面，应高度关注填料不合适、筋带强度不够引起的工程风险。

8.4.2　加筋土挡风险防范措施

针对加筋土挡土墙当发生墙面位移与变形过大风险、加筋土挡土墙下沉风险和失稳风险，应采取下列预防措施：

(1)填料宜选用粗粒土。参数主要指填料的内摩擦角和填料与拉筋之间的摩擦系数。须进行拉筋的拉拔试验，或根据经验取值。为保证一定的安全储备，设计时摩擦系数一般取值较低。

(2)加筋土挡墙设计时应根据墙顶填土高度、拉筋材料、墙面板的形式、基底的条件选择相应的公式。应注意所选公式的适用范围。

(3)填料的分层厚度宜为 30cm 左右，不宜超过 50cm。

(4)筋带长度除了满足外部稳定性检算、内部稳定性检算外，还应满足构造要求。筋带的构造长度与筋带的材料和挡墙的高度有关。

(5)设计时应注意土工合成材料容许抗拉强度的计算中，影响系数取值范围变化较大，应结合施工条件和材料的性能取值。

(6)加筋土挡土墙一般设置在地势平坦地段，基底承载力和摩擦系数均较低，设计时取值不宜过高。

(7)当填料采用黏性土，筋带为土工合成材料时，摩擦系数应取较低的数值。

(8)设计时应注意墙顶的填土高度，路基面上的荷载形式。墙顶以上填土高度较大与填土较小所选择的计算公式不一样。

(9)整体抗滑动和抗倾覆稳定检算的安全系数取值与重力式挡土墙一样。注意在地基承载力的计算中，安全系数的取值带有一定的经验性。内部稳定检算中的抗拔计算，应注意单板抗拔安全系数的选择，特别是上覆压力较小时；注意摩擦系数的选择应有一定的安全储备。材料容许拉力计算时，注意影响系数的选择。

(10)对于承载力不能达到设计要求或者地基压缩性较大，应设置地基加固措施。

(11)施工注意事项中，应注意交代分层厚度、碾压密实度、筋带质量及铺设时机、地下和地面排水及地基加固的相关施工注意事项等。

(12)对于承载力不能达到设计要求或者地基压缩性较大的地基，应设置地基加固措施。

8.5　桩板墙风险识别与防范

桩板墙是一种在桩间设置挡土板来稳定岩土体的抗滑支挡结构，如图8-17所示。它利用深埋入稳定地层的桩体与桩周岩土体的相互嵌制作用，将上部岩土体剩余下滑推力(或土压力)传递至稳定地层，利用稳定地层的锚固作用和被动抗力来保证岩土体整体稳定性。由于其具有抗滑能力强、圬工量小、桩位布置灵活、施工方便、施工影响范围小等诸多优点，目前已在铁路、公路、港口等工程中得到广泛应用。

当采用桩板墙时，由于自然与环境、技术条件、材料等潜在的风险因素的影响，可能造成断桩和倒伏、桩顶位移超限、挡土板开裂等破坏。

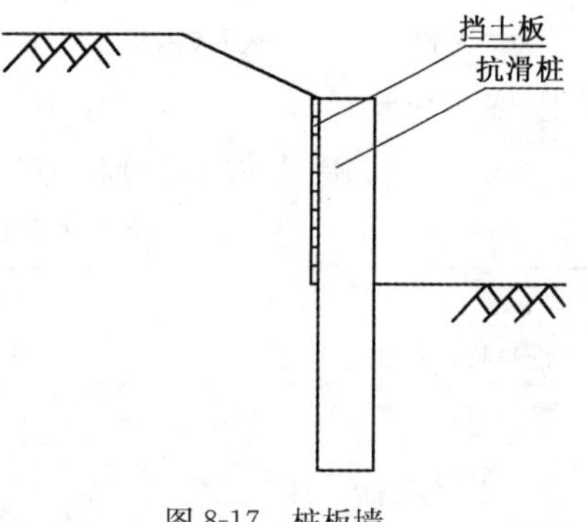

图8-17　桩板墙

8.5.1　桩板墙风险及识别

1)桩板墙断桩和倒伏风险

桩板墙由于自然与环境、技术、材料等方面的原因可能导致断桩和倒伏而发生破坏，风险因素及树状层次分析结构如图8-18所示。

采用上述风险分析方法，将各风险因素的风险值大小进行排序见表8-13。

路堤地段桩板墙断桩和倒伏风险值大小排序表　　表8-13

风险因素	风险值	排序	风险因素	风险值	排序
大雨、暴雨、地下水、洪水	0.092	1	地震	0.041	6
水泥、粗集料、细集料质量或级配不满足要求	0.071	2	锚固长度不足	0.020	7
地基软弱	0.068	3	桩顶平台上堆载	0.015	8
混凝土强度不满足要求	0.063	4	路堤边坡陡于设计值	0.014	9
钢筋强度不满足要求	0.062	5	施工荷载太大	0.013	10

续上表

风险因素	风险值	排序	风险因素	风险值	排序
填料压实不够	0.012	11	土压力计算的边界条件不正确	0.0106	19
锚固段岩土参数不正确	0.0116	12	填料参数不正确	0.0096	20
锚固点选择不合理	0.0114	13	土压力增大系数不合理	0.0093	21
锚固段计算长度不合适	0.0113	14	荷载分项系数不合适	0.008	22
锚固段岩土参数不合理	0.0112	15	选择的计算公式不合适	0.0068	23
桩顶未按设计要求设平台	0.0111	16	悬臂太大	0.0064	24
地层的类型不正确	0.0105	17	板上泄水孔向填土内倾斜；泄水孔不通；未设反滤层；桩顶平台有裂缝	0.005	25
选择的填料参数不正确	0.0107	18	施工注意事项交代不完善	0.004	26

基于上述风险值的计算分析，提出以下加强风险识别工作的建议意见：

(1)在勘察方面，应高度关注锚固段岩土参数不正确、地层类型不正确引起的工程风险。

(2)在设计方面，应高度关注锚固段计算长度不合适、锚固点选择不合理、锚固段岩土参数不合理、土压力计算边界条件不正确等引起的工程风险。

(3)在施工方面，应高度关注锚固长度不足、桩顶平台上堆载等引起的工程风险。

(4)在材料方面，应高度关注混凝土强度不满足要求、钢筋强度不满足要求引起的工程风险。

2)桩板墙桩顶位移超限风险

桩板墙由于自然与环境、技术、材料等方面的原因导致桩顶位移超限而发生破坏时，其风险因素及树状层次分析结构如图 8-19 所示。

采用上述相同的风险分析方法，将各风险因素按其风险值的大小进行排序见表 8-14。

路堤地段桩板墙桩顶位移超限风险值大小排序表 表 8-14

风险因素	风险值	排序	风险因素	风险值	排序
桩身材料刚度不满足要求	0.164	1	锚固点选择不合理	0.0146	13
大雨、暴雨、地下水、洪水	0.056	2	填料压实不够	0.0143	14
地基软弱	0.054	3	施工荷载太大	0.0137	15
地震	0.040	4	路堤边坡陡于设计值	0.0135	16
锚固段岩土参数不正确	0.029	5	桩顶平台上堆载	0.0134	17
锚固长度不足	0.029	6	桩顶未按设计要求设平台	0.010	18
悬臂太大	0.021	7	选择的填料参数不正确	0.0088	19
地层的类型不正确	0.020	8	选择的计算公式不合适	0.0083	20
填料参数不正确	0.018	9	土压力计算的边界条件不正确	0.0076	21
板上泄水孔方向向填土内倾斜；泄水孔不通；未设反滤层；桩顶平台有裂缝	0.016	10	土压力增大系数不合理	0.0074	22
锚固段计算长度不合适	0.0157	11	荷载分项系数不合适	0.0073	23
锚固段岩土参数不合理	0.0154	12	施工注意事项交代不完善	0.006	24

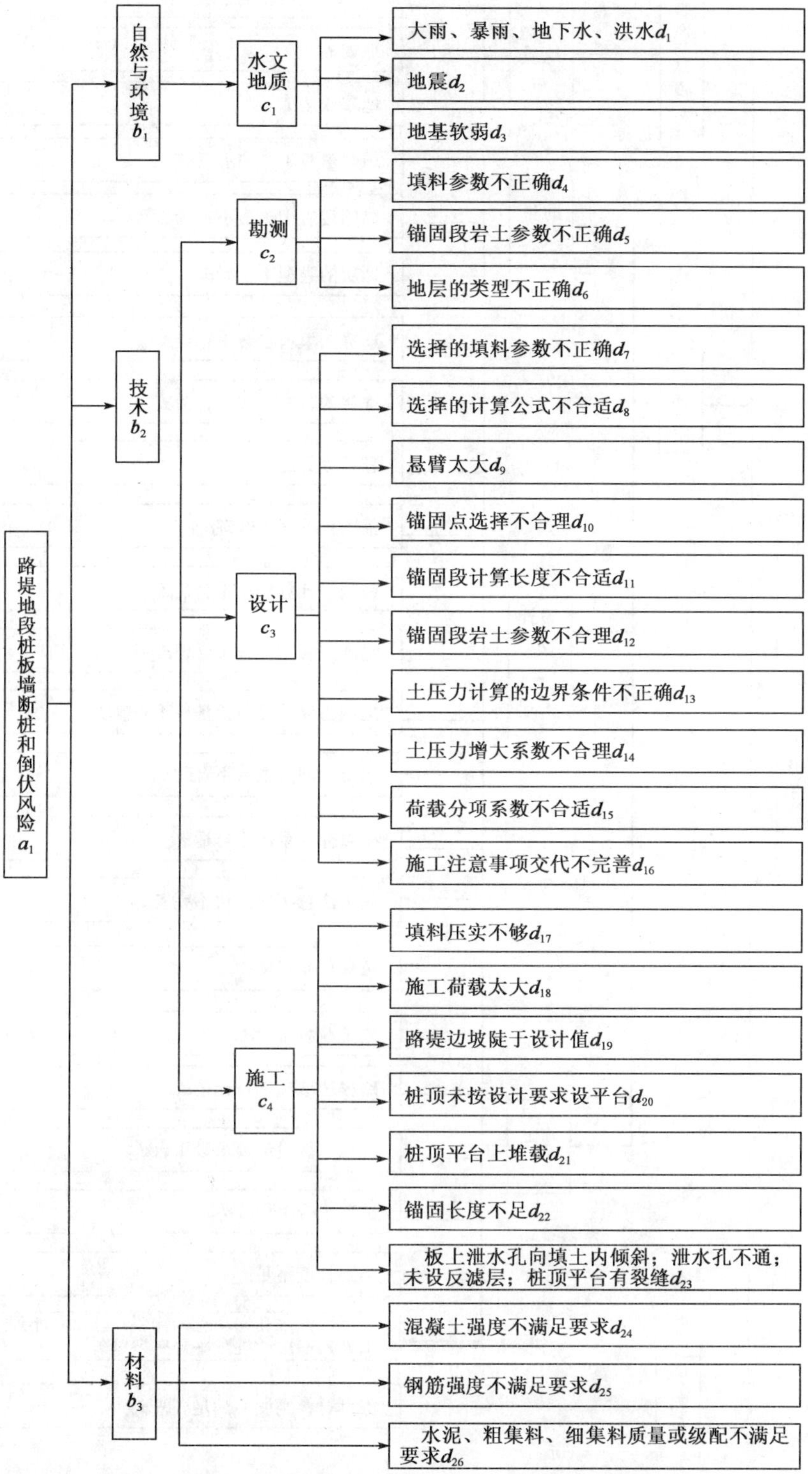

- 路堤地段桩板墙断桩和倒伏风险a_1
  - 自然与环境b_1
    - 水文地质c_1
      - 大雨、暴雨、地下水、洪水d_1
      - 地震d_2
      - 地基软弱d_3
  - 技术b_2
    - 勘测c_2
      - 填料参数不正确d_4
      - 锚固段岩土参数不正确d_5
      - 地层的类型不正确d_6
    - 设计c_3
      - 选择的填料参数不正确d_7
      - 选择的计算公式不合适d_8
      - 悬臂太大d_9
      - 锚固点选择不合理d_{10}
      - 锚固段计算长度不合适d_{11}
      - 锚固段岩土参数不合理d_{12}
      - 土压力计算的边界条件不正确d_{13}
      - 土压力增大系数不合理d_{14}
      - 荷载分项系数不合适d_{15}
      - 施工注意事项交代不完善d_{16}
    - 施工c_4
      - 填料压实不够d_{17}
      - 施工荷载太大d_{18}
      - 路堤边坡陡于设计值d_{19}
      - 桩顶未按设计要求设平台d_{20}
      - 桩顶平台上堆载d_{21}
      - 锚固长度不足d_{22}
      - 板上泄水孔向填土内倾斜；泄水孔不通；未设反滤层；桩顶平台有裂缝d_{23}
  - 材料b_3
    - 混凝土强度不满足要求d_{24}
    - 钢筋强度不满足要求d_{25}
    - 水泥、粗集料、细集料质量或级配不满足要求d_{26}

图 8-18　桩板墙断桩和倒伏风险因素及树状层次分析结构图

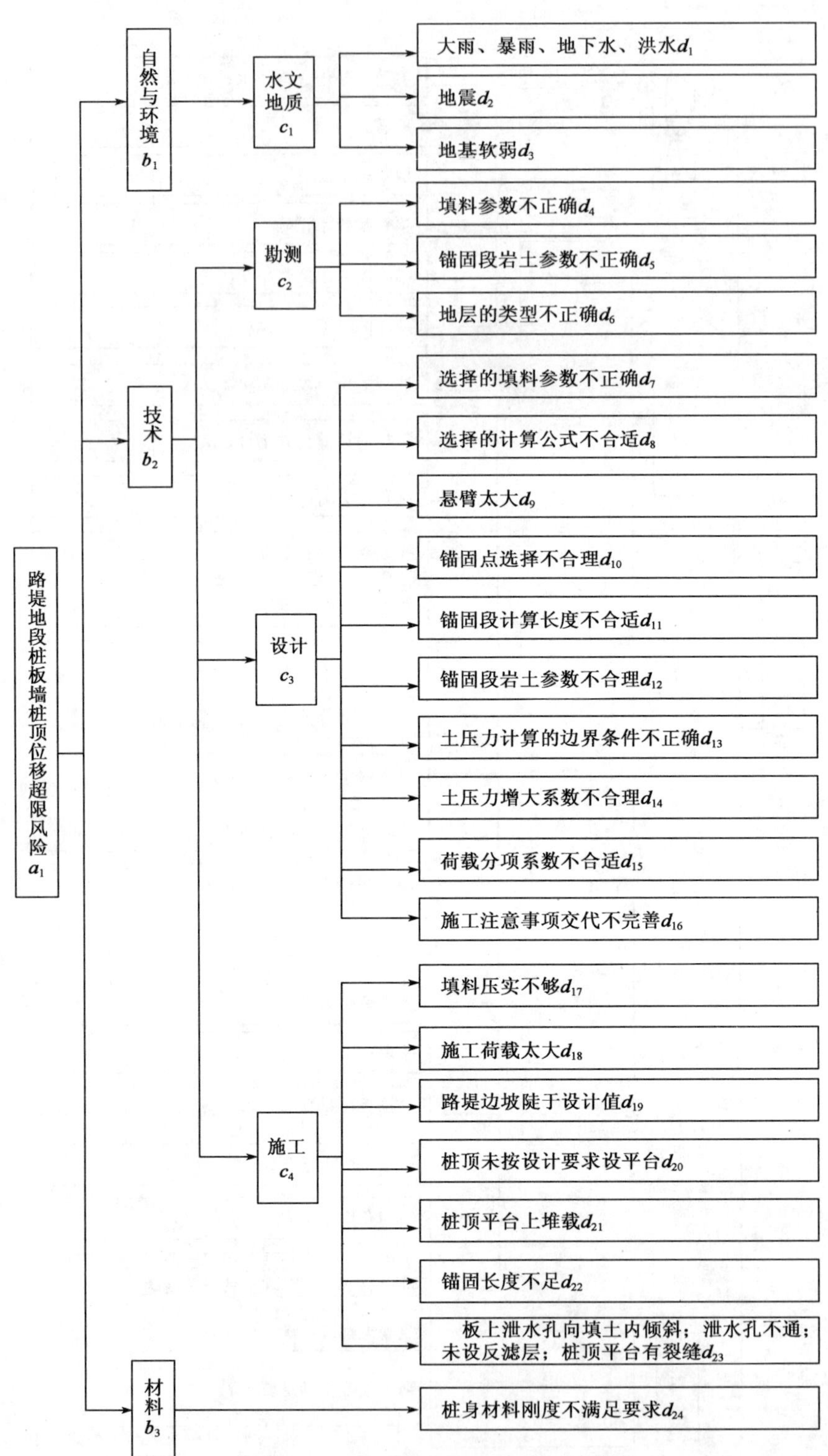

图 8-19　桩板墙桩顶位移超限风险因素及树状层次分析结构图

基于上述风险值的计算分析，提出以下加强风险识别工作的建议意见：

(1)在勘察方面，应高度关注锚固段岩土参数不正确、地层类型不正确引起的工程风险。

(2)在设计方面，应高度关注悬臂太长、锚固段计算长度不合适、锚固段岩土参数不合理、锚固点选择不合理等引起的工程风险。

(3)在施工方面，应高度关注锚固长度不足、泄水孔不通或未设反滤层、桩顶平台上堆载等引起的工程风险。

3)桩板墙挡土板开裂风险

桩板墙由于自然与环境、技术、材料等方面的原因导致挡土板开裂而发生破坏时，其风险因素及树状层次分析结构如图 8-20 所示。

采用上述相同的风险分析方法，将各风险因素按其风险值的大小进行排序见表 8-15。

路堤地段桩板墙挡土板开裂风险值大小排序表　　表 8-15

风险因素	风险值	排序	风险因素	风险值	排序
大雨、暴雨、地下水、洪水	0.055	1	未进行裂缝宽度验算	0.02	13
填料参数不正确	0.054	2	施工注意事项交代不完善	0.018	14
水泥、粗集料、细集料质量或级配不满足要求	0.045	3	箍筋间距太大	0.017	15
地震	0.039	4	板上泄水孔方向向填土内倾斜；泄水孔不通；未设反滤层；桩顶平台有裂缝	0.0155	16
板上的设计荷载不合适	0.034	5	主筋保护层厚度不够	0.0154	17
钢筋保护层厚度不合适	0.03	6	设计的桩间距太大	0.014	18
混凝土强度等级不合适	0.03	7	填料压实不够	0.0135	19
施工荷载太大	0.029	8	桩顶平台上堆载	0.0134	20
振动压路机靠板太近	0.029	9	外挂板与桩身整体连接	0.0133	21
挡土板安装错误	0.027	10	桩顶未按设计要求设平台	0.012	22
路堤边坡陡于设计值	0.023	11	锚固长度不足	0.011	23
土压力增大	0.023	12			

基于上述风险值的计算分析，提出以下加强风险识别工作的建议意见：

(1)在勘察方面，应高度关注填料参数不正确引起的工程风险。

(2)在设计方面，应高度关注板上的设计荷载不合适、钢筋保护层厚度不合适、未进行裂缝宽度验算等引起的工程风险。

(3)在施工方面，应高度关注震动压路机靠板太近、施工荷载太大、挡土板安装错误等引起的工程风险。

8.5.2　桩板墙风险防范措施

针对桩板墙当发生断桩和倒伏风险、桩顶位移超限风险和挡板开裂风险，应采取下列预防措施：

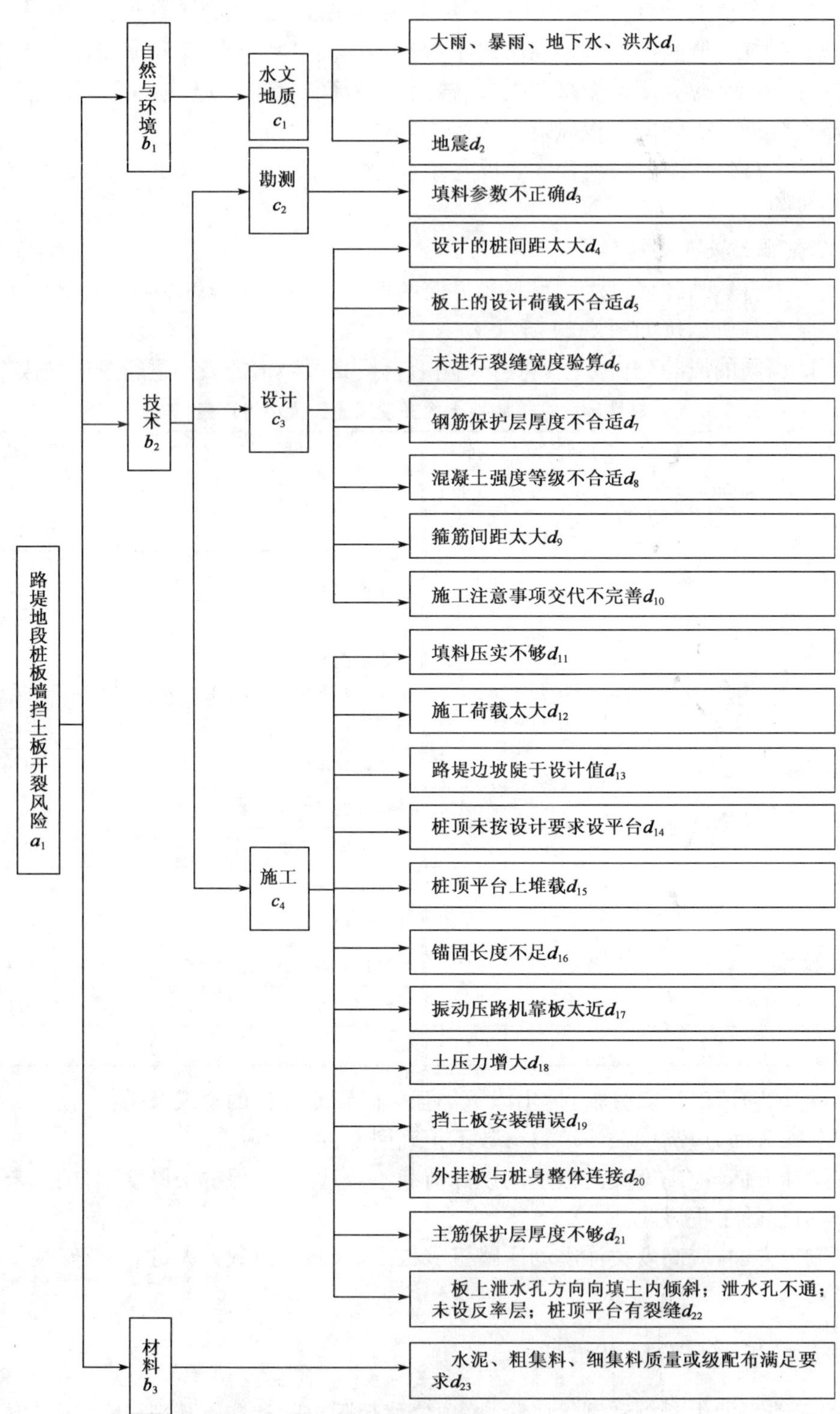

图 8-20　桩板墙板墙挡土板开裂风险因素及树状层次分析结构图

(1)正确选择抗剪指标;明确对填料、压实度的要求。在高填方路堤地段,填料类型和压密程度对土压力影响很大,填料内摩擦角应适当降低。

(2)注意路肩墙和路堤墙的荷载计算方式不同;注意浸水地区、地震地区、一般地区土压力计算和配筋计算公式的差别。

(3)悬臂较大时,可考虑在桩上设锚索。

(4)锚固段长度的取值应考虑构造要求和一般的经验。锚固点的选择应结合地形和地层情况,使锚固段处于稳定的岩层,并和所选的计算模型相匹配。地形较陡,地层较软,锚固段较低。适当增加锚固段长度,可以减小桩顶位移。

(5)在选择锚固段岩土参数时,应注意地层类型、成分和岩性。

(6)注意桩顶是否有填土、边坡是否设置平台、路基面荷载形式、路基面宽度、桩上是否有锚索、锚索初始预应力有多大等边界条件。

(7)桩顶填土高、桩上锚索多、施加的初始预应力大,土压力增大系数选大值。

(8)对于土压力较大,填料抗剪较小的情况,应选择较小的桩间距。

(9)挡土板上的设计荷载应选择每一个分级内最大土压应力。挡土板的混凝土强度等级应考虑所处环境的等级,不能低于桩身的强度等级。箍筋的间距不能仅仅考虑受力,应注意挡土板两端箍筋加密。

(10)除了主筋保护层满足设计要求外,应检查最外层钢筋的保护层是否满足耐久性要求。钢筋有弯钩的保护层厚度应特别注意。

(11)分清不同的工况,选择不同的荷载分项系数。一般情况和浸水、地震情况不同,常水位和洪水位不同,动荷载和净荷载不同,承载能力检算和正常使用验算不同。

(12)施工注意事项中注意对连续灌注,在岩层分界面或滑动面、桩身截面变化处箍筋加密,不要在岩层和结构的不利结构面附近留钢筋接头;注意对填料的压密等方面仔细交代;注意交代对挡土板安放、板的强度等级、养护、泄水孔与挡土板裂缝等有关的事项。

8.6 锚索桩风险识别与防范

锚索桩由锚索和锚固桩(抗滑桩)组成如图8-21所示,由于在桩的上部设置预应力锚索,改善了悬臂桩的受力与变形状态,从而减少了桩的截面及锚固深度。当采用锚索桩时,由于自然与环境、技术条件、材料等因素的影响,易造成锚索拔除、锚索失效、锚索断丝、锚头失效等破坏。

8.6.1 锚索桩风险及识别

1)锚索桩上锚索拔出风险

锚索桩由于自然与环境、技术、材料等方面的原因,产生锚索拔出风险的风险因素及树状层次分析结构如图8-22所示。

采用上述相同的风险分析方法,将各风险因素按其风险值的大小进行排序见表8-16。

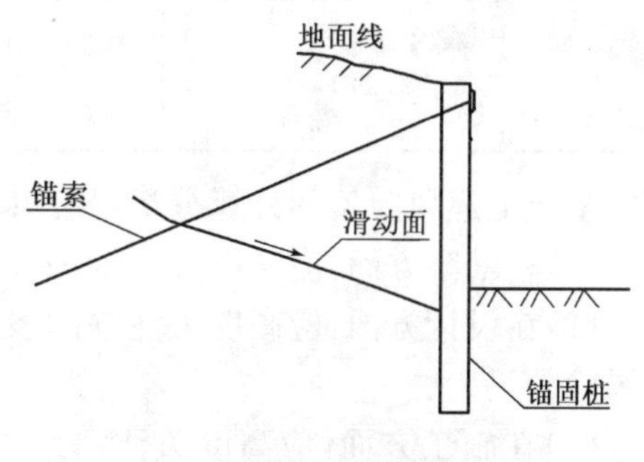

图8-21 锚索桩

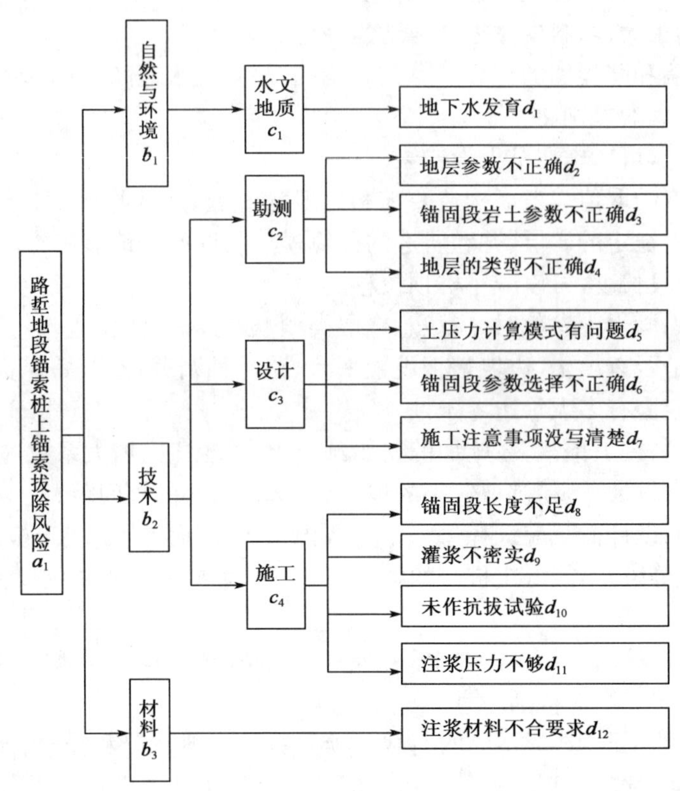

图 8-22　锚索桩上锚索拔出风险因素及树状层次分析结构图

路堑地段锚索桩上锚索拔除风险值大小排序表　　表 8-16

风 险 因 素	风险值	排序	风 险 因 素	风险值	排序
注浆材料不符合要求	0.196	1	地层参数不正确	0.038	7
锚固段参数选择不对	0.062	2	土压力计算模式有问题	0.037	8
灌浆不密实	0.062	3	未作抗拔试验	0.031	9
锚固段长度不足	0.055	4	施工注意事项没写清楚	0.027	10
锚固段岩土参数不正确	0.048	5	地下水发育	0.026	11
注浆压力不够	0.040	6	地层的类型不正确	0.026	12

基于上述风险值的计算分析，提出以下加强风险识别工作的建议意见：

(1)在勘察方面，应高度关注锚固段岩土参数不正确、地层参数不正确引起的工程风险。

(2)在设计方面，应高度关注锚固段参数选择不正确、土压力计算模式有问题等引起的工程风险。

(3)在施工方面，应高度关注灌浆不密实、锚固段长度不足、注浆压力不够等引起的工程风险。

2)锚索桩上锚索失效风险

锚索桩由于技术、材料等方面的原因,产生锚索失效风险的风险因素及树状层次分析结构如图8-23所示。

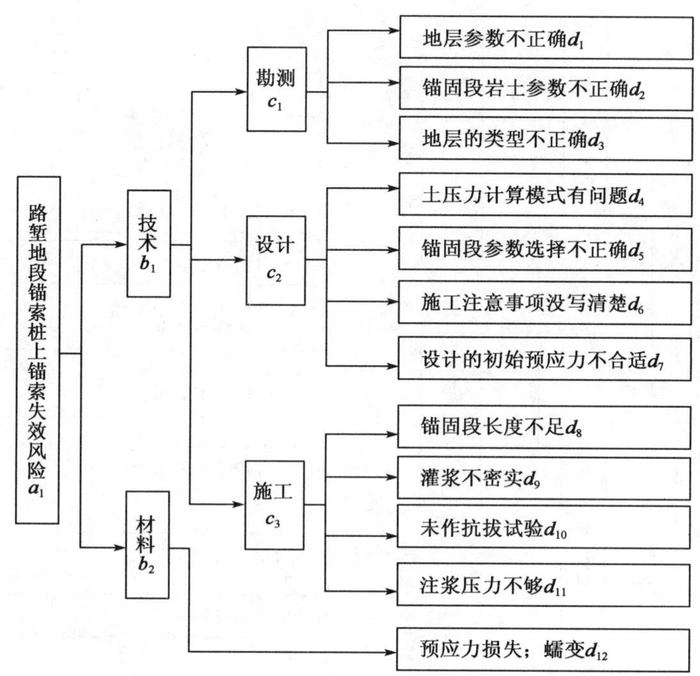

图8-23　锚索桩上锚索失效风险因素及树状层次分析结构图

采用上述相同的风险分析方法,将各风险因素按其风险值的大小进行排序见表8-17。

路堑地段锚索桩上锚索失效风险值大小排序表　　表8-17

风险因素	风险值	排序	风险因素	风险值	排序
预应力损失;蠕变	0.195	1	注浆压力不够	0.038	7
土压力计算模式有问题	0.060	2	地层参数不正确	0.037	8
灌浆不密实	0.060	3	锚固段参数选择不正确	0.036	9
锚固段长度不足	0.053	4	未作抗拔试验	0.029	10
锚固段岩土参数不正确	0.0473	5	施工注意事项没写清楚	0.026	11
设计的初始预应力不合适	0.0471	6	地层类型不正确	0.025	12

基于上述风险值的计算分析,提出以下加强风险识别工作的建议意见:

(1)在勘察方面,应高度关注锚固段岩土参数不正确、地层参数不正确引起的工程风险。

(2)在设计方面,应高度关注土压力计算模式有问题、设计的初始预应力不合适、锚固段参数选择不正确等引起的工程风险。

(3)在施工方面,应高度关注灌浆不密实、锚固段长度不足、注浆压力不够等引起的工程风险。

3)锚索桩上锚索断裂风险

锚索桩由于自然与环境、技术、材料等方面的原因，产生锚索断裂风险的风险因素及树状层次分析结构如图 8-24 所示。

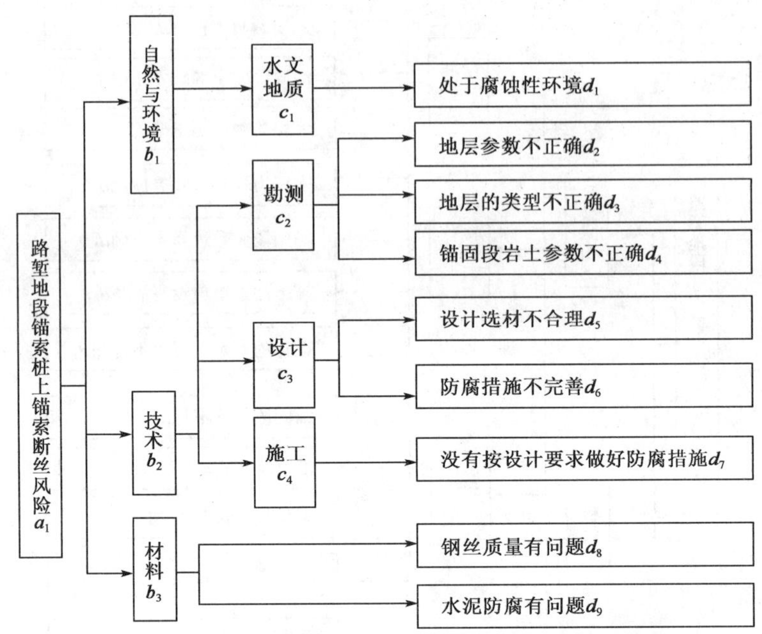

图 8-24　锚索桩上锚索断丝风险因素及树状层次分析结构图

采用上述相同的风险分析方法，将各风险因素按其风险值的大小进行排序见表 8-18。

路堑地段锚索桩上锚索断裂风险值大小排序表　　表 8-18

风 险 因 素	风险值	排序	风 险 因 素	风险值	排序
水泥防腐有问题	0.190	1	设计选材不合理	0.042	6
钢丝质量有问题	0.102	2	地层参数不正确	0.032	7
处于腐蚀性环境	0.055	3	锚固段岩土参数不正确	0.031	8
没有按设计要求做好防腐措施	0.054	4	地层类型不正确	0.021	9
防腐措施不完善	0.048	5			

基于上述风险值的计算分析，提出以下加强风险识别工作的建议意见：

(1)在勘察方面，应高度关注锚固段岩土参数不正确、地层参数不正确引起的工程风险。

(2)在设计方面，应高度关注防腐措施不完善、设计选材不合理等引起的工程风险。

(3)在材料方面，应高度关注钢丝质量有问题引起的工程风险。

4)锚索桩上锚头失效风险

锚索桩由于自然与环境、技术、材料等方面的原因，产生锚头失效风险的风险因素及树状层次分析结构如图 8-25 所示。

采用上述相同的风险分析方法，将各风险因素按其风险值的大小进行排序见表 8-19。

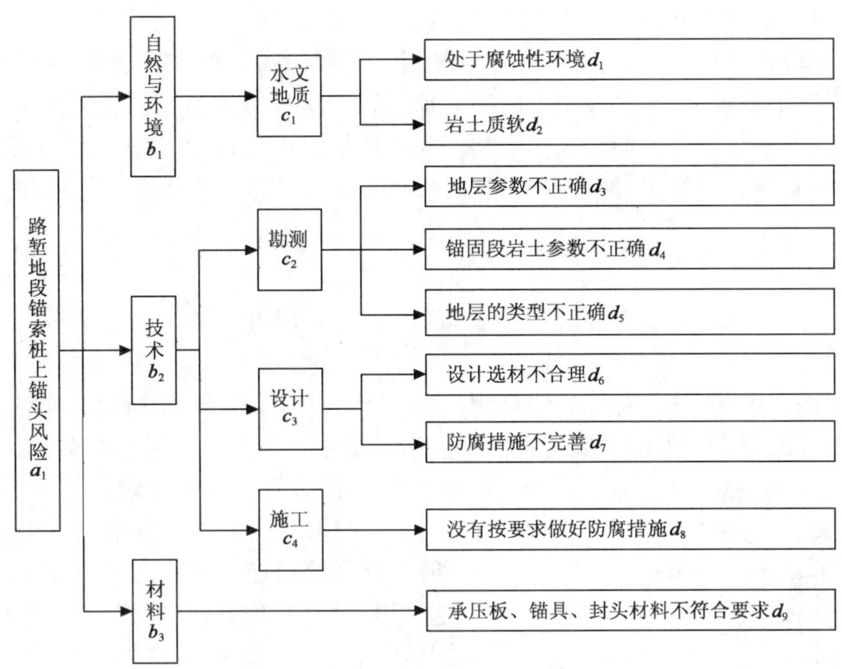

图 8-25　锚索桩上锚头失效风险因素及树状层次分析结构图

路堑地段锚索桩上锚头风险值大小排序表　　表 8-19

风险因素	风险值	排序	风险因素	风险值	排序
承压板、锚具、封头材料不符合要求	0.187	1	处于腐蚀性环境	0.057	6
没有按要求做好防腐措施	0.140	2	锚固段岩土参数不正确	0.0243	7
设计选材不合理	0.078	3	地层的类型不正确	0.0241	8
防腐措施不完善	0.066	4	地层参数不正确	0.019	9
岩土质软	0.060	5			

基于上述风险值的计算分析，提出以下加强风险识别工作的建议意见：

(1)在勘察方面，应高度关注锚固段岩土参数不正确、地层参数不正确引起的工程风险。

(2)在设计方面，应高度关注防腐措施不完善、设计选材不合理引起的工程风险。

8.6.2　锚索桩风险防范措施

针对锚索桩的锚索拔出、锚索失效、锚索断丝和锚头失效风险，应采取如下预防措施：

(1)结构物承受侧向土压力时，应特别注意对主动土压力的增大系数的合理取值。

(2)设计时选择合理的锚固段参数。锚固段参数的选择应分清按土层还是岩层，参数的具体数值除根据地质提供外，还应结合同类工点进行类比。

(3)锚索的锚固段一般应置于稳定的岩层。如果无法找到合适的锚固段，可以通过改变锚索类型和注浆方式来改变锚固条件。

(4)对出现预应力损失的锚索，应再次张拉以提供荷载补偿。

(5)设计时应根据外力的大小、所处的环境是否是腐蚀性环境，合理选用锚索材料。

(6)锚头材料应根据计算的压应力和所处环境的等级来选择。

(7)张拉作业完成后,应及时对锚具和承压板进行级防腐保护。需要调节拉力的锚索承压板和锚具应设防护罩;不需要调节拉力的锚索承压板和锚具应作混凝土封头。

(8)施工注意事项中应说明在施工前和验收时作抗拔试验;检测锚固段长度是否达到设计要求;注浆应注意连续均匀;当地下水有侵蚀性时,应采用抗侵蚀性水泥;锚索的防腐应符合现行规范和规程。特别应注意自由段锚索与锚头交界处的防腐。

8.7 锚杆挡土墙风险识别与防范

锚杆挡土墙是由挡土板、肋柱和锚杆组成的支挡结构,如图 8-26 所示。它依靠锚固在稳定岩土层内锚杆的锚固力平衡土压力。由于需借助稳定岩土体锚固锚杆,铁路工程中的锚杆挡土墙一般设置于路堑地段。

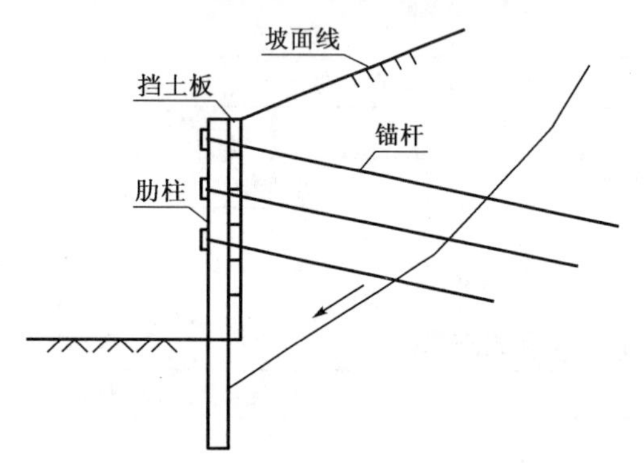

图 8-26 锚杆挡土墙

当采用锚杆挡土墙时,由于自然与环境、技术条件、材料等潜在的风险因素的影响,可能造成开挖时边坡垮塌、顶部锚杆被拔出、锚头失效、锚杆钢筋断裂、立柱横向开裂和断裂、挡土板开裂等破坏。

8.7.1 锚杆挡土墙风险及识别

1)开挖时边坡垮塌风险

锚杆挡土墙开挖时由于自然与环境、技术等方面的原因,产生倾覆风险的风险因素及树状层次分析结构如图 8-27 所示。

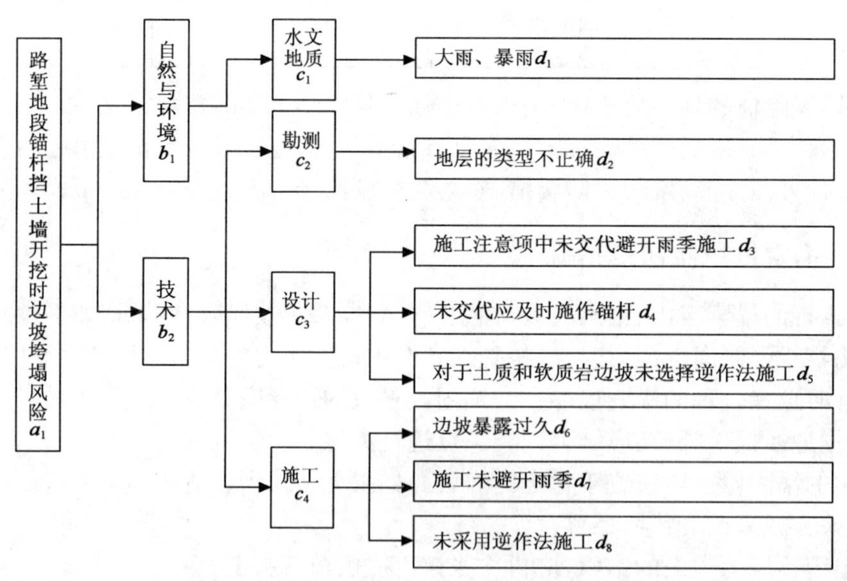

图 8-27 锚杆挡土墙开挖时边坡垮塌风险因素及树状层次分析结构图

采用上述相同的风险分析方法，将各风险因素按其风险值的大小进行排序见表 8-20。

路堑地段锚杆挡土墙开挖时边坡垮塌风险值大小排序表　　表 8-20

风险因素	风险值	排序	风险因素	风险值	排序
大雨、暴雨	0.171	1	地层的类型不正确	0.109	5
未采用逆作法施工	0.162	2	施工注意项中未交代避开雨季施工	0.0987	6
对于土质和软质岩边坡未选择逆作法施工	0.141	3	边坡暴露过久	0.0984	7
未交代应及时施作锚杆	0.123	4	施工未避开雨季	0.0982	8

基于上述风险值的计算分析，提出以下加强风险识别工作的建议意见：

(1)在设计方面，应高度关注未交代应及时施作锚杆、对于土质和软质岩边坡未选择逆作法引起的工程风险。

(2)在施工方面，应高度关注未采用逆作法施工、边坡暴露过久、施工未避开雨季引起的工程风险。

2)顶部锚杆被拔出风险

锚杆挡土墙由于自然与环境、技术、材料等方面的原因产生锚杆被拔除风险，其风险因素及树状层次分析结构如图 8-28 所示。

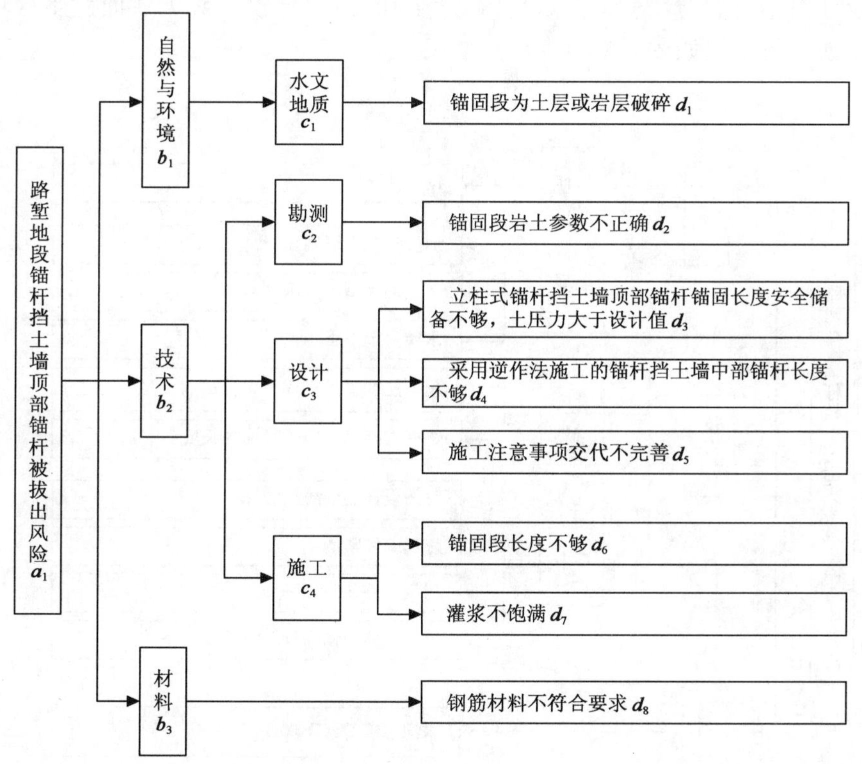

图 8-28　锚杆墙顶部锚杆被拔出风险因素及树状层次分析结构图

采用上述相同的风险分析方法，将各风险因素按其风险值的大小进行排序见表 8-21。

路堑地段锚杆挡土墙顶部锚杆被拔出风险值大小排序表 表 8-21

风险因素	风险值	排序	风险因素	风险值	排序
锚固段为土层或岩层破碎	0.180	1	锚固段岩土参数不正确	0.064	5
钢筋材料不符合要求	0.141	2	立柱式锚杆挡土墙顶部锚杆锚固长度安全储备不够，土压力大于设计值	0.047	6
锚固段长度不够	0.081	3	采用逆作法施工的锚杆挡土墙中部锚杆长度不够	0.031	7
灌浆不饱满	0.065	4	施工注意事项交代不完善	0.015	8

基于上述风险值的计算分析，提出以下加强风险识别工作的建议意见：

(1)在设计方面，应高度关注立柱式锚杆挡土墙顶部锚杆锚固长度安全储备不够、采用逆作法施工的锚杆挡土墙中部锚杆长度不够引起的工程风险。

(2)在施工方面，应高度关注锚固段长度不够、灌浆不饱满引起的工程风险。

3)锚头失效风险

锚杆挡土墙由于自然与环境、技术、材料等方面的原因导致锚头失效而发生破坏，其风险因素及树状层次分析结构如图 8-29 所示。

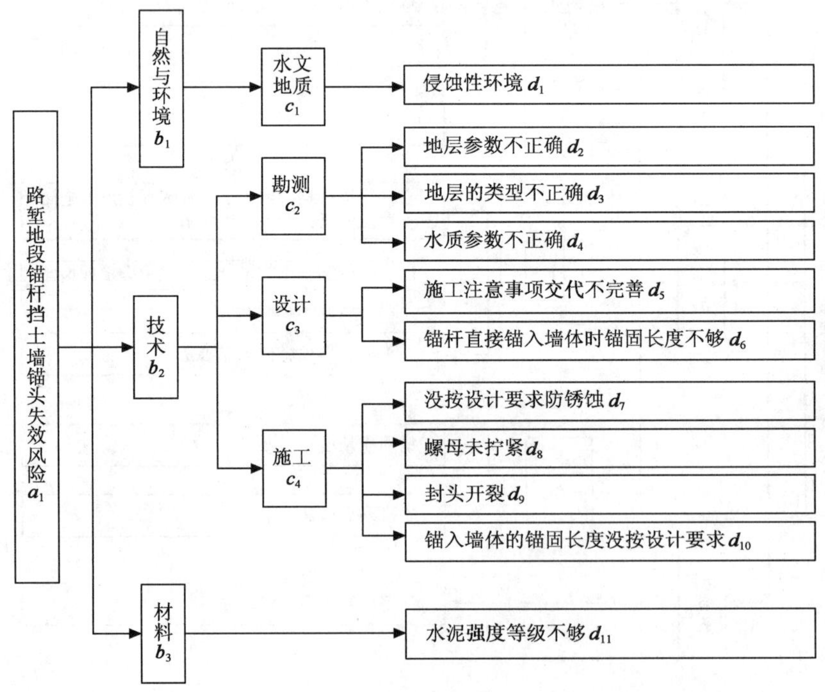

图 8-29 锚杆挡土墙锚头失效风险因素及树状层次分析结构图

采用上述相同的风险分析方法，将各风险因素按其风险值的大小进行排序见表 8-22。

路堑地段锚杆墙锚头失效风险值大小排序表　　表 8-22

风险因素	风险值	排序	风险因素	风险值	排序
封头开裂	0.081	1	地层类型不正确	0.051	7
螺母未拧紧	0.069	2	锚杆直接锚入墙体时锚固长度不够	0.044	8
侵蚀性环境	0.065	3	地层参数不正确	0.041	9
水泥强度等级不够	0.064	4	水质参数不正确	0.039	10
锚入墙体的锚固长度没按设计要求	0.056	5	施工注意事项交代不完善	0.036	11
没按设计要求防锈蚀	0.052	6			

基于上述风险值的计算分析，提出以下加强风险识别工作的建议意见：

(1)在勘察方面，应高度关注地层类型不正确、地层参数不正确引起的工程风险。

(2)在设计方面，应高度关注锚杆直接锚入墙体时锚固长度不够引起的工程风险。

(3)在施工方面，应高度关注封头开裂、螺母未拧紧、锚入墙体的锚固长度没按设计要求、没按设计要求防锈蚀等引起的工程风险。

4)锚杆钢筋断裂风险

锚杆挡土墙由于自然与环境、技术、材料等方面的原因产生锚杆钢筋断裂，其风险因素及树状层次分析结构如图 8-30 所示。

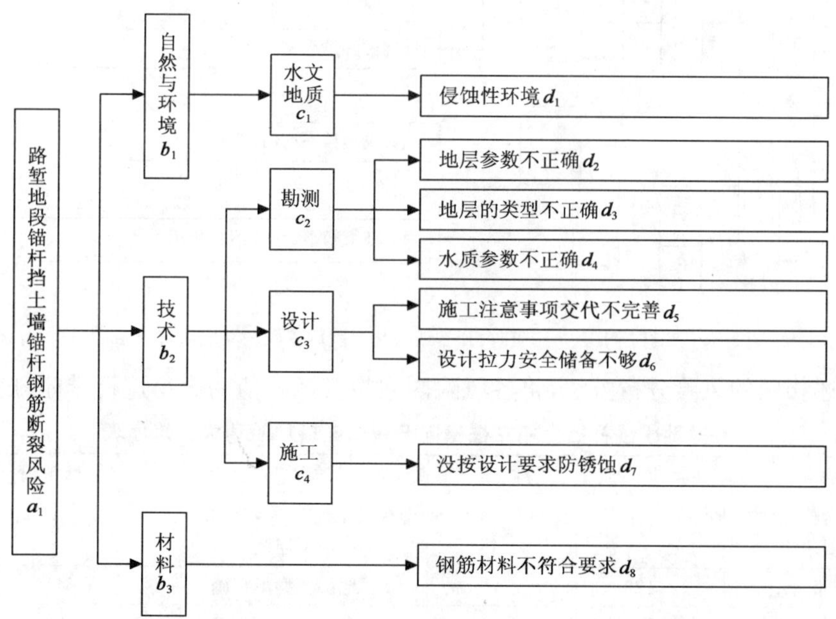

图 8-30　锚杆挡土墙锚杆钢筋断裂风险因素及树状层次分析结构图

将各风险因素按其风险值的大小进行排序见表 8-23。

路堑地段锚杆挡土墙锚杆钢筋断裂风险值大小排序表 表 8-23

风险因素	风险值	排序	风险因素	风险值	排序
没按设计要求防锈蚀	0.139	1	地层类型不正确	0.056	5
侵蚀性环境	0.115	2	施工注意事项不完善	0.055	6
设计拉力安全储备不够	0.083	3	地层参数不正确	0.036	7
钢筋材料不符合要求	0.064	4	水质参数不正确	0.026	8

基于上述风险值的计算分析，提出以下加强风险识别工作的建议意见：

(1)在勘察方面，应高度关注地层类型不正确、地层参数不正确引起的工程风险。

(2)在设计方面，应高度关注设计拉力安全储备不够引起的工程风险。

(3)在施工方面，应高度关注没按设计要求防锈蚀等引起的工程风险。

5)立柱横向开裂或断裂风险

锚杆挡土墙由于自然与环境、技术、材料等方面的原因产生横向开裂或断裂风险，其风险因素及树状层次分析结构如图 8-31 所示。

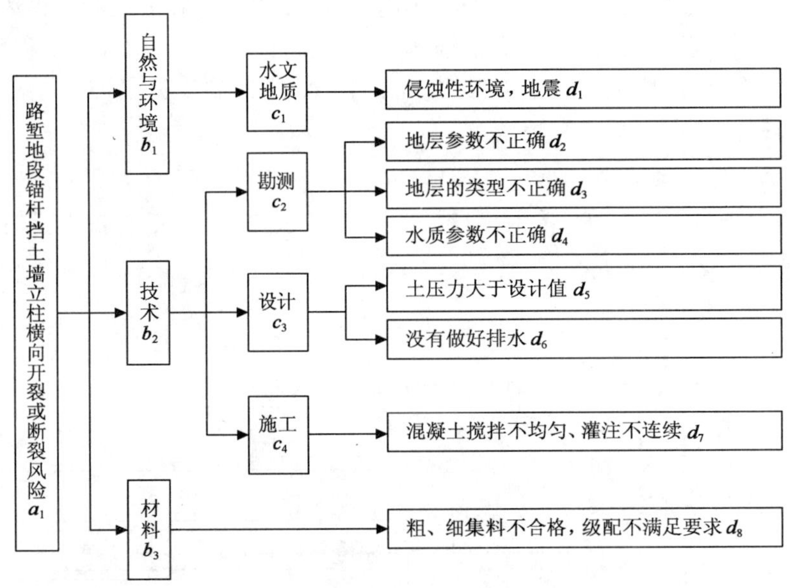

图 8-31 锚杆挡土墙立柱横向、开裂或断裂风险因素及树状层次分析结构图

采用上述相同的风险分析方法，将各风险因素按其风险值的大小进行排序见表 8-24。

路堑地段锚杆挡土墙立柱横向开裂或断裂风险值大小排序表 表 8-24

风险因素	风险值	排序	风险因素	风险值	排序
粗、细集料不合格，级配不满足要求	0.157	1	混凝土搅拌不均匀、灌注不连续	0.094	5
土压力大于设计值	0.122	2	地层类型不正确	0.041	6
没有做好排水	0.108	3	水质参数不正确	0.028	7
侵蚀性环境，地震	0.106	4	地层参数不正确	0.022	8

基于上述风险值的计算分析，提出以下加强风险识别工作的建议意见：

(1)在勘察方面，应高度关注地层类型不正确、地层参数不正确引起的工程风险。

(2)在设计方面，应高度关注土压力大于设计值、没有做好排水设计引起的工程风险。

(3)在施工方面，应高度关注粗、细集料不合格以及混凝土灌注不连续引起的工程风险。

6)挡土板开裂风险

锚杆挡土墙由于自然与环境、技术、材料等方面的原因产生挡土板开裂风险，其风险因素及树状层次分析结构如图 8-32 所示。

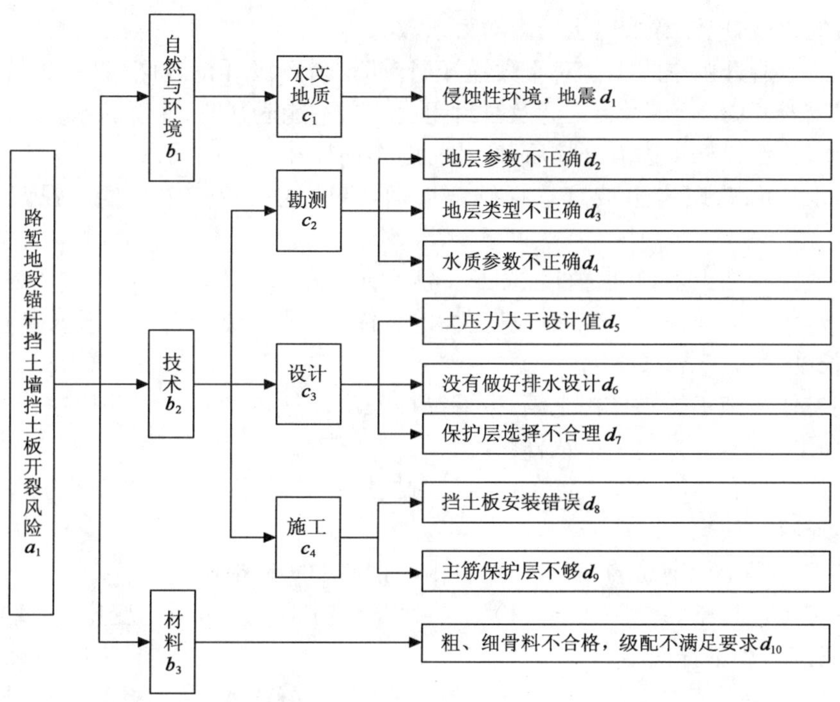

图 8-32　锚杆挡土墙挡土板开裂风险因素及树状层次分析结构图

采用上述相同的风险分析方法，将各风险因素按其风险值的大小进行排序见表 8-25。

路堑地段锚杆挡土墙挡土板开裂风险值大小排序表　　表 8-25

风险因素	风险值	排序	风险因素	风险值	排序
土压力大于设计值	0.090	1	地层类型不正确	0.054	6
没有做好排水	0.084	2	挡土板安装错误	0.052	7
保护层选择不合理	0.082	3	主筋保护层不够	0.050	8
粗、细集料不合格，级配不满足要求	0.068	4	地层参数不正确	0.042	9
侵蚀性环境，地震	0.066	5	水质参数不正确	0.029	10

基于上述风险值的计算分析，提出以下加强风险识别工作的建议意见：

(1)在勘察方面，应高度关注地层类型不正确、地层参数不正确引起的工程风险。

(2)在设计方面,应高度关注土压力大于设计值、没有做好排水设计、保护层选择不合理引起的工程风险。

(3)在施工方面,应高度关注粗、细集料不合格以及挡土板安装错误引起的工程风险。

8.7.2 锚杆挡土墙风险防范措施

针对锚杆挡土墙开挖时发生边坡垮塌、顶部锚杆被拔出、锚头失效锚杆钢筋断裂、挡土板开裂等风险时,应采取如下预防措施。

(1)顶部墙背土压力设计值应有足够的安全储备。注意土压力的计算方式,对于土质边坡、预加应力的边坡,应注意乘以土压力增大系数。

(2)施工注意避开雨季施工。对于大锚杆挡土墙,因每级开挖较高,直立边坡不能及时封闭,应特别强调避开雨季施工,施工后及时封闭边坡。不能避开时,注意防水。

(3)应及时施作锚杆。边坡开挖后,应及时施作锚杆和施作墙面系。

(4)对于土质和软质岩边坡宜选择倾斜坡面,带肋式或板式锚杆墙。强调施工采用逆作法。

(5)立柱式锚杆挡土墙顶部锚杆锚固长度应有足够的安全储备。立柱式锚杆挡土墙不能及时封闭边坡,应考虑破裂面近似库伦破裂面的可能性,顶部锚杆自由段较长,应保证其具有足够的锚固长度。

(6)采用逆作法施工的锚杆挡土墙,中部锚杆长度应适当加长。因采用逆作法施工时,土压应力中心向下移动,会影响中部锚杆长度。

(7)设计拉力应有足够的安全储备。设计时按规范要求应有一定的安全储备。设计中注意交代做现场拉拔试验。

(8)设计中注意交代钢筋的型号,注意自由段钢筋的防锈措施。

(9)加强施工过程中的检测和工后检测,发现岩层有不利于抗拔的变化,应变更设计:增加长度、加大锚孔、减小锚杆间距。

(10)严格执行灌浆工艺,第一次注浆完毕,水泥砂浆凝固收缩后,孔口进行补浆。保证注浆密实,选择质量达标的波纹管或PE套管,锚杆保持居中,必要时提高注浆体标号或采用抗腐性水泥。

(11)锚头应按设计要求进行防腐处理和防水封闭。

(12)注意反滤层和泄水孔的设计,泄水孔排水方向应向下。堑顶天沟,坡面排水设施和侧沟、排水沟形成连贯的排水体系。

(13)螺母应拧紧,及时做封头且水泥等级应满足设计要求。

(14)保护层除了满足计算要求还应满足耐久性要求。除了主筋保护层满足设计要求外,应检查最外层钢筋的保护层是否满足耐久性要求。应特别注意钢筋有弯钩的保护层厚度。

8.8 风险因素敏感性分析

层次分析法主要针对路基工程中普遍的风险因素,采用定性打分并对打分结果定量分析的方法分析风险因素及其产生的后果。如果要进一步对风险源进行细致划分,在工程结构的功能性风险有具体函数描述的情况下，可采用敏感性分析法对影响工程结构功能安全的风险因素进行分析。

下面，以重力式挡土墙为例，采用本书中介绍的单因素敏感性分析法，对影响重力式挡土墙稳定性的主要参数的敏感性进行分析。

8.8.1　基本条件

重力式路堑挡土墙计算简图如图 8-33 所示，墙高 $H=6$m，墙宽 $b=0.75$m，墙胸坡 $1:N_1=1:0.25$，墙背坡 $1:N_2=1:0.25$，斜底控制 $x:1=0.1$；墙身重度为 23kN/m³；墙背岩土：综合内摩擦角 $\phi=45°$，墙背岩土重度 $\gamma=23$kN/m³；基底情况：$[\sigma]=400$kPa，$f=0.4$；边界条件：墙后平台 $W=1.0$m，墙顶刷方坡率 $1:m=1:1.25$。

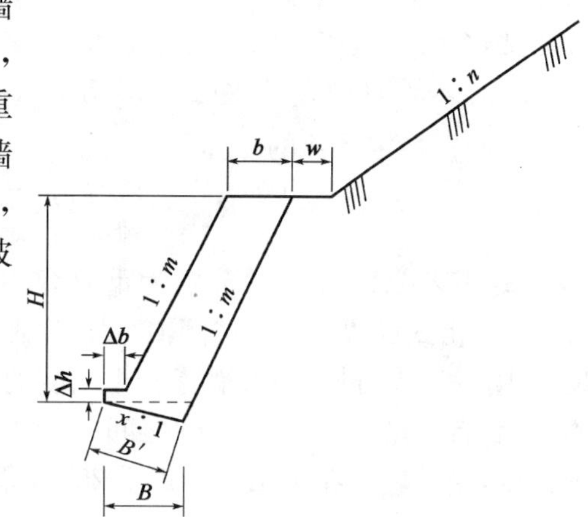

图 8-33　重力式路堑挡土墙计算简图

敏感性分析主要考察指标：

K_0——抗倾覆稳定系数；

K_c——抗滑稳定系数；

σ_1——墙趾处基底应力(kPa)；

σ_2——墙踵处基底应力(kPa)；

e——基底合力偏心距(m)。

采用单因素敏感性分析方法进行分析，检算方程可抽象为：

$$y=f(x_1,x_2,x_3,\cdots,x_n) \tag{8-1}$$

式(8-1)中的影响因素 $x_1,x_2,x_3,\cdots,x_n$，在重力式挡土墙稳定性检算中主要有 γ、ϕ、W、m，分析目标值 y 除反应外部稳定性的 K_0、K_c、e、σ_1、σ_2 外，对稳定性影响的主要来源土压力 E，也作为分析的目标。

8.8.2　各类影响因素敏感性分析

1)各参数对土压力的影响

由图 8-34 可以看出，随着内摩擦角减小，土压力急剧增大，这是因为土体抗剪强度减小的原因。土压力随着墙背岩土重度的增大而增大，这一点通过库伦土压力的计算公式($E_a=\frac{1}{2}\gamma H^2K_a$)很容易看出。不难理解，当挡土墙排水不畅时，将使墙背土体内摩擦角降低，使墙后土体含水率升高，重度增大，最终导致土压力升高，形成安全隐患，因此，设计和施工中需做好地面天沟排水、墙顶隔水层、墙后泄水孔和墙后反滤层等防水排水设施。

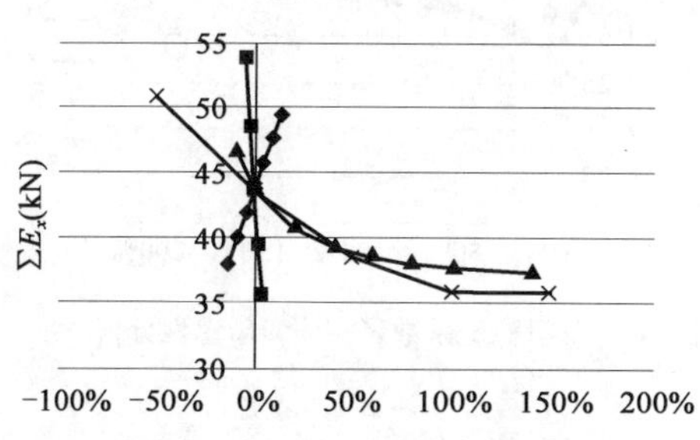

图 8-34　土压力影响因素敏感性分析

在图 8-35 中，从 −50%～50%之间的曲线可以明显看出，刷方坡率在 1∶1.15～1∶1.75 之间时，土压力随着 m 的增大(坡度变缓)而迅速减小，在 1∶1.75～1∶3.00 之间，土压力减小非常缓慢。这说明 m 一直增大土压力将不会有什么变化，但是如果一直减小就会使土压力急剧增大。因此，设计挡土墙时应注意边坡坡率应小于或等于稳定边坡，特别是挡土墙封顶时，应检查自然边坡的坡度是否陡于设计时挡土墙顶以上刷方坡率。

平台宽度在 0.5～2m 之间时，土压力随着宽度的增大而减小，在 2～3m 之间，土压力基本保持不变，这是因为破裂面与平台相交，破裂棱体为定值，继续增加平台宽度对土压力的计算没有影响。所以当墙高一定时，在一定范围内增加平台宽度，对减小土压力是有效的。减小平台宽度，有时会造成土压力突然增大。

2)各参数对倾覆稳定性的影响

抗倾覆稳定系数的计算公式为：

$$K_0=\frac{抗倾覆力矩}{倾覆力矩}=\frac{\sum M_r}{\sum M_0}=\frac{GZ_G+E_yZ_y}{E_xZ_x} \tag{8-2}$$

式中：Z_G、Z_x、Z_y——分别为重力 G、土压力水平分力 E_x、土压力竖向分力 E_y 对墙趾的力臂(m)。由式(8-2)可知，抗倾覆稳定系数与土压力影响因素敏感性分析相比较，趋势基本相反。由图 8-35 可见，随着墙背岩土重度的增大 K_0 明显减小，而随着内摩擦角的增大 K_0 明显增大，平台宽度在 0.5～1.5m 之间时，K_0 随着宽度的增大而增大，在 1.5～2.5m 之间，K_0 基本不变，刷方坡率在 1∶1.15～1∶2.25 之间时，K_0 随着 m 的增大(坡度变缓)而减小，在1∶2.25～1∶3.00 之间，K_0 基本不变。

3)各参数对滑动稳定性的影响

抗滑稳定系数的计算公式为：

$$K_c=\frac{抗滑力}{滑动力}=\frac{N_f}{E_x}=\frac{(G+E_y)f}{E_x} \tag{8-3}$$

抗滑稳定系数与重力、土压力及基底摩擦系数密切相关，与水平土压力 E_x 成反比，因此与土压力影响因素敏感性分析的趋势刚好相反。由图 8-36 可见，随着墙背岩土重度的增大 K_c 明显减小，而随着内摩擦角的增大 K_c 明显增大，平台宽度在 0.5～2m 之间时，K_c 随着宽度的增大而增大，在 2～2.5m 之间，K_c 基本不变，刷方坡率在 1∶1.15～1∶2.25 之间时，K_c 随着 m 的增大(坡度变缓)而增大，在 1∶2.25～1∶3.00 之间，K_c 变化很小。

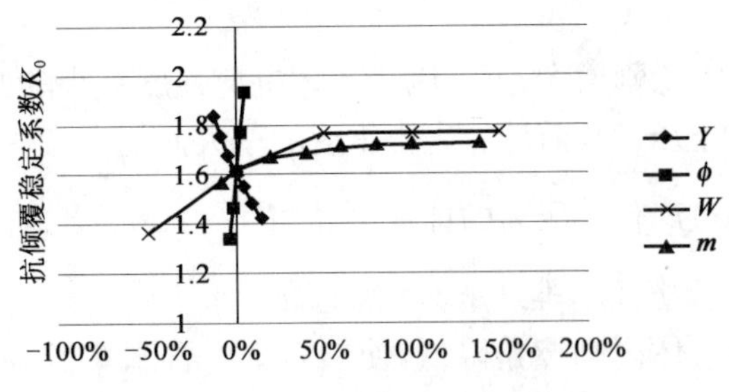

图 8-35 抗倾覆稳定系数影响因素敏感性分析

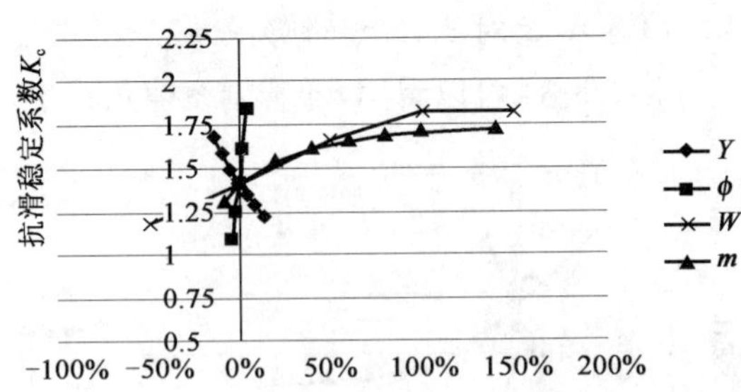

图 8-36 抗滑稳定系数影响因素敏感性分析

4)各参数对基底合力偏心距的影响

由图 8-37 可以看出，偏心距随着岩土重度的增大而增大，随着内摩擦角的增大而减小，这两个参数敏感性较大。平台宽度在 0.5～1.5m 之间时，偏心距随着宽度的增大而减小；在 1.5～

2.5m 时，偏心距基本保持不变。刷方坡率在1∶1.15～1∶2.25 之间时，e 随着 m 的增大（坡度变缓）而减小，在 1∶2.25～1∶3.00 之间，e 变化很小。

5）各参数对墙趾应力的影响

由图 8-38 可以看出，墙趾处基底应力随着岩土重度的增大而增大，随着内摩擦角的增大而减小，这两个参数敏感性较大。平台宽度在 0.5～1.5m 之间时，σ_1 随着宽度的增大而减小；在 1.5～2.5m 时，σ_1 基本保持不变。刷方坡率在 1∶1.15～1∶2.25 之间时，σ_1 随着 m 的增大（坡度缓）而减小，在 1∶2.25～1∶3.00 之间，σ_1 变化很小。

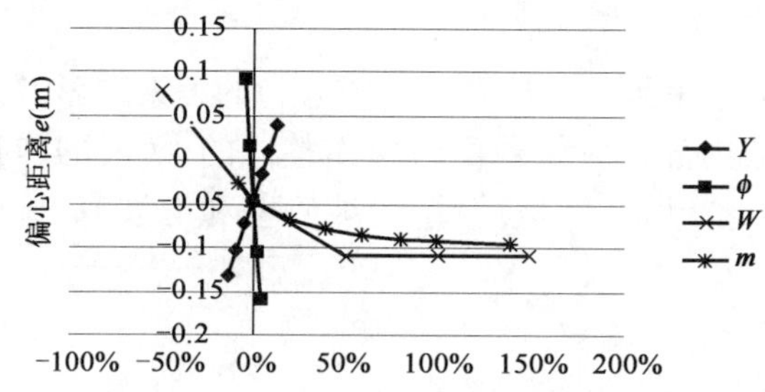

图 8-37　基底合力偏心距影响因素敏感性分析

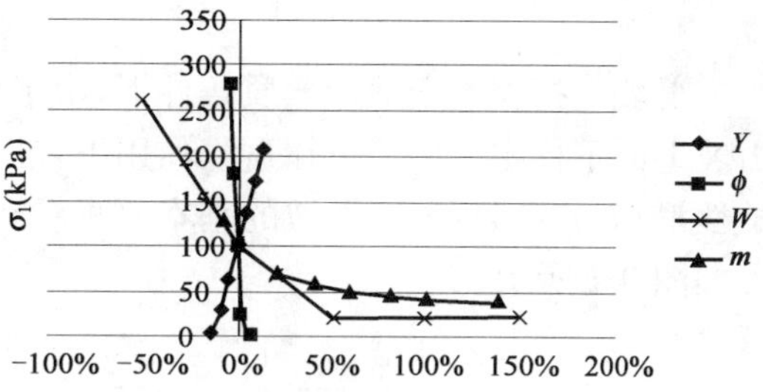

图 8-38　墙趾处基底应力影响因素敏感性分析

6）各参数对墙踵应力的影响

由图 8-39 可以看出，墙踵处基底应力随着岩土重度的增大而增大，随着内摩擦角的增大而减小，这两个参数敏感性较大。平台宽度在 0.5～1.5m 之间时，σ_2 随着宽度的增大而增大；在 1.5～2.5m 时，σ_2 基本保持不变。刷方坡率在 1∶1.15～1∶2.25 之间时，σ_2 随着 m 的增大（坡度缓）而减小，在 1∶2.25～1∶3.00 之间，σ_2 变化很小。

7）各参数对目标函数的影响规律

从图 8-34～图 8-39 的分析可见，目标值对各参数的敏感程度按从大到小的排序依次为内摩擦角、重度、墙顶平台宽度、墙顶刷方坡率。需要说明的是，本文主要开展外因（墙背岩土重度、岩土抗剪强度、墙顶边坡坡率、墙顶平台宽度）对挡土墙稳定性影响的敏感性分析，而挡墙本身尺寸变化对稳定性的影响未作讨论。

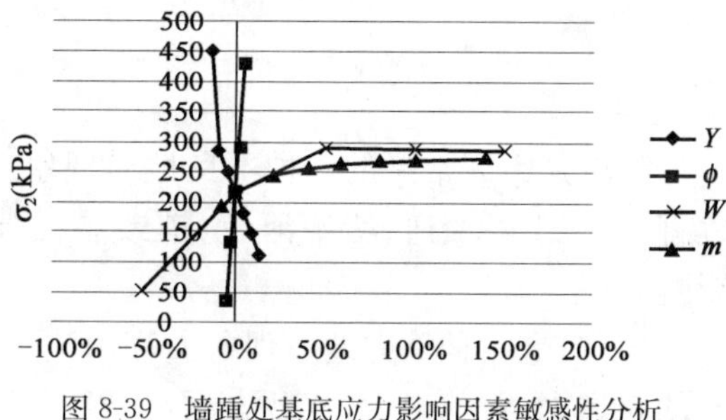

图 8-39　墙踵处基底应力影响因素敏感性分析

第 9 章 滑坡与岩堆地段路基风险识别与防范

滑坡是指在一定地形地质条件下，由于破坏力学平衡的各种自然的或人为的因素的影响，山坡上的不稳定土(岩)体在重力作用下，沿着山坡内部某一软弱面(带)作整体的、缓慢的、间歇性滑动的变形现象。滑坡的基本要素有滑坡体、滑动面、滑坡后壁，滑坡侧壁和滑坡剪出口等如图 9-1 所示。

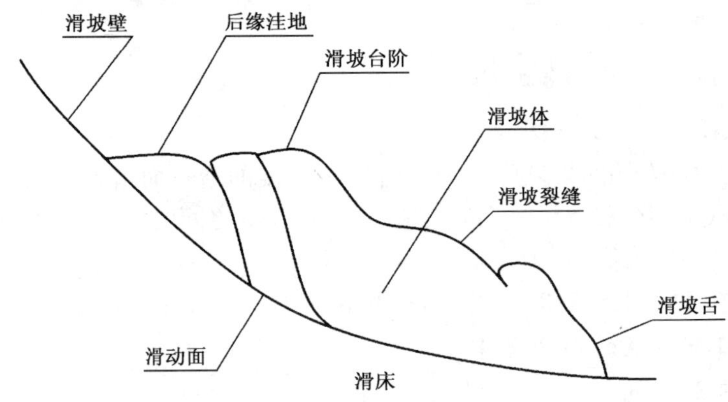

图 9-1 滑坡结构示意图

滑坡是山区常见的一种不良地质现象。山区铁路、公路及其他工程建设，经常会遇到滑坡危害，造成阻断交通、堵塞河流、摧毁各类建筑物、淹没村镇等，造成严重的经济损失和社会影响。

岩堆，是一种重力地质现象。高山陡崖以及峡谷陡壁是形成岩堆的有利地貌条件。由完整的花岗岩、石英岩、石英砂岩、石灰岩等坚硬致密、抗风化强的岩层组成的山坡形成的岩堆较少。由泥质页岩、千枚岩、片岩等软弱易风化的岩层，以及破碎的花岗岩、石灰岩等组成的山坡、坡脚常见有岩堆。由软硬岩互层组成的峡谷，在陡坡坡脚岩堆特别发育，往往成群出现。

岩堆的分类可以按照岩堆物质供给的方式和发展阶段分类。按照岩堆物质供给的不同可以分为崩塌型岩堆、落石型岩堆、碎落型岩堆以及混合型岩堆。按照发展阶段可以分为发展中的岩堆、趋向稳定的岩堆和已经稳定的岩堆。岩堆在雨水等恶劣环境的影响下，极易诱发滑坡。

防范滑坡地段路基风险，基本对策包括选线规避、工程治理和监控。在初期选线时，应尽可能避开容易发生滑坡地段，选择有利位置通过。对于无法绕避的滑坡，要采取稳妥的工程措施进行治理。对难以治理的大型滑坡，通过监测滑坡环境变化，预测滑坡发展趋势，进行滑坡灾害预警。

9.1 影响滑坡发生和发展的主要因素

滑坡的发生和发展是由于各种内、外因素的相互作用所促成，是错综复杂的，也是不断变化的。但在其发生和发展的每一阶段，必有起主导作用的条件和因素存在。形成滑坡的条件和主要影响因素有以下五个方面：

1)地形条件

(1)容易汇集地面水和地下水的山间缓坡地段。

(2)易受水流冲刷和掏蚀的山区河流凹岸地段。

(3)山区高阶地前缘斜坡的坡脚，易受水侵蚀，土的强度被降低的地段。

2)气候条件

(1)在降水量较多，雨季持续时间较长地区的滑坡地段，山坡土体潮湿软化，重度增大，强度减弱，同时使地下水量增多，容易促进滑坡活动。浅层滑坡往往在雨季中十分活跃，中厚层及大型滑坡一般在雨季的中后期产生。

(2)在干旱和半干旱地区的滑坡地段，如为黏土或黏土质地层容易风化干裂，一旦发生暴雨，裂隙充水，就可能发生滑动。

3)地质和水文条件

(1)山坡地层的岩、土具有能浸水和聚水的结构，例如节理发育的破碎岩层、结构松散的残积、坡积和洪积土层，湿胀干裂的黏土层。

(2)山坡地层内有倾向临空面的软弱层面(带)。例如堆积层下伏泥质基岩顶面的风化层，沉积土层或软质岩层内的层理面或软弱土夹层，硬质岩层与下伏软质岩层的接触面，各类岩层中的贯通断裂结构面和裂隙面等。这些倾斜软弱层面及其组合的产状愈有利于向下滑动，则发生滑坡的可能性愈大。

4)水的作用

(1)地面水和地下水进入滑坡体，润湿滑面后，滑带土就被软化。若在土体或岩体的裂隙中充水，则产生静水压力，当裂隙水与地下渗流连通时，又将产生动水压力和上浮力，均能促进滑坡下滑。

(2)当滑坡的前缘为江河、湖、海或水库的岸坡，经常受水流的冲刷和波浪的侵袭，切割滑坡前缘，削弱了滑坡前部的支撑部分，易引起滑动。

(3)地下水的水量增多流速增大时，会加剧对滑带岩土的潜蚀作用，水质变化可能会降低滑带岩土的力学性能，助长滑体下滑。

5)人为作用

(1)在滑坡体的上中部主滑部分增加荷载，或在滑坡体的下部抗滑部分切坡，都可能促进滑坡体下滑。

(2)破坏山坡地表覆盖层及其天然植被，促使滑坡体加速风化，地面水浸入或不适当地向滑坡体排水，都可能促进滑坡活动。

(3)振动作用使山体岩土的结构松散，黏结强度降低，震波水平加速度又可增大滑坡推力，往往易于发生崩塌性滑坡。

滑坡主要风险因素可按地形、气候、地质和水文地质、水的作用和人为作用归类如图9-2所示。

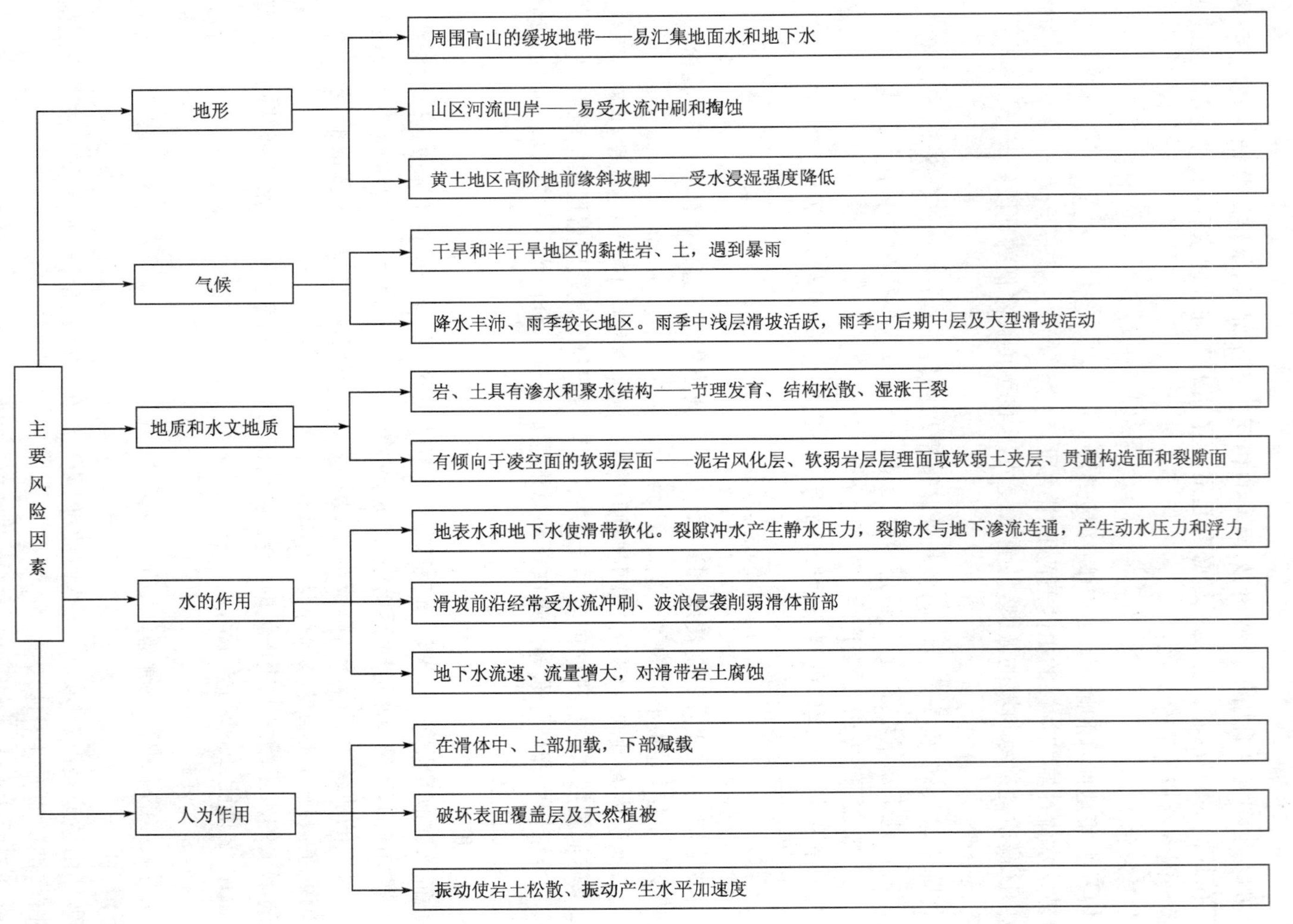

图9-2 滑坡风险因素结构图

9.2　滑坡地段路基风险及识别

滑坡地段路基的主要风险事件包括:路基随滑坡整体滑动、路基下侧边坡滑移和路基上侧边坡滑移,以及支挡结构和加固工程风险。综合运用专家调查法、核对表法、分解分析法等方法,将滑坡地段路基存在的风险事件类型归纳见表9-1。

滑坡地段路基风险　　表9-1

风险部位		风险事件
滑坡地段路基		路基随滑坡整体滑动
		路基下侧边坡滑移
		路基上侧边坡滑移
支挡结构和加固工程	抗滑桩	桩身弯折或被剪断、倾倒
		桩身竖向开裂、横向开裂、倾斜、变形过大
		桩身侧弯
		开挖桩井时孔壁或护壁坍塌
		越顶、“坐船”
		施工期间滑动、滑体土从桩间流出
		开挖桩井时上方堑坡坍塌
	抗滑挡墙	倾覆、剪断
		越顶、“坐船”
	支撑渗沟	埋置于滑面以上引起“坐船”
		出水口排水不畅

9.2.1　滑坡地段路基风险

1)路基随滑坡整体滑动

当滑坡滑动面位于路基本体以下,且路基下滑推力较大时可能出现此类风险事件。应用风险因素分解法将可能引起此类风险事件的风险划分为四类:自然风险、环境风险、技术风险(包括勘测风险、设计风险、施工风险)和材料风险,其中技术风险包括勘测风险、设计风险、施工风险,同时将自然风险、环境风险合并为自然与环境风险。根据风险评价指标体系设置原则将上述识别详细结果归类并建立风险因素及树状层次分析结构图,如图9-3所示。

采用层次分析法结合专家打分法进行风险分析,并将项目可能面临的风险汇总并按照重要性排序见表9-2。

指标层内各风险因素风险值总排序 表 9-2

风险因素	风险值	排序
大雨、暴雨	0.101	1
山坡内部存在软弱面(带)	0.054	2
提供的滑面位置、滑动方向、规模大小不准确	0.051	3
地震	0.05	4
滑带岩土物理力学参数不准确	0.049	5
丰富地下水,各种软弱层面易积水	0.048	6
未找到最不利滑面,或有些可能存在的滑面未检算	0.044	7
支挡结构材料不符合要求	0.042	8
加固工程材料不符合要求	0.042	9
地形:周围为高山的山间缓坡、山区河流凹岸、黄土地区高阶地前沿斜坡脚	0.038	10
抗滑支挡结构未按设计要求施工	0.033	11
排水工程未按设计要求施工	0.028	12
分析不正确,选用的地质参数不准	0.026	13
排水设计不合理	0.019	14
加载区堵塞排水通道	0.018	15
抗滑支挡结构选择不合适	0.018	16

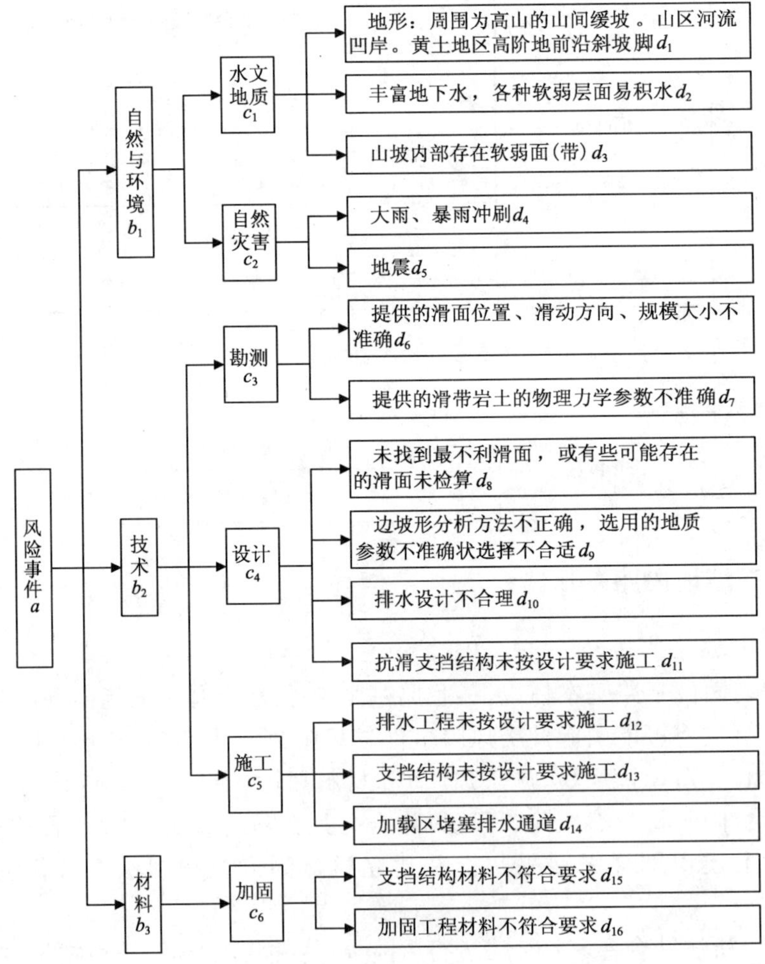

图 9-3 路基随滑坡整体滑动风险因素及树状层次分析结构图

基于上述风险值的计算分析，提出以下加强风险识别工作的建议意见：

(1)在自然方面，应高度关注大雨、暴雨以及地震引起的工程风险。

(2)在环境方面，应高度关注山坡内部存在软弱面(带)、地下水丰富、不利地形条件引起的工程风险。

(3)在勘察方面，应高度关注提供的滑面位置、滑动方向、规模大小不准确引起的工程风险。

(4)在设计方面，应高度关注未找到最不利滑面或有些可能存在的滑面未检算、选用的地质参数不准、排水设计不合理、抗滑支挡结构选择不合适等引起的工程风险。

(5)在施工方面，应高度关抗滑支挡结构未按设计要求施工、排水工程未按设计要求施工、加载区堵塞了排水通道引起的工程风险。

2)路基下侧边坡滑移

当滑坡滑动面位于路基下方侧时，可能因为滑坡而引起路基下侧边坡滑移的风险事件。根据风险评价指标体系设置原则，建立风险因素及树状层次分析结构图如图9-4所示。

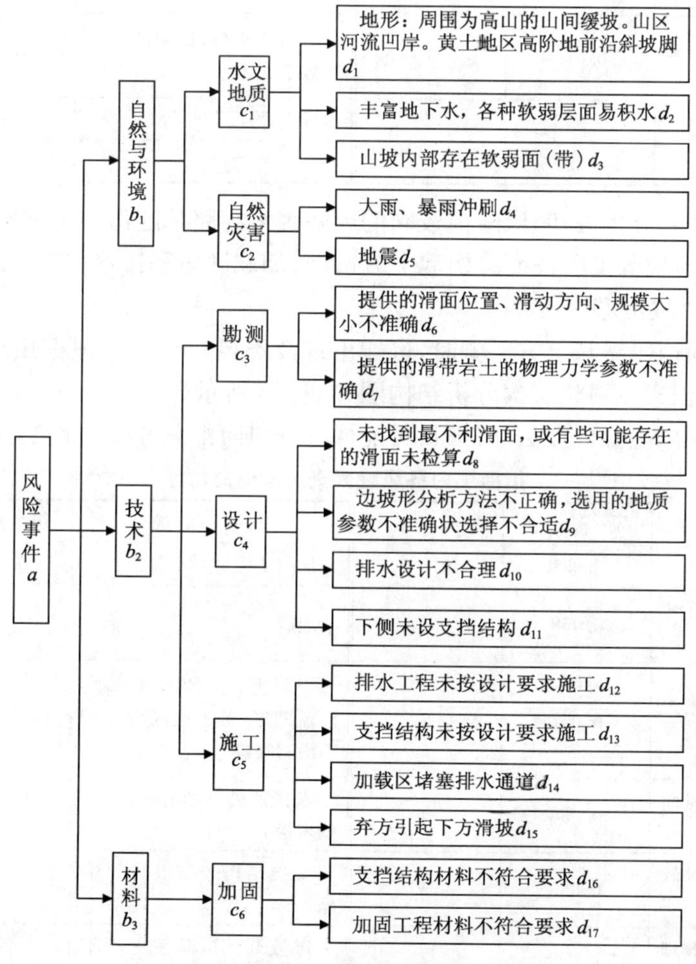

图9-4 路基下侧边坡滑移风险因素及树状层次分析结构图

采用上述相同风险分析方法，将项目可能面临的风险汇总并按照重要性排序见表 9-3。

指标层内各风险因素风险值总排序　　表 9-3

风险因素	风险值	排序	风险因素	风险值	排序
大雨、暴雨	0.100	1	排水工程未按设计要求施工	0.0264	10
提供的滑面位置、滑动方向、规模大小不准确	0.062	2	弃方引起下方滑坡	0.0262	11
山坡内部存在软弱(带)	0.056	3	加载区堵塞排水通道	0.025	12
丰富的地下水，各种软弱层易积水	0.051	4	未找到最不利滑面，或有些可能存在的滑面未算	0.024	13
支挡结构材料不符合要求	0.050	5	支挡结构未按设计要求施工	0.022	14
提供的滑带岩土物理力学参数不准	0.046	6	下侧未设支挡结构	0.021	15
加固工程材料不符合要求	0.040	7	分析不正确，选用的地质参数不准	0.017	16
地震	0.036	8	排水设计不合理	0.016	17
地形风险	0.032	9			

从上述风险因素分析可知，风险值较高的风险因素与路基随滑坡整体滑动风险基本相同，但在施工方面，还应应高度关注弃方引起下方滑坡、加载区堵塞排水通道引起的工程风险。

3)路基上侧边坡滑移

当滑坡滑动面位于路基上方一侧时，可能出现此类风险事件。根据风险评价指标体系设置原则，建立风险因素及树状层次分析结构图如图 9-5 所示。

采用上述相同风险分析方法，将项目可能面临的风险汇总并按照重要性排序见表 9-4。

指标层内各风险因素风险值总排序　　表 9-4

风险因素	风险值	排序	风险因素	风险值	排序
大雨、暴雨	0.091	1	加固工程材料不符合要求	0.0431	7
支挡结构材料不符合要求	0.058	2	地震	0.040	8
滑面位置、方向、规模大小不准确	0.057	3	周围为高山的山间缓坡、河流凹岸，黄土地区高阶地前沿斜坡脚	0.033	9
山坡内部存在软弱面(带)	0.056	4	未找到最不利滑面，或有些未检算	0.024	10
丰富的地下水，各种软弱层易积水	0.053	5	支挡结构未按设计要求施工	0.020	11
提供的滑带岩土的物理力学参数不准确	0.0435	6	边坡开挖减载使上方不稳定	0.019	12

续上表

风险因素	风险值	排序	风险因素	风险值	排序
上侧未设支挡结构或设计不合理	0.0186	13	排水工程未按设计要求施工	0.017	16
在路基上方一侧弃方	0.0183	14	分析不正确，选用的地质参数不准	0.016	17
排水设计不合理	0.0174	15	加载区堵塞排水通道	0.015	18

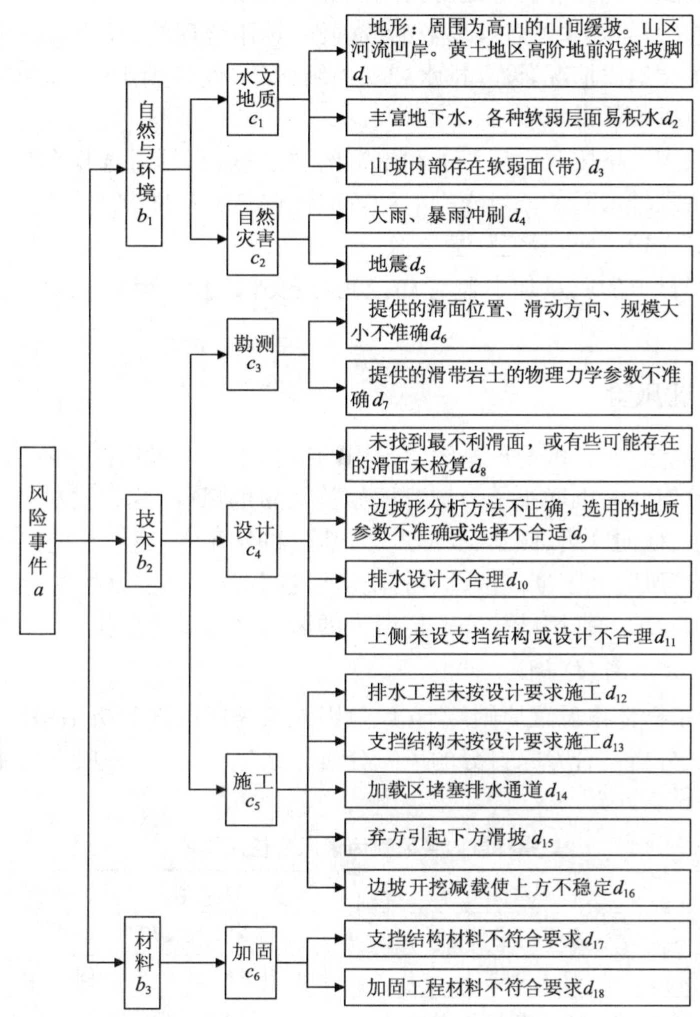

图 9-5　路基上侧边坡滑移风险因素及树状层次分析结构图

从上述风险因素分析可知，风险值较高的风险因素与路基随滑坡整体滑动风险基本相同，但在施工方面，还应高度关注边坡开挖减载使上方不稳定、在路基上方一侧弃方等引起的工程风险。

4)滑坡地段路基风险防范措施

根据以上对滑坡地段路基失稳风险的分析,提出有以下风险防范建议:

(1)针对水文地质灾害,首先应保证地质勘查过程中,选择合适的勘查手段和勘查技术途径,准确全面地确定出工程地点的水文地质情况。对可能出现的水文地质灾害结合铁路等级进行评估论证,尽可能绕避水文地质灾害严重的地区。当绕避有困难或者在经济上显著不合适时,应当视滑坡的规模、路线的等级以及防治费用等条件,综合考虑。

(2)地质勘测是合理设计的前提,如果勘测数据不准确会使设计达不到预期的效果,对资源也是极大的浪费。要认真研究和确定滑坡的类型和发展的阶段,分析滑坡形成的主要因素和次要因素以及彼此之间的关系,确定滑坡的位置和范围。

(3)在设计过程中,需要注意各项参数的准确性,选用合理的地质参数;找到滑坡的最不利滑面,考虑当地的水文地质情况,设立排水和支挡结构物;设计满足安全性的同时还需要有足够的安全储备,避免风险的发生。

(4)在施工中应当严格按照设计要求和施工的要求进行,尽量选择在旱季施工,注意工程的排水通畅,不能堵塞排水通道。对弃方的处置应该避免大量堆砌于路基上方,同时应该减少边坡开挖减载,做好支护工作,避免路基失稳。

(5)应当对工程材料的质量加强监管和控制,避免因为不合格的加固材料使得路基失稳破坏。

9.2.2 抗滑桩风险

治理滑坡的支挡结构中,抗滑桩是经常采用的措施之一。采用抗滑桩加固滑坡时,可以减小滑坡滑坡的风险,但同时也增添了与抗滑桩相关的新的风险,如抗滑桩桩身弯折或被剪断、倾倒,桩身竖向开裂、横向开裂、倾斜、变形过大风险,桩身侧弯风险,开挖桩井时孔壁或护壁坍塌风险,越顶、“坐船”风险施工期间滑动、滑体土从桩间流出风险,开挖桩井时上方堑坡坍塌风险等。下面,对治理滑坡的常用结构——抗滑桩的风险进行系统分析。

1)桩身弯折或被剪断、倾倒

根据风险评价指标体系设置原则,建立风险因素及树状层次分析结构图如图 9-6 所示。

同样,采用层次分析结合专家打分的风险分析方法进行分析,将项目可能面临的风险汇总并按照重要性排序见表 9-5。

指标层内各风险因素风险值总排序 表 9-5

风险因素	风险值	排序	风险因素	风险值	排序
存在多层次滑面	0.163	1	岩土性质有误	0.039	8
大雨、暴雨	0.098	2	桩身材料强度不满足要求	0.024	9
地震	0.068	3	集料级配不满足要求	0.021	10
岩土类别有误	0.052	4	土压力计算模型有问题	0.0153	11
滑面位置不准确	0.051	5	没有按照可能出现的滑面计算剪力	0.0151	12
处于腐蚀性环境中	0.044	6	材料不合格	0.013	13
土石分界线有误	0.043	7	出现新的浅层滑坡	0.012	14

续上表

风险因素	风险值	排　序	风险因素	风险值	排　序
箍筋加密范围不够	0.0097	15	排水措施不够	0.004	20
没有避开雨季施工	0.0094	16	施工注意事项不明	0.0037	21
未按设计施作箍筋	0.0093	17	混凝土搅拌不均匀、灌注不连续	0.0032	22
桩截面尺寸、主筋配置不够	0.008	18	未按设计尺寸施工	0.002	23
没有耐久性要求	0.005	19	排水措施未做好	0.001	24

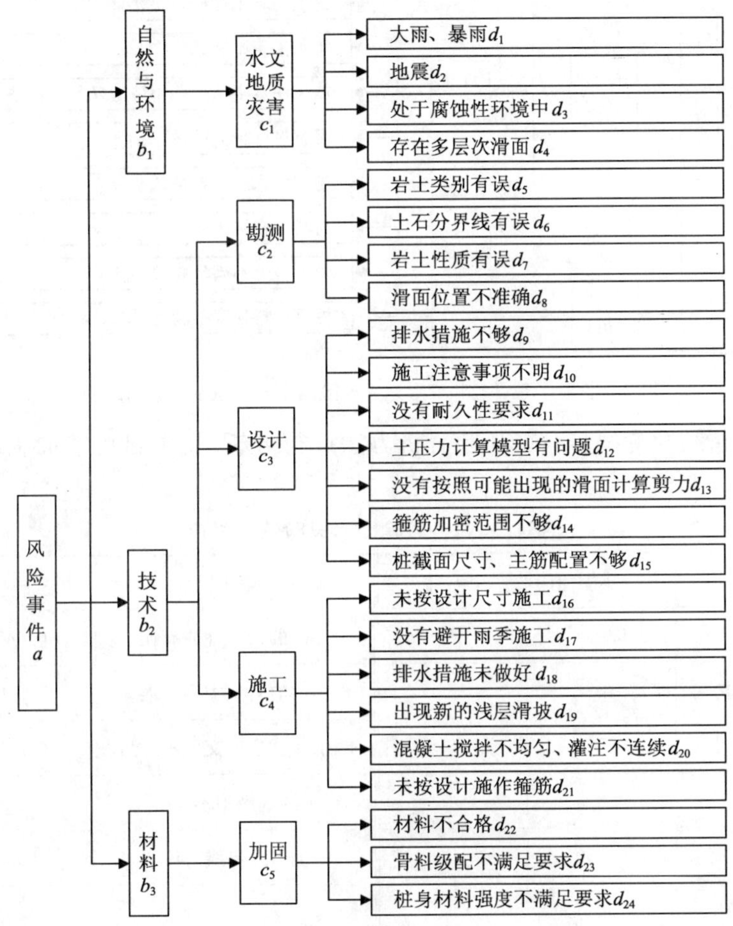

图 9-6　桩身弯折或被剪断、倾倒风险因素及树状层次分析结构图

基于上述风险值的计算分析，提出以下加强风险识别工作的建议意见：

(1)在自然方面，应高度关注大雨、暴雨以及地震引起的工程风险。

(2)在环境方面，应高度关注存在多层次滑面、处于腐蚀性环境引起的工程风险。

(3)在勘察方面，应高度关注没有准确提供滑面位置、土石分界线有误、提供的岩土类别有误引起的工程风险。

(4)在设计方面,应高度关注没有按照可能出现的滑面计算剪力、箍筋加密区范围不够、桩截面尺寸及主筋配置不够等引起的工程风险。

2)桩身开裂、倾斜、变形过大风险

根据风险评价指标体系设置原则,建立风险因素及树状层次分析结构图如图 9-7 所示。

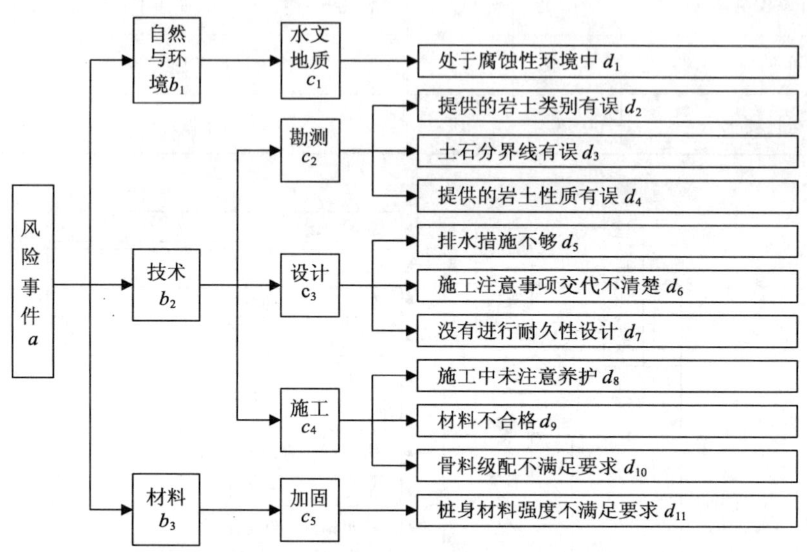

图 9-7 桩身开裂、倾斜、变形过大风险因素及树状层次分析结构图

采用层次分析结合专家打分的风险分析方法进行分析,将项目可能面临的风险汇总并按照重要性排序见表 9-6。

指标层内各风险因素风险值总排序 表 9-6

风险因素	风险值	排序	风险因素	风险值	排序
材料不合格	0.084	1	提供的岩土性质有误	0.041	7
处于腐蚀性环境中	0.077	2	提供的岩土类别有误	0.04	8
集料级配不满足要求	0.063	3	施工注意事项交代不清楚	0.037	9
没有进行耐久性设计	0.053	4	排水措施不够	0.036	10
桩身材料强度不满足要求	0.050	5	土石分界线有误	0.033	11
施工中未注意养护	0.045	6			

从上述风险因素分析可知,风险值较高的风险因素与桩身弯折或被剪断、倾倒风险基本相同,但应高度关注材料不合格、处于腐蚀性环境中、没有进行耐久性设计、桩身材料强度不满足要求等引起的工程风险。

3)桩身侧弯风险

根据风险评价指标体系设置原则,建立风险因素及树状层次分析结构图,如图 9-8 所示。

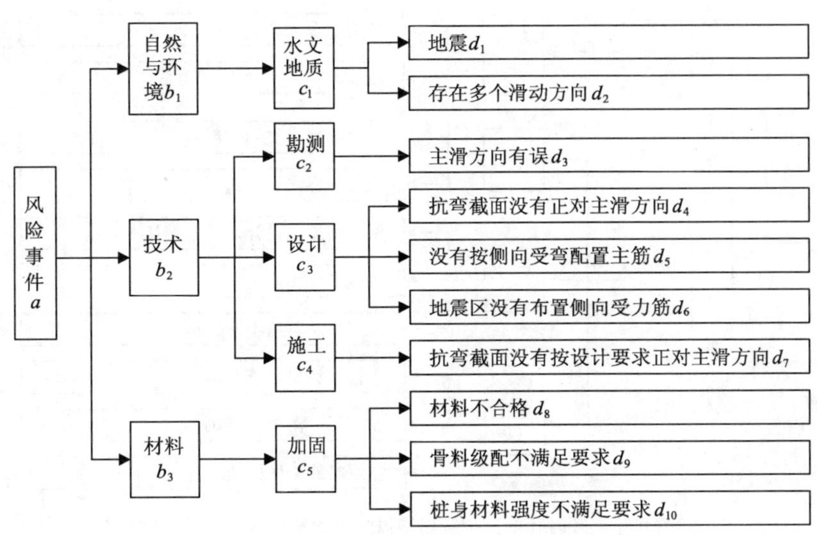

图9-8　桩身侧弯风险因素及树状层次分析结构图

采用层次分析结合专家打分的风险分析方法进行分析，将项目可能面临的风险汇总并按照重要性排序见表9-7。

指标层内各风险因素风险值总排序　　表9-7

风险因素	风险值	排序	风险因素	风险值	排序
存在多个滑动方向	0.161	1	集料级配不满足要求	0.037	6
地震	0.127	2	主滑方向有误	0.036	7
材料不合格	0.054	3	没有按侧向受弯配置主筋	0.025	8
桩身材料强度不满足要求	0.038	4	抗弯截面没有正对主滑方向	0.007	9
地震区没有布置侧向受力筋	0.037	5	抗弯截面没有按设计要求正对主滑方向	0.003	10

基于上述风险值的计算分析，提出以下加强风险识别工作的建议意见：

(1)在自然方面，应高度关注地震引起的工程风险。

(2)在环境方面，应高度关注存在多个滑动方向引起的工程风险。

(3)在设计方面，应高度关注抗弯截面没有正对主滑方向、没有按侧向受弯配置主筋、地震区没有布置侧向受力筋引起的工程风险。

4)开挖桩井时孔壁或护壁坍塌风险

根据风险评价指标体系设置原则，建立风险因素及树状层次分析结构图，如图9-9所示。

采用上述相同风险分析方法，将项目可能面临的风险汇总并按照重要性排序见表9-8。

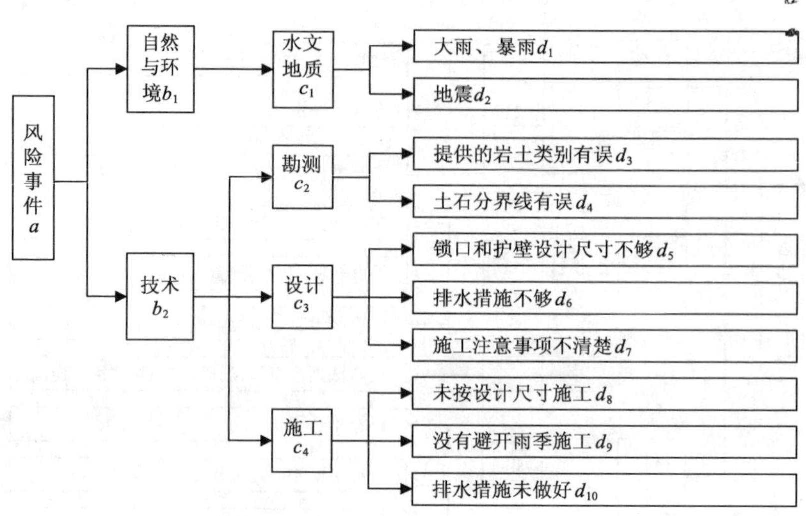

图 9-9　开挖桩井时孔壁或护壁坍塌风险因素及树状层次分析结构图

指标层内各风险因素风险值总排序　　表 9-8

风险因素	风险值	排序	风险因素	风险值	排序
大雨、暴雨	0.143	1	地震	0.051	6
施工注意事项交代不清楚	0.093	2	排水措施未做好	0.047	7
未按设计尺寸施工	0.081	3	提供的岩土类别有误	0.043	8
锁口和护壁设计尺寸不够	0.069	4	土石分界线有误	0.036	9
没有避开雨季施工	0.055	5	排水措施未做好	0.033	10

基于上述风险值的计算分析，提出以下加强风险识别工作的建议意见：

(1)在自然方面，应高度关注大雨、暴雨及地震引起的工程风险。

(2)在勘察方面，应高度关注提供的岩土类别有误引起的工程风险。

(3)在设计方面，应高度关注锁口和护壁设计尺寸不够、排水措施不够引起的工程风险。

(4)在设计方面，应高度关注没有避开雨季施工、未按设计尺寸施工、排水措施未做好引起的工程风险。

5)滑坡越顶、抗滑桩“坐船”风险

根据风险评价指标体系设置原则，建立风险因素及树状层次分析结构图如图 9-10 所示。

采用上述相同风险分析方法，将项目可能面临的风险汇总并按照重要性排序见表 9-9。

指标层内各风险因素风险值总排序　　表 9-9

风险因素	风险值	排序	风险因素	风险值	排序
存在多层次滑面	0.629	1	土石分界线有误	0.571	4
抗滑桩悬臂高度不够	0.614	2	没有准确提供滑面位置	0.557	5
开挖后未及时施作桩身	0.586	3	未检算是否越顶或计算不正确	0.529	6

续上表

风险因素	风险值	排序	风险因素	风险值	排序
开挖桩孔时未隔桩开挖	0.514	7	地震	0.486	10
提供的岩土类别有误	0.500	8	提供的岩土性质有误	0.457	11
大雨、暴雨	0.486	9			

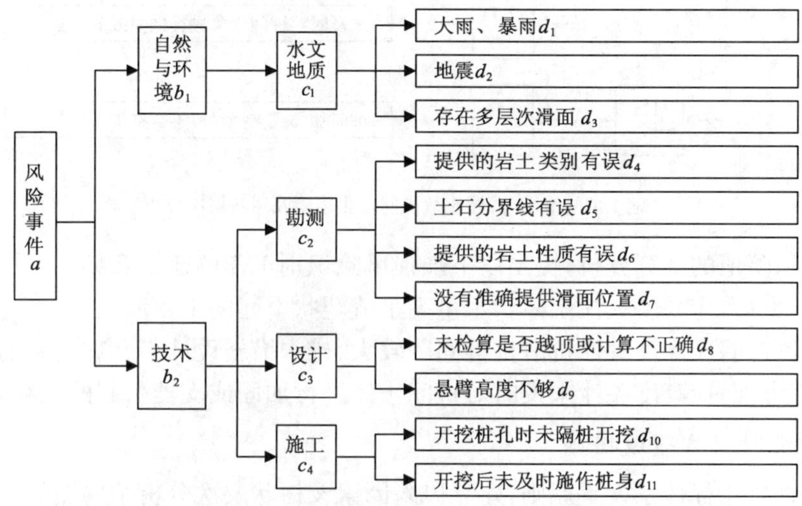

图 9-10　滑坡越顶、抗滑桩"坐船"风险因素及树状层次分析结构图

基于上述风险值的计算分析，提出以下加强风险识别工作的建议意见：

(1)在勘察方面，应高度关注没有准确提供滑面位置引起的工程风险。

(2)在设计方面，应高度关注抗滑桩悬臂高度不够、未检算是否越顶或计算不正确、锁口和护壁设计尺寸不够、排水措施不够引起的工程风险。

6)施工期间滑动、滑体土从桩间流出风险

根据风险评价指标体系设置原则，建立风险因素及树状层次分析结构图如图 9-11 所示。

采用上述相同风险分析方法，将项目可能面临的风险汇总并按照重要性排序见表 9-10。

指标层内各风险因素风险值总排序　　表 9-10

风险因素	风险值	排序	风险因素	风险值	排序
未及时对桩间土体进行加固或支挡	0.117	1	排水措施设计不合理	0.036	4
土体含水量高呈流塑状	0.090	2	抗滑桩桩间距较大	0.017	5
桩间加固或支挡材料不合格	0.070	3	地层描述不准确	0.01	6

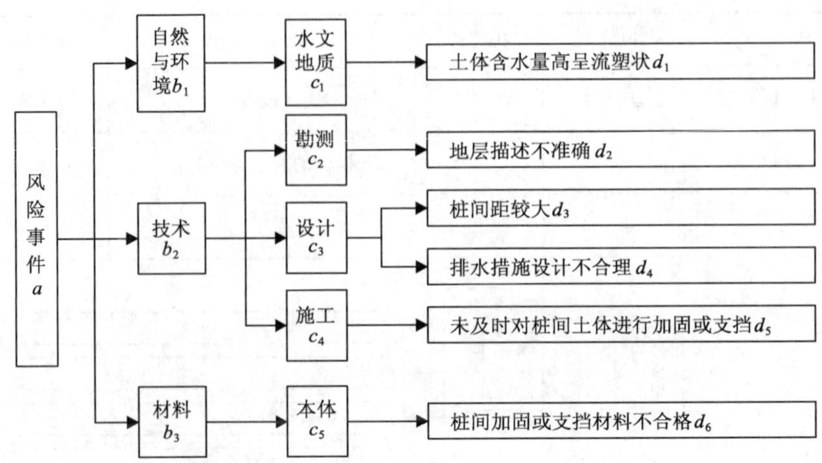

图 9-11 施工期间滑动、滑体土从桩间流出风险及树状层次分析结构图

基于上述风险值的计算分析，提出以下加强风险识别工作的建议意见：

(1)在环境方面，应高度关注土体含水量高呈流塑状引起的工程风险。

(2)在设计方面，应高度关注抗滑桩桩间距较大、排水措施设计不合理引起的工程风险。

(3)在施工方面，应高度关注未及时对桩间土体进行加固或支挡引起的工程风险。

7)开挖桩井时上方堑坡坍塌

根据风险评价指标体系设置原则，建立风险因素及树状层次分析结构图如图 9-12 所示。采用上述相同风险分析方法，将项目可能面临的风险汇总并按照重要性排序见表 9-11。

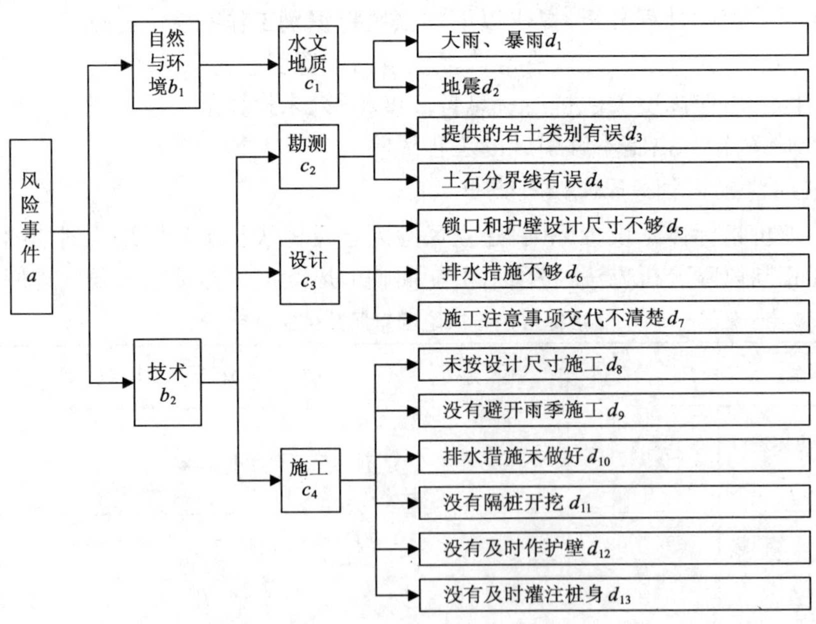

图 9-12 开挖桩井时上方堑坡坍塌风险因素及树状层次分析结构图

指标层内各风险因素风险值总排序

表9-11

风险因素	风险值	排序	风险因素	风险值	排序
大雨、暴雨	0.109	1	未按设计尺寸施工	0.043	8
施工注意事项交代不清楚	0.069	2	排水措施未做好	0.036	9
没有避开雨季施工	0.066	3	地震	0.034	10
没有及时灌注桩身	0.05	4	排水措施不够	0.033	11
没有隔桩开挖	0.0471	5	提供的岩土类别有误	0.030	12
没有及时作护壁	0.047	6	土石分界线有误	0.028	13
锁口和护壁设计尺寸不够	0.046	7			

基于上述风险值的计算分析，提出以下加强风险识别工作的建议意见：

(1)在自然方面，应高度关注大雨、暴雨以及地震引起的工程风险。

(2)在设计方面，应高度关注施工顺序交代不清楚引起的工程风险。

(3)在施工方面，应高度关注没有避开雨季施工、没有及时灌注桩身、没有隔桩开挖引起的工程风险。

8)抗滑桩风险防范措施

根据以上对抗滑桩风险的分析，在抗滑桩设计施工中应可以采取以下措施降低风险。

(1)针对水文地质灾害，首先应保证地质勘查过程中，选择合适的勘查手段和勘查技术途径，准确全面地确定出工程地点的水文地质情况。对可能出现的水文地质灾害结合铁路等级进行评估论证，尽可能绕避滑坡地区。当绕避有困难或者在经济上显著不合适时，应当视滑坡的规模、路线的等级以及防治费用等条件，综合制定治理方案。

(2)地质勘测是合理设计的前提，如果勘测数据不准确会使设计达不到预期的效果，对资源也是极大的浪费。要认真研究和确定滑坡的类型和发展的阶段，分析滑坡形成的主要因素和次要因素以及彼此之间的关系，确定滑坡的位置和范围。

(3)在深层滑坡中采用抗滑桩，抗滑桩尽可能布置在滑坡的抗滑段，桩的悬臂长度应防止滑体从桩顶滑出，锚固段的长度应保证不从桩底产生新的深层滑动。根据滑坡剩余下滑力的大小，可以布置为单排或者多排，当滑坡推力太大，桩身尺寸太大时，可与预应力锚索组成锚索桩。

(4)在设计的过程中，需要注意各项参数的准确性，选用合理的地质参数。找到滑坡的最不利滑面，考虑当地的水文地质情况，设置合理的排水系统和抗滑桩。计算模型应准确，考虑到各种不利条件，选出最不利工况。设计满足安全性的同时还需要有足够的安全储备，避免风险的发生。

(5)在施工中应当严格按照设计要求和施工的要求进行，尽量选择在旱季施工，注意隔桩开挖，及时施作锁口和护壁，及时施作桩身，保证连续灌注。对弃方的处置应该避免大量堆弃于滑坡上方，同时应该避免开挖减载引起新的工程滑坡。

(6)应当对工程材料的质量加强监管和控制，避免因为不合格的加固材料使得滑坡失稳破坏。

9.2.3 抗滑挡土墙风险

浅层滑坡中,有时也采用抗滑挡土墙来抵挡滑坡推力。下面对这种治理滑坡的早期支挡结构所存在的风险进行分析。

1)抗滑挡墙倾覆、剪断风险

根据风险评价指标体系设置原则,建立风险因素及树状层次分析结构图如图 9-13 所示。

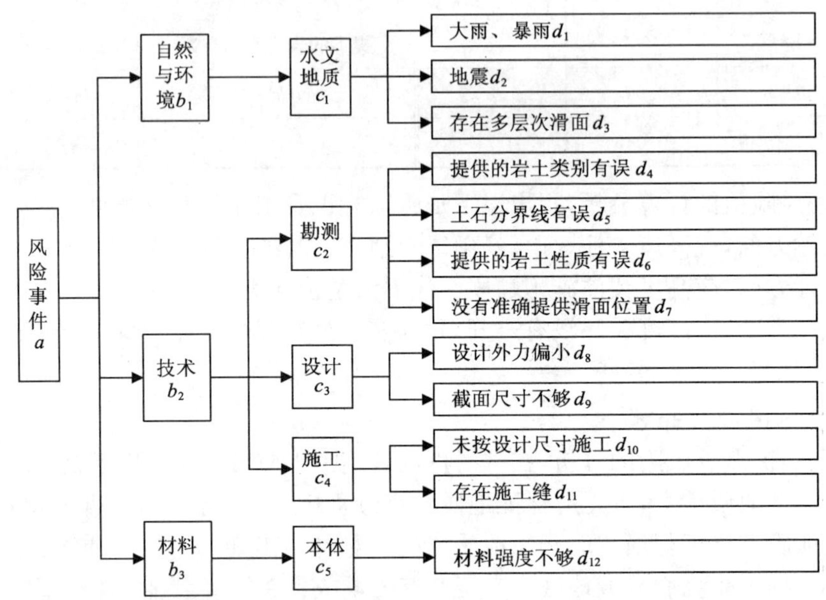

图 9-13 抗滑挡墙倾覆、剪断风险因素及树状层次分析结构图

采用层次分析结合专家打分的上风险分析方法进行分析,将项目可能面临的风险汇总并按照重要性排序见表 9-12。

指标层内各风险因素风险值总排序 表 9-12

风险因素	风险值	排序	风险因素	风险值	排序
材料强度不够	0.101	1	未按设计尺寸施工	0.021	7
存在多层次滑面	0.050	2	存在施工缝	0.018	8
大雨、暴雨	0.041	3	没有准确提供滑面位置	0.016	9
地震	0.035	4	土石分界线有误	0.015	10
设计外力偏小	0.024	5	提供的岩土类别有误	0.014	11
截面尺寸不够	0.022	6	提供的岩土性质有误	0.013	12

基于上述风险因素分析,提出以下风险管理建议意见:

(1)在环境方面,应高度关注存在多层次滑面引起的工程风险。

(2)在勘测方面,应高度关注没有准确提供滑面位置引起的工程风险。

(3)在设计方面,应高度关注设计外力偏小、截面尺寸不够引起的工程风险。

2)滑坡越顶、抗滑挡墙“坐船”风险

根据风险评价指标体系设置原则，建立风险因素及树状层次分析结构图如图9-14所示。

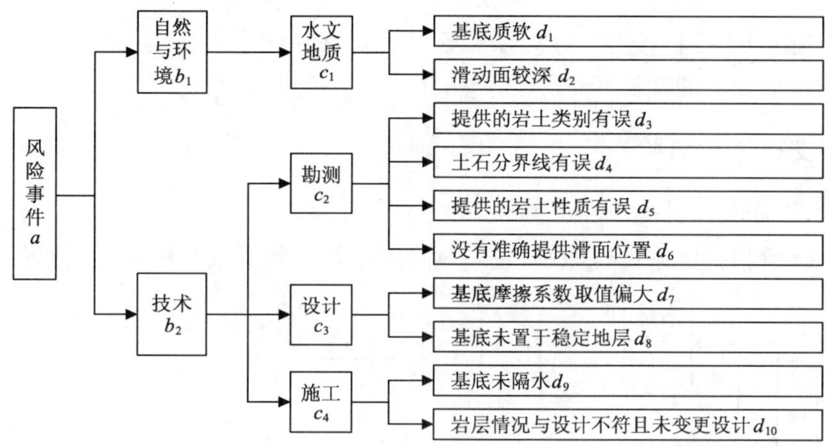

图9-14　滑坡越顶、抗滑挡墙“坐船”风险因素及树状层次分析结构图

采用层次分析结合专家打分的风险分析方法进行分析，将项目可能面临的风险汇总并按照重要性排序见表9-13。

指标层内各风险因素风险值总排序　　表9-13

风险因素	风险值	排序	风险因素	风险值	排序
滑动面较深	0.152	1	基底摩擦系数取值偏大	0.043	6
地层软弱	0.108	2	基底未隔水	0.038	7
没有准确提供滑面位置	0.06	3	土石分界线有误	0.035	8
基础未置于稳定地层	0.045	4	提供的岩土性质有误	0.006	9
岩层情况与设计不符且未变更设计	0.044	5	提供的岩土类别有误	0.005	10

基于上述风险因素分析，提出以下风险管理建议意见：

(1)在环境方面，应高度关注地层软弱、滑动面较深引起的工程风险。

(2)在勘测方面，应高度关注没有准确提供滑面位置引起的工程风险。

(3)在设计方面，应高度关注基础未置于稳定地层、基底摩擦系数取大了引起的工程风险。

3)抗滑挡土墙风险防范措施

根据以上对抗滑挡土墙风险的分析，在抗滑挡土墙设计施工中应可以采取以下措施降低风险。

(1)水文地质灾害是客观存在的，不能根本消除，在设计之前全面的确定出工程地点的水文地质情况。对可能出现的水文地质灾害进行评估，根据评估结果采用排水和支挡结构物等措施治理滑坡。

(2)抗滑挡土墙应该根据滑坡剩余下滑推力和库伦土压力两者之中的大值设计，其高度和基础埋深应该防止滑体从墙顶滑出或者从基底以下土层滑移的可能。

(3)在设计中，应分析可能出现的滑面位置。要注意各项参数的准确性，选用合理的地质参数。

(4)在施工中应当严格按照设计要求和施工的要求进行施工，加强监管力度。注意施工中引起新的工程滑坡的可能性。

9.2.4 支撑渗沟风险

1)埋置于滑面以上引起“坐船”风险

根据风险评价指标体系设置原则，建立风险因素及树状层次分析结构图如图 9-15 所示。

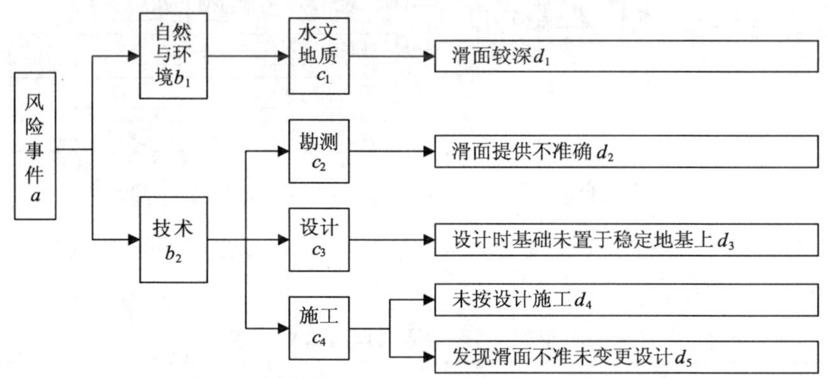

图 9-15 支撑渗沟风险因素及树状层次分析结构图

采用层次分析结合专家打分的风险分析方法进行分析，将项目可能面临的风险汇总并按照重要性排序见表 9-14。

指标层内各风险因素风险值总排序 表 9-14

风险因素	风险值	排序	风险因素	风险值	排序
设计时基础未置于稳定地基上	0.131	1	未按设计施工	0.092	4
滑面较深	0.125	2	发现滑面不准未变更设计	0.077	5
滑面提供不准确	0.110	3			

基于上述风险因素分析，提出以下风险管理建议意见：

(1)在环境方面，应高度关注滑动面较深引起的工程风险。

(2)在勘测方面，应高度关注滑面提供不准确引起的工程风险。

(3)在设计方面，应高度关注基础未置于稳定地层引起的工程风险。

2)滑坡出水口排水不畅风险

根据风险评价指标体系设置原则，建立风险因素及树状层次分析结构图如图 9-16 所示。

采用层次分析结合专家打分的风险分析方法进行分析，将项目可能面临的风险汇总并按照重要性排序见表 9-15。

指标层内各风险因素风险值总排序　　表 9-15

风险因素	风险值	排序	风险因素	风险值	排序
出水口之外排水不顺畅	0.099	1	设计时出水口高程低于下方排水设施或地面	0.083	4
出水口地形较高	0.095	2	渗沟里的填料不渗水	0.081	5
弃方堵塞出水通道	0.093	3	地形图提供不准确	0.075	6

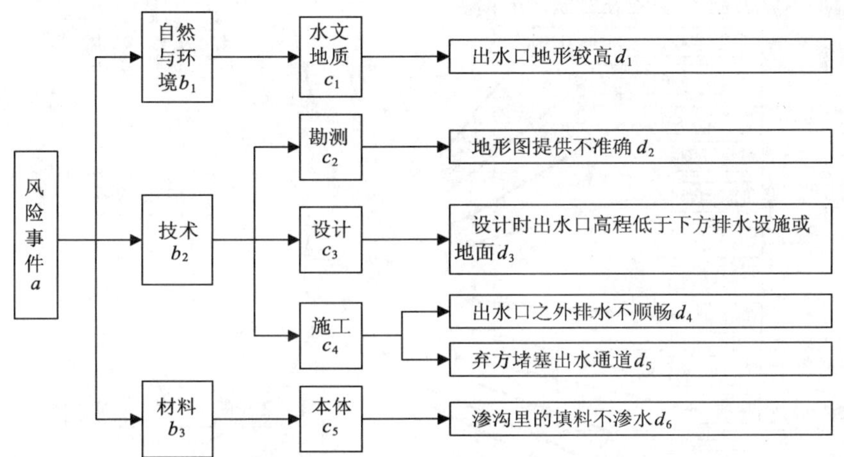

图 9-16　滑坡出水口排水不畅风险因素及树状层次分析结构图

基于上述风险因素分析，提出以下风险管理建议意见：

(1)在环境方面，应高度关注出水口地形较高引起的工程风险。

(2)在勘测方面，应高度关注地形图提供不准确引起的工程风险。

(3)在设计方面，应高度关注设计时出水口高程低于下方排水设施或地面引起的工程风险。

3)支撑渗沟风险防范措施

根据以上对支撑渗沟风险的分析，在支撑渗沟设计施工中应可以采取以下措施降低风险。

(1)设计之前应全面的了解工程地点的水文地质情况。对可能出现的水文地质灾害进行评估，根据评估机构采用排水和支挡结构物等措施治理滑坡。

(2)在浅层滑坡中，可以在滑坡前缘设置支撑渗沟，必要的时候与抗滑支挡结构物结合设置，排除或者疏干滑坡内部的地下水或者浅层滞水，起到支撑滑坡的作用。支撑渗沟沟底应当设置于滑动面以下不小于0.5m。同时做好支撑渗沟的排水。在设计中，对滑坡有影响的自然沟应当进行疏通和防渗处理，以免水流渗入滑体。

(3)在施工中应当严格按照设计要求和施工的要求进行，加强施工检测。

(4)支撑渗沟材料及填料质量的不合格将会给项目的建造质量带来很大隐患，因此不合格的材料坚决不能使用。

9.2.5 滑坡地段路基各风险事件的内在联系

滑坡地段的风险事件并不是孤立的，一个风险事件，有可能是另一个风险事件的风险源。结合上述滑坡地段各风险事件的分析，找出关键的风险和风险发生的途径，建立滑坡地段路基工程风险事件在施工与运营期间的内部联系图如图 9-17 所示，供开展滑坡地段路基风险整治与防范时参考。

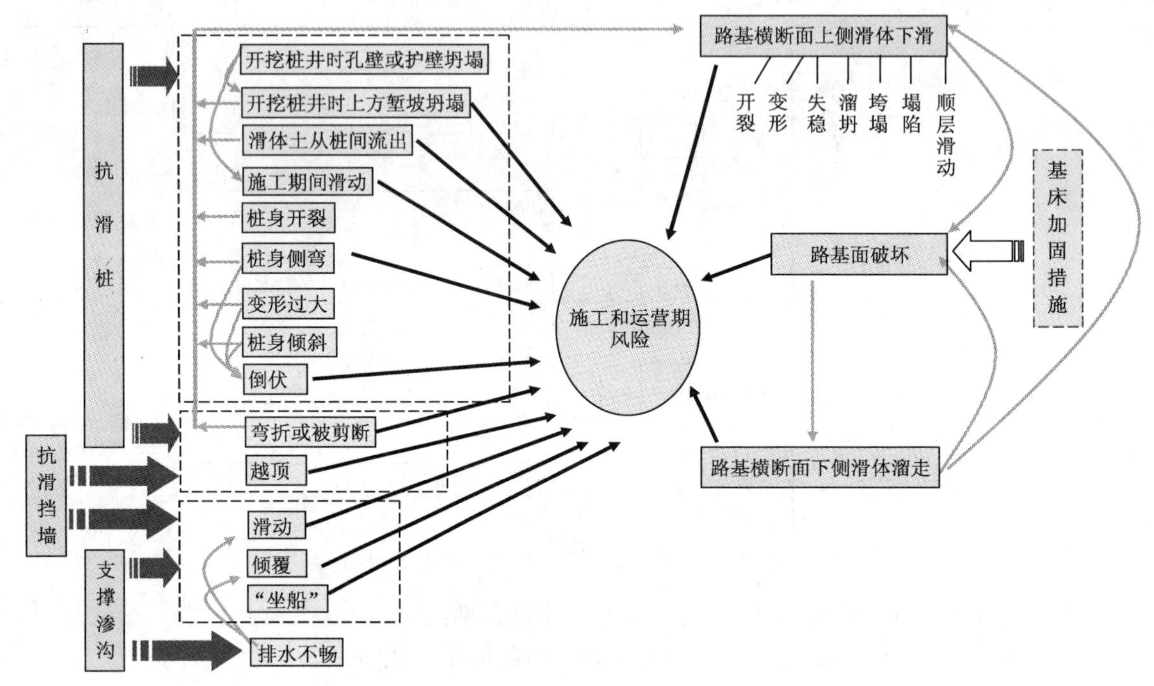

图 9-17　滑坡地段各风险事件的内在联系

9.3 滑坡地段路基风险防范措施

9.3.1 设计阶段风险管理及应对措施

设计阶段是工程建设的一个重要阶段，在工程的风险值里面占有相当大的比重，应该引起我们的重视。应该针对工程在设计方面的关键因素提出合理的预防措施来降低工程的风险值，将风险损失控制在最低限度。

在设计阶段，可以采取下列防治措施：

(1)首先应尽量避免在滑坡地段设置路基，无法避免时，应采取合理的工程措施。

(2)找到滑坡的最不利滑面，并且对各个潜在的滑面进行检算，同时考虑到支挡和排水措施，做出合理的设计，满足安全性的要求，并具有足够的安全储备，以降低风险发生的可能。

(3)需要注意各项参数的准确性，选用合理的参数。

(4)应该注意工程的排水，对滑坡有影响的自然沟应当进行疏通和防渗处理。

滑坡地段路基与支挡结构设计阶段具体风险预防措施见表 9-16～表 9-19。

滑坡地段路基设计阶段对可能出现的风险的预防措施　　表 9-16

风险事件及风险因素		风险防范对策与措施
路基随滑坡整体滑动	未找到最不利滑面，或有些可能存在的滑面未检算	找出潜在滑面，计算出剩余下滑力、库仑土压力，取其最大值作为设计荷载。对于一些不确定的滑面，应对其进行稳定性分析检算
	分析方法不正确，选用的地质参数不准确	地质参数应根据勘测资料、滑面形状合理选用。对于滑坡的稳定性分析，可运用工程地质的各种手段，通过调查、测绘、物探和观测，对滑坡地段的地貌形态演变、地质条件的对比、滑动因素变动的研究分析，再辅以力学平衡检算
	排水设计不合理	地下水丰富的地段根据水的埋藏深度选择明沟、渗沟和渗水隧洞。各种渗沟应注意渗水材料的选择和出水口的设计。各种沟槽应与滑坡周界的排水沟、滑坡坡面的截水沟连成一体
	抗滑支挡结构选择不合适	在滑体舌部或前缘设置支撑渗沟及抗滑支挡或抗滑桩群等，以抵抗整个滑体的滑动
路基横断面下侧滑体溜走	未找到最不利滑面，或有些可能存在的滑面未检算	对路基横断面下方的土体应进行滑面检算，找到最不利滑面，根据出口推力判断是否有滑移可能
	分析方法不正确，选用的地质参数不准确	地质参数根据勘测资料、滑面形状合理选用。分析下方滑体滑动时，应注意上方滑体传递下来的力
	排水设计不合理	地下水丰富的地段根据水的埋藏深度选择明沟、渗沟和渗水隧洞。各种渗沟应注意渗水材料的选择和出水口的设计。各种沟槽应与滑坡周界的排水沟、滑坡坡面的截水沟连成一体
	下侧未设支挡结构	为防止路基下侧滑体溜走，应根据具体情况在滑体下部的适宜位置设置抗滑挡墙或抗滑桩群，抵抗其下滑。支挡结构的设置除了考虑路基的稳定性，还应考虑下方土体失稳时对路基的影响
路基横断面上侧滑体下滑	未找到最不利滑面，或有些可能存在的滑面未检算	上侧可能存在多层滑面，桩身抗倾覆和抗弯及变形采用最不利滑面，抗剪应根据每种滑面的可能性对不利位置进行箍筋设计和验算
	分析方法不正确，选用的地质参数不准确	地质参数根据勘测资料、滑面形状合理选用。对于滑坡的稳定性分析，可运用工程地质的各种手段，通过调查、测绘、物探和观测，对滑坡地段的地貌形态演变、地质条件的对比、滑动因素变动的研究分析，再辅以力学平衡检算。
	排水设计不合理	设计时应注意平坡和反坡地段的侧沟排水，截水沟和天沟应与排水沟连成完整的体系，天沟不能与排水沟相接时，应作吊钩将水引入侧沟。地下水丰富的地段根据水的埋藏深度选择明沟、渗沟和渗水隧洞。各种渗沟应注意渗水材料的选择和出水口的设计
	上侧未设支挡结构或支挡结构设计不合理	为防止路基上侧滑体溜走，应根据具体情况在滑体上部的适宜位置设置抗滑挡墙或抗滑桩群，抵抗其下滑。如果上方传递过来的力太大或上方可能出现多层次的滑坡群，应考虑多级设防

抗滑桩设计阶段对可能出现的风险的预防措施　　表9-17

风险事件及风险因素		风险防范对策与措施
开挖桩井时孔壁或护壁坍塌	锁口和护壁设计尺寸不够	锁口和孔壁的设计应根据土质类别和参数考虑是套用标准图还是进行个别设计
	排水措施不够	注意交代施工期间的防排水问题
	注意事项交代不清楚	施工注意事项中对桩井开挖方式，缩口、护壁的设置以及发现孔壁软弱时的应对措施要交代清楚
开挖桩井时上方坍塌	锁口和护壁设计尺寸不够	锁口和孔壁的设计应根据土质类别和参数考虑是套用标准图还是进行个别设计
	排水措施不够	注意交代施工期间的防排水问题
	注意事项交代不清楚	应注意交代隔桩开挖，山体有滑动迹象应如何处理等问题
桩身竖向开裂	排水措施不够	注意坡面排水，墙顶隔水，墙后反滤层的设置，泄水孔的排水方向
	注意事项交代不清楚	施工注意事项中对现场浇筑、施工配料、养护、排水等进行交代
	没有进行耐久性设计	除了对混凝土等级、保护层厚度等常规问题注意外，对需要进行耐久性设计的环境和材料，应进行耐久性设计
桩身横向开裂或断裂、弯折或被剪断	排水措施不够	注意坡面排水，墙顶隔水，墙后反滤层的设置，泄水孔的排水方向
	注意事项交代不清楚	对锚固段位置和箍筋加密位置、现场浇筑的要求等进行交代
	没有进行耐久性设计	除了对混凝土等级、保护层厚度等常规问题注意外，对需要进行耐久性设计的环境和材料，应进行耐久性设计
	土压力计算模型有问题	土压力计算应考虑滑面位置、锚固点位置，是否采用库伦土压力，桩上是否有锚索，是否有水位等多方面因素
	没有按照可能出现滑面计算剪力	设计中应分析出现多层滑面的可能性，按最不利可能布置钢筋
	箍筋加密区范围不够	应注意软弱层面、锚固点附近、地面附近以及桩身截面变化点附近箍筋的加密
桩身侧弯	桩截面尺寸、主筋配置不够	设计时应控制主筋布置排数，不能为了减小截面布置太多的排数。主筋要注意截断点位置、最小配筋率
	没有按侧向受弯配置主筋	滑坡主滑方向的滑坡推力将使桩身承受较大弯矩，当主滑方向不明确时，注意布置侧向受弯钢筋
	地震区没有布置侧向受力筋	地震区除在主滑方向布置主筋外，应考虑两侧按地震力布置主筋
桩身倾斜或倾覆	排水措施不够	注意坡面排水，墙顶隔水，墙后反滤层的设置，泄水孔的排水方向
	施工注意事项没有交代清楚	施工注意事项中对锚固段位置、排水、弃方堆放、发现地层有变化时的处理等问题的交代
	土压力计算模型有问题	土压力计算应考虑滑面位置、锚固点位置，是否采用库伦土压力，桩上是否有锚索，是否有水位等多方面因素
	截面尺寸、主筋配置不够	设计时应控制主筋布置排数，不能为了减小截面布置太多的排数。主筋要注意截断点位置，最小配筋率
	锚固长度不足	锚固段计算长度除满足计算和构造要求外，还应结合实际经验，土层锚固时，锚固段长度不宜小于悬臂长度；岩层锚固时，锚固段长度不宜小于悬臂长度的一半

续上表

风险事件及风险因素		风险防范对策与措施
滑体土从桩间流出	桩间距较大	对于土压力较大，岩层较软或较破碎的地段应选择较小的桩间距
	排水措施设计不合理	注意桩顶以上的坡面排水和堑顶天沟排水
变形过大、倾倒	锚固长度不足	锚固段计算长度除满足计算和构造要求外，还应结合实际经验，土层锚固时，锚固段长度不宜小于悬臂长度；岩层锚固时，锚固段长度不宜小于悬臂长度的一半。锚固段计算还应注意锚固点和桩的变化是否达到要求
	桩身截面偏小	为了控制变形，除了有足够的锚固深度外，还应有足够的桩身尺寸，钢筋用量的增加对变形控制的作用不大
越顶、施工期间滑动	未检算是否越顶或计算不正确	计算要选用合理的计算模型，正确的计算公式；对于越顶风险，设计时应注意检算
	悬臂长度不够	注意悬臂不要超过规范要求，悬臂长度应能保证桩顶土体不越顶、桩不产生滑动

抗滑挡墙设计阶段对可能出现的风险的预防措施　　表 9-18

风险事件及风险因素		风险防范对策与措施
滑动、"坐船"	摩擦系数取值偏大	个别设计时应根据基底所处地层选择基底摩擦系数。若基底无法达到设计需要的摩擦系数，应进行基底加固处理
	基底未置于稳定地层	挡墙的基础应埋入完整岩层内不小于 0.5m，或稳定坚实土层内不小于 2m，若基础以下土质较弱，设置挡墙后滑体受阻而滑面可能改变而自基础以下滑出时，还应求算合理的基础埋深
倾覆、剪断	设计外力偏小	注意选择计算公式、岩土参数
	截面尺寸不够	墙身尺寸必须满足滑坡推力作用下的各项验算，若尺寸太大不合理应考虑其他支挡措施
越顶	墙高不够	墙高应能保证所有可能的滑面不产生越顶、滑动或加固墙顶坡面，使之不产生越顶、滑动

支撑渗沟设计阶段对可能出现的风险的预防措施　　表 9-19

风险事件及风险因素		风险防范对策与措施
"坐船"	设计时基础未置于稳定地基上	渗沟基底必须埋置在可能的滑动面以下的稳定地层内不浅于 0.5m，若地基软弱无法满足设计要求，应预先对地基进行加固
出水口排水不畅	设计时出水口高程低于下方排水设施或地面	渗沟的深度应从底部一直做到滑体表面，其出水口可在挡墙下部设置若干泄水孔将集引的地下水排入墙外的排水沟内，出水高不应低于下方排水设施或地面高

9.3.2　施工阶段风险管理和应对措施

在工程建设风险中，施工占有相当大的比重，很大程度影响到了工程的风险等级。为了降低工程风险，针对工程在施工中涉及的关键风险因素提出合理可行的预防措施来降低工程风险，将可能的风险损失控制在最低限度。

在施工阶段，可以采取下列的防治措施：

(1)应当严格按照设计要求和施工的要求进行施工。

(2)加强对支挡结构的质量控制，加强管理，严把质量关，保证支挡结构满足设计要求。

(3)注意工程的截水和排水，不能堵塞排水通道。滑坡周边排水沟，坡面截水沟应疏通，地形与设计有出入时，应顺地面走势理顺沟底高程。

(4)对弃方的处置应避免堆砌于路基上方，同时应尽量减少边坡坡脚开挖，做好支挡工作，避免路基失稳。

(5)滑坡地段路基适宜在旱季集中快速施工，挡墙施工中，应当及时浇筑墙身，抗滑桩施工中，要做到隔桩开挖，及时做好护壁支护工作，及时灌注桩身。

(6)密切关注施工过程中出现的情况，如果与设计的前提条件不同，比如有新的断层，土质情况有差异，要及时与设计人员沟通，变更设计。

滑坡地段路基与支挡结构施工阶段风险管理与应对措施见表9-20～表9-23。

滑坡地段路基施工阶段风险的管理和应对措施 表9-20

风险事件及风险因素		风险防范对策与措施
路基随滑坡整体滑动	排水工程未按设计要求施工	严格按照设计要求施作排水设施，滑坡周边的排水沟应顺地势设置，出口不要漫流，应和主体的排水沟连通引入涵洞，中部截水沟不要漏设
	抗滑支挡结构未按设计要求施工	支挡结构的施作应按设计中的施工流程，如先桩后墙，桩井隔桩开挖及时施作护壁及锁口等
	加载区堵塞排水通道	若设计采用阻滑区域加载的措施应注意排水结构的贯通，必要时可改变排水沟的位置，但一定要保证排水通畅
路基横断面下侧滑体溜走	排水工程未按设计要求施工	路堤地段排水出口应引入桥涵防止漫流渗入下侧土体引起滑坡
	支挡结构未按设计要求施工	桩井注意隔桩开挖，及时施作桩身
	加载区堵塞排水通道	设计采用阻滑区域加载的措施应注意排水结构的贯通，必要时可改变排水沟的位置，但一定要保证排水通畅
	弃方引起下方滑坡	弃方应注意下方滑体是否为阻滑带，尽量远离潜在滑体，避免带来不必要的风险
路基横断面上侧滑体下滑	排水工程未按设计要求施工	严格按照设计要求施工滑坡周边排水沟、中部截水沟，注意天沟不能漏设，而且要将水引入排水沟中
	支挡结构未按设计要求施工	桩井注意隔桩开挖，桩开挖一级，护壁就施作一级，桩身要及时施作，注意连续浇灌，桩间土体及时用混凝土墙挡土墙或土钉墙封闭
	加载区堵塞了排水通道	不要在上方加载，下方加载注意排水系统
	弃方处于路基上方	严禁弃方堆积在路基上方，以免荷载过大造成路基上方滑体失稳
	边坡开挖减载使上方不稳定	边坡开挖严格按照设计要求，注意观察减载边坡的稳定性

抗滑桩施工阶段风险的管理和应对措施　　表 9-21

风险事件及风险因素		风险防范对策与措施
开挖桩井时孔壁或护壁坍塌	未按设计尺寸施工	严格按照设计尺寸施工，禁止偷工减料
	没有避开雨季施工	尽量避开雨季。不能避开时，注意防止井口进水
	排水措施未做好	为保证不塌孔，钻进时放入套管直至孔底，洗孔前将套管提升至地下水位附近。注意防止井口进水
开挖桩井时上方堑坡坍塌	未按设计尺寸施工	严格按照设计尺寸施工，进口不能起挖太多
	没有避开雨季施工	尽量避开雨季。不能避开时，注意防止井口进水
	排水措施未做好	钻孔钻至滑带前，停钻进行抽水洗孔，保证排水通畅，不使细粒土淤塞过滤层及下伏强透水层
	没有隔桩开挖	按设计要求隔桩开挖，同时注意岩层顺层或滑带处的变形
	没有及时作护壁	按设计要求开挖桩孔，开挖后应及时施作护壁
	没有及时灌注桩身	桩孔挖成后及时施工桩身。尤其是在雨季快到来时
桩身竖向开裂	施工中未注意养护	严格按照施工工艺进行施工、养护
桩身横向开裂或断裂、弯折或被剪断	未按设计尺寸施工	严格按照设计尺寸施工，不得随意更改设计，禁止偷工减料
	没有避开雨季施工	尽量避开雨季。不能避开时，注意防止井口进水
	排水措施未做好	滑坡周边的排水和坡面排水体系应贯通、顺畅。坡体内有水应想办法引出，疏干滑体
	出现新的浅层滑坡	桩顶以上若有滑动迹象，应及时采取措施：清除、坡面支护、升高悬臂等
	混凝土搅拌不均匀、灌注不连续	严格按施工工序施工。特别注意不要在锚固点附近、滑面附近、地面附近、软弱面范围及变截面处留下施工缝
	未按设计施作箍筋	在岩层分界面、地面、锚固点附近，按设计要求加密箍筋。钢筋接头较密集的地方，加密箍筋
桩身侧弯	抗弯截面没有按设计要求正对主滑方向	严格把好施工质量关，确保抗弯截面正对主滑方向，防止桩身侧弯
桩身倾斜或倾覆	未按设计尺寸施工	严格按照设计尺寸施工，不得随意更改设计，禁止偷工减料
	没有避开雨季施工	尽量避开雨季。不能避开时，注意防止井口进水
	排水措施未做好	滑坡周边的排水和坡面排水体系应贯通、顺畅。坡体内有水应想办法引出，疏干滑体
	出现新的深层滑坡	桩顶以上若有滑动迹象，应及时采取措施：清除、坡面支护、升高悬臂等
滑体土从桩间流出	未及时对桩间土体进行加固或支挡	桩间土体按要求开挖后，及时施作桩间结构物以支撑桩间土体
变形过大、倾倒	发现锚固段岩层与设计不符且未变更设计	一旦发现锚固段岩层与设计不符，特别是锚固点下移，应及时变更设计
越顶、施工期间滑动	开挖桩孔时未隔桩开挖	按设计要求隔桩开挖，并及时施作主体结构
	开挖后未及时施作桩身	桩孔挖成后及时施工桩身，尤其是在雨季快到来时

抗滑挡墙施工阶段风险的管理和应对措施 表 9-22

风险事件及风险因素		风险防范对策与措施
滑动"坐船"	基底未隔水	基底隔水层不能省略，一般为混凝土或黏土
	岩层情况与设计不符未变更设计	若发现岩层深埋，挡墙基底不能触底，应加大挡墙埋深，若滑面太深则先考虑加固地基式改变设计的措施
倾覆、剪断	未按设计尺寸施工	严格按照设计施工，严禁偷工减料。除施工中进行质量控制外，必要时，工后进行无损检测
	存在施工缝	墙身连续浇筑，不留施工缝。后一次和前一次浇筑注意连接
越顶	未及时浇筑墙身	开挖后及时施工挡墙，尤其是在雨季快到来时

支撑渗沟施工阶段风险的管理和应对措施 表 9-23

风险事件及风险因素		风险防范对策与措施
"坐船"	未按设计施工	严格按照设计施工，严禁偷工减料。沟底一定要嵌入滑面以下稳定岩土层
	滑面不准未变更设计	埋深下移应变更渗沟尺寸使基底不至于"坐船"
出水口排水不畅	出水口之外排水不顺畅	出水口之外的堑顶天沟，坡面排水设施和侧沟、排水沟形成连贯的排水体系
	弃方堵塞出水通道	弃方尽量远离出水口，以免拥堵通道引起排水不畅

9.4 岩堆地段路基风险及识别

岩堆地段路基又可分为岩堆地段路堤和岩堆地段路堑。综合运用专家调查法、核对表法、分解分析法等方法，可以确立岩堆地段路基风险主要包括：岩堆路基沉陷、路基沿岩堆基底滑移、岩堆地段路堑边坡坍塌、滑动以及岩堆地段路堑路基面下沉。

9.4.1 岩堆路基沉陷

根据风险评价指标体系设置原则，建立风险因素及树状层次分析结构图如图 9-18 所示。

采用层次分析法结合专家打分法进行风险分析，并将项目可能面临的风险汇总并按照重要性排序见表 9-24。

指标层内各风险因素风险值总排序 表 9-24

风险因素	风险值	排序	风险因素	风险值	排序
大雨、暴雨	0.095	1	地震	0.049	7
河岸地带水流对岩堆下部浸湿切割	0.059	2	排水工程施作不到位	0.046	8
地面水浸湿基底	0.053	3	基底未加固或措施不完善	0.044	9
岩堆体松散	0.052	4	岩堆范围划分不清楚	0.043	10
地基加固材料不符合要求	0.052	5	地质描述不准确	0.040	11
未按设计要求加固基底	0.050	6	没有注意排水设计	0.040	12

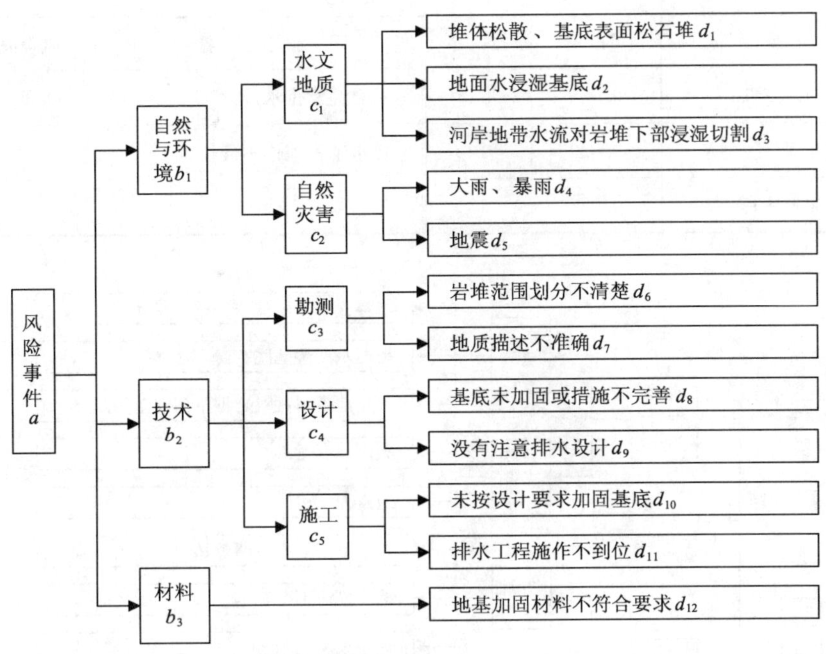

图9-18　岩堆路基因素及树状层次分析结构图

基于上述风险因素分析，提出以下风险管理建议意见：

(1)在自然方面，应高度关大雨、暴雨、地震引起的工程风险。

(2)在环境方面，应高度关注河岸地带水流对岩堆下部浸湿切割、地面水浸湿基底、岩堆体松散引起的工程风险。

(3)在勘测方面，应高度关注岩堆范围划分不清楚引起的工程风险。

9.4.2　路基沿岩堆基底滑移

根据风险评价指标体系设置原则，建立风险因素及树状层次分析结构图如图9-19所示。

采用层次分析法结合专家打分法进行风险分析，并将项目可能面临的风险汇总并按照重要性排序见表9-25。

指标层内各风险因素风险值总排序　　表9-25

风险因素	风险值	排序	风险因素	风险值	排序
大雨、暴雨	0.092	1	堆体松散、基底表面松石堆	0.039	6
坡脚支挡结构材料不符合要求	0.055	2	地震	0.038	7
地基加固材料不符合要求	0.052	3	基底未加固或加固措施不完善	0.031	8
河岸地带水流对岩堆下部浸湿切割	0.049	4	岩堆范围划分不清楚	0.03	9
地面水浸湿基底	0.041	5	坡脚未设支挡结构或措施不完善	0.026	10

续上表

风险因素	风险值	排序	风险因素	风险值	排序
未按设计要求加固坡脚	0.025	11	没有注意排水设计	0.021	14
地质描述不准确	0.022	12	排水工程施作不到位	0.019	15
未按设计要求加固基底	0.022	13	地形未测准确	0.016	16

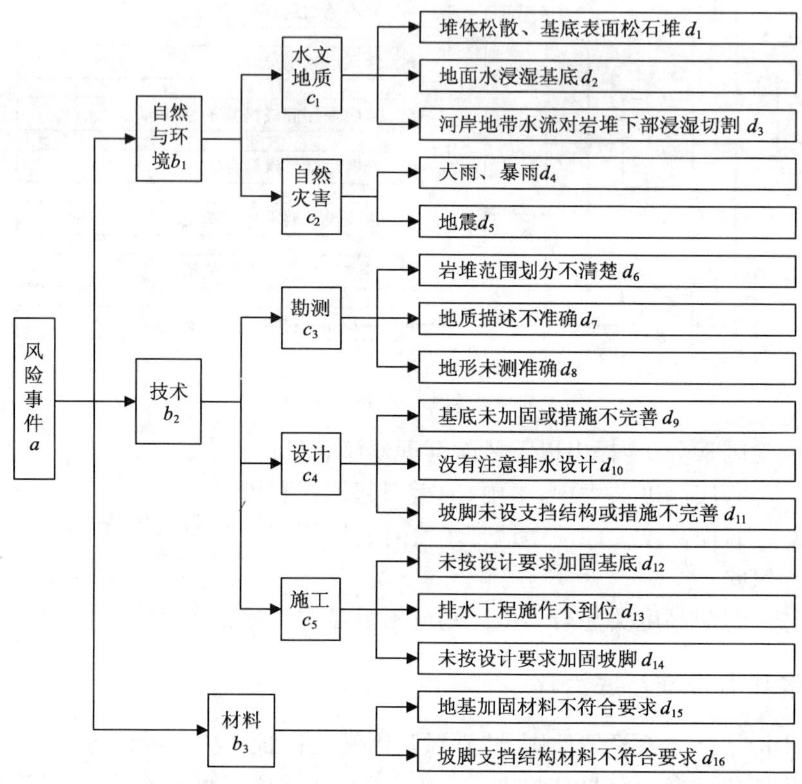

图 9-19　路基沿岩堆基底滑移因素及树状层次分析结构图

基于上述风险因素分析，提出以下风险管理建议意见：

(1)在自然方面，应高度关大雨、暴雨、地震引起的工程风险。

(2)在环境方面，应高度关注河岸地带水流对岩堆下部浸湿切割、地面水浸湿基底、岩堆体松散引起的工程风险。

(3)在勘测方面，应高度关注岩堆范围划分不清楚引起的工程风险。

(4)在设计方面，应高度关注基底未加固或加固措施不完善、坡脚未设支挡结构或措施不完善引起的工程风险。

9.4.3　岩堆地段路堑边坡坍塌、滑动

根据风险评价指标体系设置原则，建立风险因素及树状层次分析结构图如图 9-20 所示。

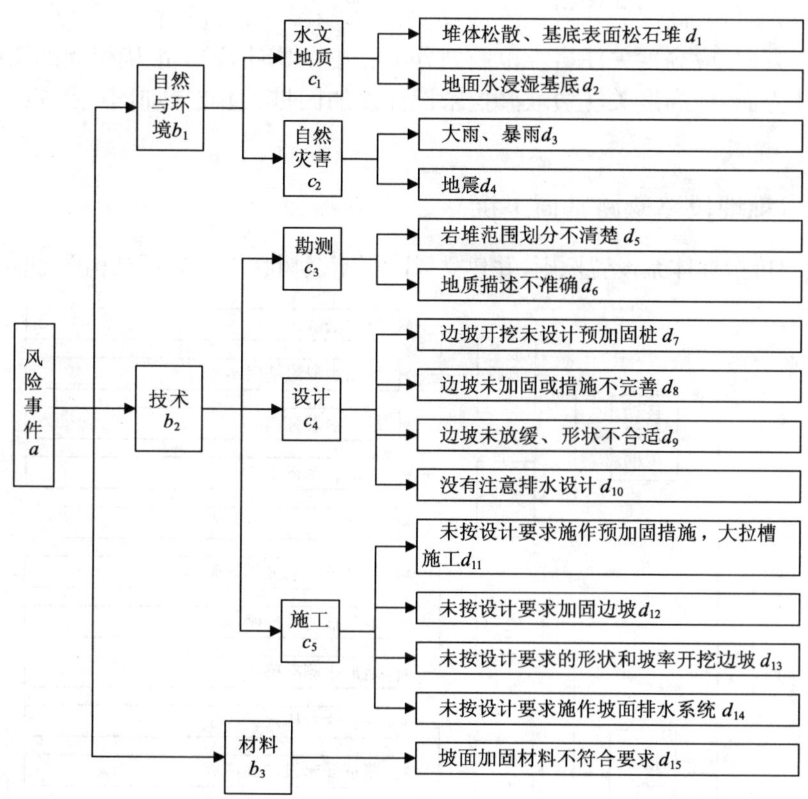

图 9-20　岩堆上的路堑边坡坍塌、滑动因素及树状层次分析结构图

采用层次分析法结合专家打分法进行风险分析，并将项目可能面临的风险汇总并按照重要性排序见表 9-26。

指标层内各风险因素风险值总排序　　表 9-26

风险因素	风险值	排序	风险因素	风险值	排序
大雨、暴雨	0.096	1	边坡开挖未设计预加固桩	0.033	9
堆体松散	0.051	2	边坡未加固或措施不完善	0.031	10
坡面加固材料不符合要求	0.050	3	边坡未放缓、形状不合适	0.031	11
地面水浸湿基底	0.048	4	未按设计要求施作坡面排水系统	0.031	12
地震	0.046	5	岩堆范围划分不清楚	0.029	13
未按设计要求施作预加固措施，大拉槽施工	0.044	6	地质描述不准确	0.027	14
未按设计要求加固边坡	0.040	7	没有注意排水设计	0.027	15
未按设计要求的形状和坡率开挖边坡	0.038	8			

基于上述风险因素分析，提出以下风险管理建议意见：

(1)在自然方面，应高度关注大雨、暴雨、地震引起的工程风险。

(2)在环境方面,应高度关注岩堆体松散、地面水浸湿基底引起的工程风险。

(3)在勘测方面,应高度关注岩堆范围划分不清楚、地质描述不准确引起的工程风险。

(4)在设计方面,应高度关注边坡开挖未设计预加固桩、边坡未加固或措施不完善等引起的工程风险。

9.4.4 岩堆地段路堑路基面下沉

根据风险评价指标体系设置原则,并建立风险因素及树状层次分析结构图如图 9-21 所示。

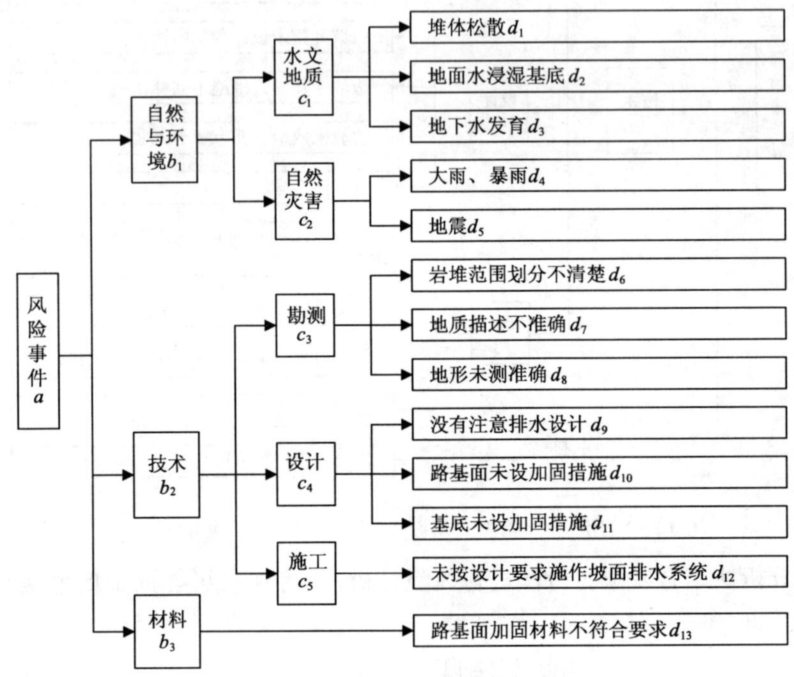

图 9-21 岩堆地段路堑路基面下沉风险因素及树状层次分析结构图

采用层次分析法结合专家打分法进行风险分析,并将项目可能面临的风险汇总并按照重要性排序见表 9-27。

指标层内各风险因素风险值总排序 表 9-27

风 险 因 素	风险值	排 序	风 险 因 素	风险值	排 序
地震	0.335	1	基底未设加固措施	0.036	8
路基面加固材料不符合要求	0.096	2	路基面未设加固措施	0.035	9
大雨、暴雨	0.072	3	地形未测准确	0.029	10
未按设计要求施作坡面排水系统	0.054	4	没有注意排水设计	0.027	11
地下水发育	0.046	5	岩堆范围划分不清楚	0.012	12
地面水浸湿基底	0.041	6	地质描述不准确	0.011	13
堆体松散	0.039	7			

基于上述风险因素分析，提出以下风险管理建议意见：

(1)在自然方面，应高度关注大雨、暴雨、地震引起的工程风险。

(2)在环境方面，应高度关注地下水发育、地面水浸湿基底、岩堆体松散引起的工程风险。

(3)在勘测方面，应高度关注岩堆范围划分不清楚、地质描述不准确引起的工程风险。

(4)在设计方面，应高度关注基底未设加固措施边等引起的工程风险。

9.5 岩堆地段风险防范措施

9.5.1 设计阶段风险管理及应对措施

通过岩堆地段风险分析，建立设计阶段可能出现的风险的预防措施见表9-28～表9-30。

岩堆上路堤设计阶段对可能出现的风险的预防措施 表9-28

风险事件及风险因素		风险防范对策与措施
沉陷	基底未加固或措施不完善	修筑于岩堆上的路堤，首先要保证基底是稳定的、密实的，如基底存在软弱夹层，首先应对基底进行加固。设计时要注意路堤基底的处理：清除基底表面松石以及其他松散堆积物，并将基底挖成台阶状，然后再进行基底的填筑
	没有注意排水设计	为防止地面水浸湿基底造成路堤沉陷，设计时应在路堤靠山侧适当位置布置一条排水沟，以截排山坡及地表径流
路基沿岩堆基底滑走	基底未加固或加固措施不完善	若线路修建在尚未稳定或基底接触面倾斜较陡的岩堆上，一般应采取防止滑移的加固和稳定措施。因此设计时应将线路选择在有较好的加固建筑物基础条件的部位通过
	没有注意排水设计	为保证路基及岩堆的稳定，在路基的上侧山坡上设置拦截地面水的措施，以消除其对岩堆体和路基体的危害。对于有害的地下水活动，如地面水的下渗或下部基岩内裂隙水的活动，则可根据工点的具体情况，采取截排地下水或其他增强路基和岩堆体稳定性的措施
	坡脚未设支挡结构或措施不完善	针对路基沿岩堆基底滑走风险，边坡坡脚一般容易破坏，应采用合理的支挡结构进行加固，并定期进行检查维护

岩堆上路堑设计阶段对可能出现的风险的预防措施 表9-29

风险类别及导致风险发生的因素		预防措施
边坡坍塌、垮塌、剪切滑动	边坡开挖未设计预加固桩	边坡开挖宜边开挖边支护，边坡较高时，在设置挡墙地段宜设置预加固桩
	边坡未加固或措施不完善	边坡中间出现松散夹层时，应对此夹层进行欠补防护加固；若岩堆厚度较薄，挖方边坡切割岩堆，即可能破坏岩堆的平衡时，为防止岩堆沿基岩面滑动，可在边坡上侧修筑挡土墙进行支挡。同时考虑到路基下侧岩堆，受列车震动荷载作用后的安全稳定问题，必要时亦可在下侧修筑挡土墙加固
	边坡未放缓、形状不合适	一般宜采用与岩堆自然安息角相适应的边坡坡度；对于已稳定的古老岩堆，可根据其密实程度、边坡高度等，采用适当的边坡坡度；对于活动的岩堆，边坡宜放缓

续上表

风险类别及导致风险发生的因素		预防措施
边坡坍塌、垮塌、剪切滑动	没有注意排水设计	设计时应注意截水沟和天沟应与排水沟形成完整的体系，天沟不能与排水沟相接时，应做吊沟将水引入侧沟。地下水丰富的地段应根据水的埋藏深度选择明沟、渗沟和渗水隧洞。各种渗沟应注意渗水材料的选择和出水口的设置
路基面下沉	没有注意排水设计	设计时应注意基底隔水层的材料的选择，横向排水和纵向排水的连贯
	路基面未设加固措施	为防止路基面下沉，除了可对路基面进行翻挖换填并按压实标准压实等加固措施外，可采用注浆措施
	基底未设加固措施	基底岩堆体土质或密实度不满足要求时，应采取原地碾压、翻挖夯实、换填或灌浆加固等处理措施。加固的目的是给坡脚支挡结构提供足够的承载力和抗滑条件
危岩、落石、堑坡顶以上岩堆垮塌	没有注意排水设计	水渗入构造裂隙会造成岩、土产生软化，润滑和动水压力作用，造成岩土强度降低。内摩擦角减小，容易引起岩堆失稳垮塌。因此应注意排水设计
	上方较薄岩堆未清除	路基上侧山坡不稳定的危岩、危石、较薄的岩堆，凡能清除的，应事先清除干净，不便清除的要进行局部加固，以免威胁行车安全
	堑坡上方岩堆坡脚未设支挡	考虑到危岩、落石、堑坡上方不稳定的岩体垮塌，以及岩堆受列车震动荷载作用后的安全稳定问题，宜在岩堆坡脚修筑支挡结构对落石进行拦截加固

岩堆地段两类常见支挡结构设计阶段对可能出现的风险的预防措施 表 9-30

风险事件及风险因素			风险防范对策与措施
重力式挡土墙（含衡重式）、桩基托梁挡土墙	倾覆、滑动、墙身开裂、剪断、坍塌	设计墙趾埋深不够	墙趾的埋深应根据地面横坡陡度，结合岩堆厚度确定，比一般地段的埋置深度更深
		土压力计算时没有进行多种选择	墙后土压力除按库伦主动土压力计算外，还应注意沿着特定的危险滑面滑动时产生的推力
		地下水、地面水处理措施不完善	设计时应注意基底隔水层的材料的选择，横向排水和纵向排水的连贯
		施工注意事项中墙背排水和基底防水交代不全面	挡土墙上应设置向墙外坡度不应小于 4% 的泄水孔，按上下左右每个 2～3m 交错布置，折线墙背的易积水处必须设置泄水孔。在靠近地面的底层泄水孔的进水孔下部应设隔水层
		锚固段设计长度不够	桩基锚固段的设计长度应结合实际经验，土层锚固时，锚固段长度不应小于悬臂段长；岩层锚固时，锚固段长度不应小于悬臂段长的一半，在设计中，锚固点的选择是关键
桩板墙	倾覆、坍塌、弯折变形、板开裂	设计墙趾埋深不够	墙趾的埋深应根据锚固段地基承载力，结合岩堆层厚度确定
		土压力计算时没有进行多种选择	墙后土压力除按库伦主动土压力计算外，还应注意沿着特定的危险滑面滑动时产生的推力。计算土压力时应注意锚固点应选在稳定的岩土层上，并留出足够的襟边宽度

续上表

风险事件及风险因素			风险防范对策与措施
桩板墙	倾覆、坍塌、弯折变形、板开裂	地下水、地面水处理措施不完善	设计时应注意岩堆地下水的排除:设置横向盲沟;根据需要设置纵向盲沟;岩堆周边的水沟要连续贯通,达到阻截地表水从周边浸入的目的
		施工注意事项中墙背排水和基底防水交代不全面	注意墙顶、墙背、坡面排水,墙后反滤层的设置,挡土板上泄水孔的排水方向和桩顶隔水层的施设
		锚固段设计长度不够	锚固段的设计长度应结合实际经验,土层锚固时,锚固段长度不应小于悬臂段长;岩层锚固时,锚固段长度不应小于悬臂段长的一半。注意锚固点位置的选择

9.5.2 施工阶段风险的管理和应对措施

施工阶段风险的管理和应对措施见表9-31～表9-33。

岩堆上路堤施工阶段风险的管理和应对措施 表9-31

风险事件及风险因素		风险防范对策与措施
沉陷	未按设计要求加固基底	基底加固应严格按照设计要求施工,不得随意更改,基底注浆应密实,并在施工中检测
	排水工程施作不到位	应严格按照设计施作排水,隔水、排水材料的铺设应符合设计要求。靠山侧排水沟不得高于地面,避免排水沟内侧积水后渗入路堤基底
路基沿岩堆基底滑走	未按设计要求加固基底	基底加固应严格按照设计要求施工,不得随意更改,比如挖台阶的大小、抗滑键的施作等
	排水工程施作不到位	应严格按照设计施作排水工程,隔水、排水材料的铺设应符合设计要求。路堤基底的排水和周边的排水体系应贯通、流畅,有效拦截上方来水
	未按设计要求加固坡脚	坡脚的加固应严格按照设计要求进行,并加强工后侧向约束桩顶部位移的监测

岩堆上路堑施工阶段风险的管理和应对措施 表9-32

风险事件及风险因素		风险防范对策与措施
边坡坍塌、垮塌、剪切滑动	未按设计要求施作预加固措施,大拉槽施工	应严格按照设计施工,严格按照施工工序,先施工桩,再开挖,最后施工挡土墙。挡墙的施工也要及时,以避免岩堆松散体从桩间挤出
	未按设计要求加固边坡	边坡加固防护应按设计要求,不能随意更改,以防止表水渗入岩堆体
	未按设计要求的形状和坡率开挖边坡	边坡坡率不能陡于设计值,边坡应密实稳固
	未按设计要求施作坡面排水系统	注意天沟不能漏设,而且要将水引入排水沟中,如果无法引入排水沟,应设吊沟引入侧沟中。除按图施工外,还应根据实际地形进行排水工程的施作,保证将水引入桥涵

续上表

风险事件及风险因素		风险防范对策与措施
路基面下沉	未按设计要求施作排水系统	基底表层应翻挖换填并按压实标准压实。隔水、排水材料的铺设应符合设计要求
危岩、落石、堑坡顶以上岩堆垮塌	未按设计要求施作坡面排水系统	注意天沟不能漏设，而且要将水引入排水沟中，如果无法引入排水沟，应设吊沟引入侧沟中。长大边坡应注意中部截水，天沟、截水沟、侧沟、截水骨架的排水应连成一体
	未按设计要求清除上方岩堆	严格按设计要求清除路基上侧上坡不稳定的危石、危岩，无法清除时应进行加固
	未按设计要求在岩堆坡脚设支挡	堑坡上方岩堆应按设计要求在其下方设支挡，若施工中发现堑坡上方有岩堆存在应增设支挡工程

岩堆地段两类常见支挡结构施工阶段风险的管理和应对措施 表 9-33

风险事件及风险因素			风险防范对策与措施
重力式挡土墙（含衡重式）、桩基托梁挡土墙	倾覆、滑动、墙身开裂、剪断、坍塌	墙趾未放在稳定的地层上	基底应置于稳定地层，若施工中才发现基底地层不稳定应进行地基加固、桩基处理等
		排水不畅	反滤层厚度、材料质量应符合设计要求，并及时施作；基底隔水层不能省略，并能够隔水，一般为黏土或混凝土；泄水孔密度应符合要求，关键位置应按图施工，应保持排水通畅，严禁在外侧设置虚假的泄水孔
		没有做好预加固措施	岩堆地段由于土层松散，基坑开挖时，应严格按照设计施工预加固措施或临时支护措施，并及时施作主体工程
		锚固段置于稳定地层的深度不够	应严格按照设计施工，将锚固段置于稳定岩层中，施工中若发现岩层有变化应及时变更设计
桩板墙	倾覆、坍塌、弯折变形、板开裂	排水不畅	注意反滤层和泄水孔的施作，保证泄水孔通畅。堑顶天沟，坡面排水设施和侧沟、排水沟应形成连贯的排水体系
		锚固段置于稳定地层的深度不够	应严格按照设计施工，将锚固段置于稳定岩层中，施工中若发现岩层有变化应及时变更设计
		没有隔桩开挖	岩堆土质松散，应按照设计要求隔桩开挖桩，施作护壁，及时施工桩身

第 10 章 斜坡异物侵入灾害风险识别与防范

斜坡异物是指斜坡上因外力作用，闯入铁路或公路线路，对铁路或公路线路的行车安全造成威胁的固体物质。这种异物无规律的运动即为异物侵入（也称异物侵限）。由于异物侵入突发事件具有发生不可预测性和巨大的破坏性，即使是体积不大的异物体，一旦侵入，也很可能导致铁路或公路重大交通事故，从而严重危害国家财产和旅客的生命安全。对于此类风险通常可采取选线绕避、工程治理及监控预警等处置对策，以达到“异物不上道，上道不撞车”的理念。但由于异物侵入具有不确定性，因此采用以监测为主的措施不失为一种可行的防御措施，及时发现异物侵限事件，提前采取应对措施。下面就对常见的崩塌落石斜坡异物侵入风险事件进行风险识别，并简要介绍现阶段铁路、公路斜坡异物侵入监测手段与防范措施。

10.1 斜坡异物侵入灾害风险识别与防范

崩坍落石是常见的山区地质灾害之一，也是常见的斜坡异物侵入灾害来源。

引起崩塌的原因比较复杂，它是由各种因素共同作用的结果，主要的原因有以下几种：

(1)地形条件

它是崩塌发生的外部原因。在崩塌的内因具备的情况下，一般当坡度大于 55°，高度大于 30m 以上的陡峻斜坡，坡面不平整，易发生崩塌。当坡度陡于 70°时，则更易发生崩塌。

(2)岩性和地质构造

山坡坡面的形状往往与岩性和地质构造有关，一般情况下，高陡地形都是由硬质岩石组成的。而软硬相间的岩层，往往形成凹凸不平的坡面，如砂页岩互层。页岩抗风化能力差，易形成凹槽，而砂岩往往形成凸出的悬岩，若凸出部分有结构面存在时，在重力作用下易沿这些薄弱面发生剪切、坠落或形成崩塌。崩塌岩堆结构面的形成与地质构造有关，如岩体节理发育，且构造面的组合位置处于不利情况时，易沿这些面发生崩塌。当山坡上方有断层破碎带时，易沿断层破碎带发生崩塌。

(3)水的作用

水是引起崩塌最活跃的因素，绝大多数崩塌发生在雨季或暴雨之后。这是由于水浸入构造裂隙，对岩、土产生软化、润滑和动水压力大作用，造成岩、土强度降低。内摩擦角减小，因而容易引发崩塌。

(4)其他因素

强烈的地震、大爆破，以及人工开挖的边坡过高过陡，破坏了山体的平衡条件也可形成崩塌。

崩塌地段路基的稳定性，在很大程度上取决于线路位置是否得当，故在勘测设计时，应结合地区的地形、地质条件，选定适当的线路位置，以求做到防患于未然，或者尽量缩短线路通过崩塌地段的长度，为路基设计和整治创造有利条件。

诱发崩塌风险的主要因素可按地形、岩性和地质构造、水的作用和其他因素，如图 10-1 所示。

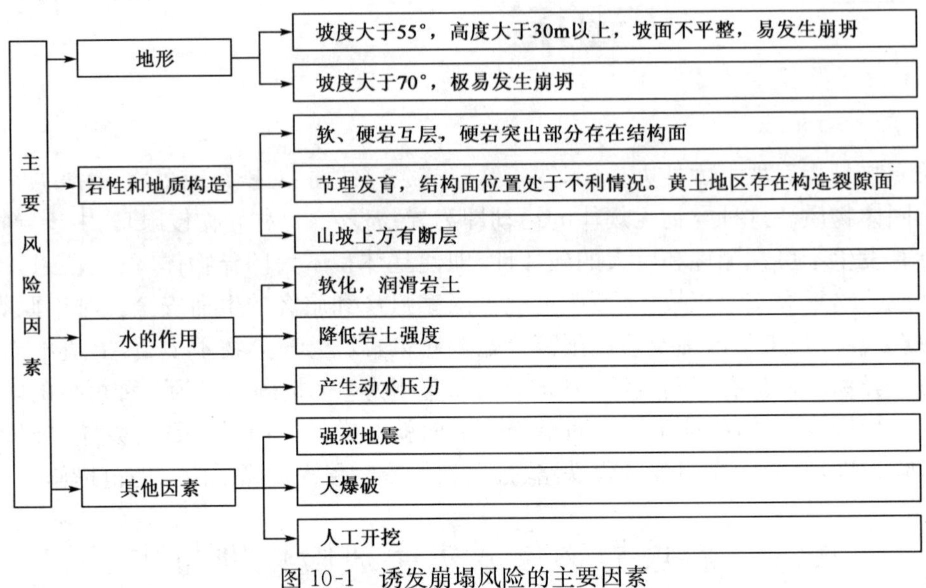

图 10-1 诱发崩塌风险的主要因素

10.1.1 崩塌落石地段路基风险及识别

崩塌落石地段路基可能发生的风险事件可分为两类：由崩塌及岩堆自身带来的风险及加固工程中存在的风险。其中，崩塌落石地段路基的铁路路基风险主要为崩塌地段崩塌落石掩埋路堤、裂缝发展扩大发生新的崩塌等。而支挡和加固是保持崩坍地段路基稳定的重要工程，但支挡和加固工程不当仍会导致路基挡护工程出现新的风险事件。下面综合运用了专家调查法、核对表法、分解分析法等方法，建立崩塌及岩堆地段路基存在的风险见表 10-1。

崩塌及岩堆地段路基风险　　表 10-1

风险部位		风险事件
崩塌及岩堆地段路基		在填筑、开挖和运营过程中崩塌落石掩埋路基或裂缝发展扩大，发生新的崩塌
支挡结构和加固措施	明洞、棚洞	滑动、倾覆、结构破坏、被落石击穿
	落石平台、落石槽、拦石墙、拦石堤	倾覆、滑动
		落石弹落在路基上
	主动柔性防护网	锚杆被拔出
		局部集中受力发生破坏
	被动柔性防护网	落石弹出
		倒伏
	植树	倒伏、弯折

续上表

风险部位		风险事件
支挡结构和加固方式	桩障	倾覆
		落石弹出
	支顶、支撑、支护、嵌补	压溃、倾覆、失稳、下滑、崩塌
		下沉、压弯

1)崩塌落石灾害风险

根据风险评价指标体系设置原则,将上述识别结果归类,并建立风险因素及树状层次分析结构图,如图10-2所示。

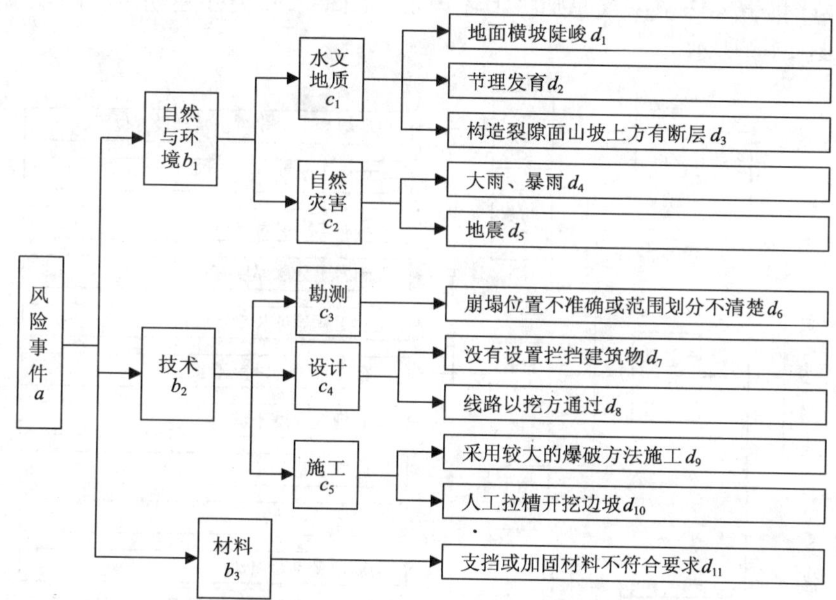

图10-2 崩塌落石灾害风险因素及树状层次分析结构图

采用层次分析法结合专家打分法进行风险分析,并将项目可能面临的风险汇总并按照重要性排序见表10-2。

指标层内各风险因素风险值总排序

表10-2

风险因素	风险值	排序	风险因素	风险值	排序
大雨、暴雨	0.083	1	构造裂隙面山坡上方有断层	0.044	7
地震	0.058	2	支挡或加固材料不符合要求	0.044	8
岩层节理发育	0.056	3	线路以挖方通过	0.041	9
地面横坡陡峻	0.055	4	采用较大的爆破方法施工	0.040	10
崩塌位置不准确或范围划分不清楚	0.047	5	人工拉槽开挖边坡	0.040	11
没有设置拦挡建筑物	0.045	6			

基于上述风险因素分析，提出工程实践中予以高度关注风险值较高的风险因素，主要有以下认识：

(1)在自然方面，应高度关注大雨、暴雨、地震引起的工程风险。

(2)在环境方面，应高度关注岩层节理发育、地面横坡陡峻、构造裂隙面山坡上方有断层等引起的工程风险。

(3)在勘测方面，应高度关注崩塌位置不准确或范围划分不清楚引起的工程风险。

(4)在设计方面，应高度关注没有设置拦挡建筑物不完善引起的工程风险。

(5)在施工方面，应高度关注采用较大的爆破方法施工引起的工程风险。

2)防落石明洞、棚洞风险

根据风险评价指标体系设置原则将上述识别详细结果归类并建立风险因素及树状层次分析结构图，如图 10-3 所示。

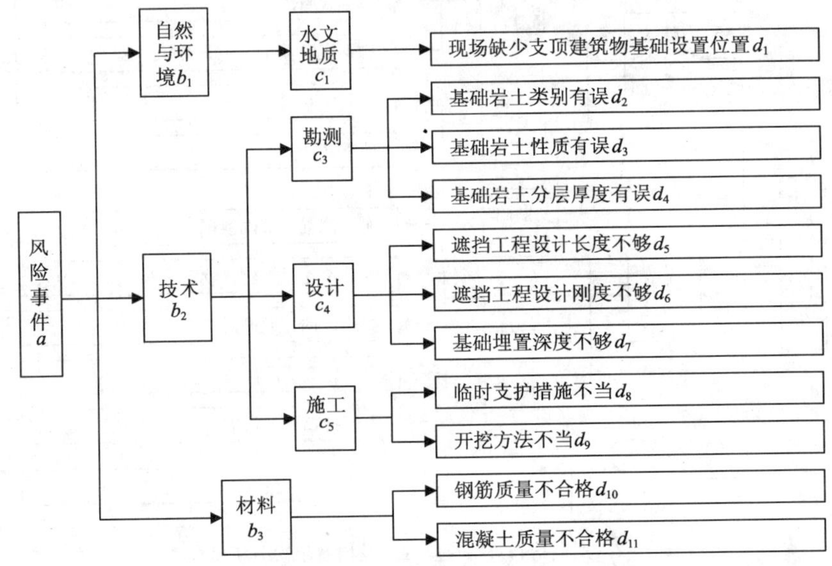

图 10-3　防落石明洞、棚洞风险因素及树状层次分析结构图

同样采用层次分析法结合专家打分法进行风险分析，并将项目可能面临的风险汇总并按照重要性排序见表 10-3。

指标层内各风险因素风险值总排序　　表 10-3

风险因素	风险值	排序	风险因素	风险值	排序
基础埋置深度不够	0.071	1	临时支护措施不当	0.051	7
崩塌规模判断不准确	0.062	2	钢筋混凝土质量不合格	0.045	8
遮挡工程设计刚度不够	0.058	3	基础岩土分层厚度有误	0.038	9
遮挡工程设计长度不够	0.056	4	基础岩土性质有误	0.037	10
现场缺少支顶建筑物基础设置位置	0.052	5	基础岩土类别有误	0.036	11
基础开挖方法不当	0.052	6			

基于上述风险因素分析，提出工程实践中予以高度关注风险值较高的风险因素，主要有以下认识：

(1)在环境方面，应高度关注现场缺少支顶建筑物基础设置位置引起的工程风险。

(2)在勘测方面，应高度关注崩塌规模判断不准确引起的工程风险。

(3)在设计方面，应高度关注基础埋置深度不够、遮挡工程设计刚度不够、遮挡工程设计长度不够引起的工程风险。

(4)在施工方面，应高度关注基础开挖方法不当引起、临时支护措施不当的工程风险。

3)*落石平台、落石槽、拦石墙、拦石堤风险*

根据风险评价指标体系设置原则将上述识别详细结果归类并建立风险因素及树状层次分析结构图，如图10-4所示。

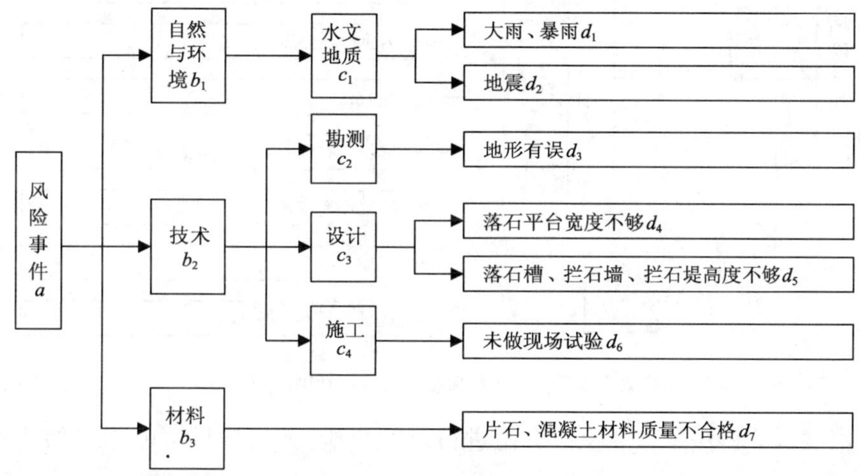

图10-4 落石平台、落石槽、拦石墙、拦石堤风险因素及树状层次分析结构图

同样采用层次分析法结合专家打分法进行风险分析，并将项目可能面临的风险汇总并按照重要性排序见表10-4。

指标层内各风险因素风险值总排序 表10-4

风险因素	风险值	排序	风险因素	风险值	排序
崩塌规模判断不准确	0.177	1	地形有误	0.057	5
大雨、暴雨	0.098	2	落石平台宽度不够	0.057	6
落石槽、拦石墙、拦石堤高度不够	0.097	3	地震	0.049	7
未做现场试验	0.069	4			

基于上述风险因素分析，提出工程实践中予以高度关注风险值较高的风险因素，主要有以下认识：

(1)在勘测方面，应高度关注崩塌规模判断不准确引起的工程风险。

(2)在设计方面，应高度关注落石槽、拦石墙、拦石堤高度不够、落石平台宽度不够引起的工程风险。

4)主动柔性防护网风险

根据风险评价指标体系设置原则将上述识别详细结果归类并建立风险因素及树状层次分析结构图，如图10-5所示。

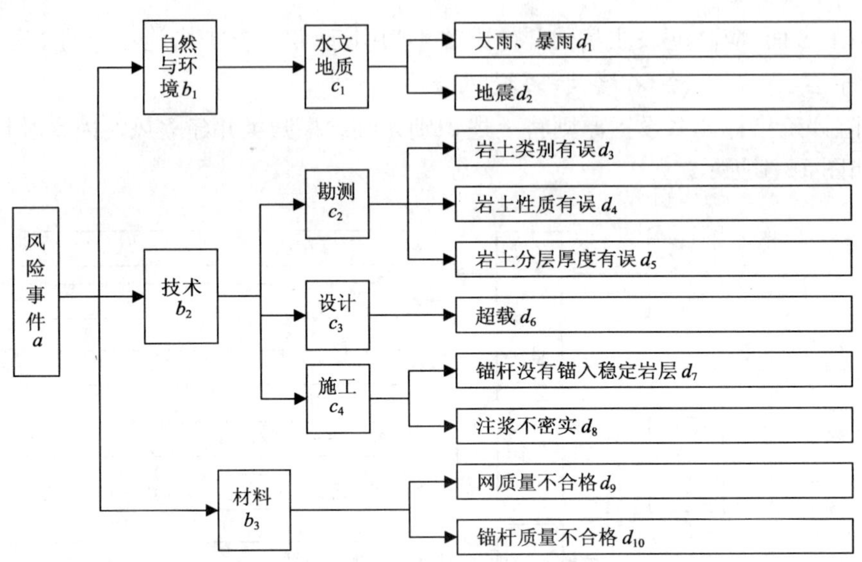

图10-5 主动柔性防护网风险因素及树状层次分析结构图

同样采用层次分析法结合专家打分法进行风险分析，并将项目可能面临的风险汇总并按照重要性排序见表10-5。

指标层内各风险因素风险值总排序　　表10-5

风险因素	风险值	排序	风险因素	风险值	排序
崩塌规模判断不准确	0.087	1	网质量不合格	0.060	6
崩塌范围划分不清楚	0.069	2	注浆不密实	0.051	7
大雨、暴雨	0.066	3	岩土性质有误	0.045	8
锚杆质量不合格	0.062	4	岩土类别有误	0.043	9
锚杆没有锚入稳定岩层	0.061	5	岩土分层厚度有误	0.042	10

基于上述风险因素分析，提出工程实践中予以高度关注风险值较高的风险因素，主要有以下认识：

(1)在勘测方面，应高度关注崩塌规模判断不准确、崩塌范围划分不清楚引起的工程风险。

(2)在设计方面，应高度关注锚杆质量不合格、锚杆没有锚入稳定岩层、网质量不合格引起的工程风险。

5)被动柔性防护网风险

根据风险评价指标体系设置原则将上述识别详细结果归类并建立风险因素及树状层次分析结构图,如图10-6所示。

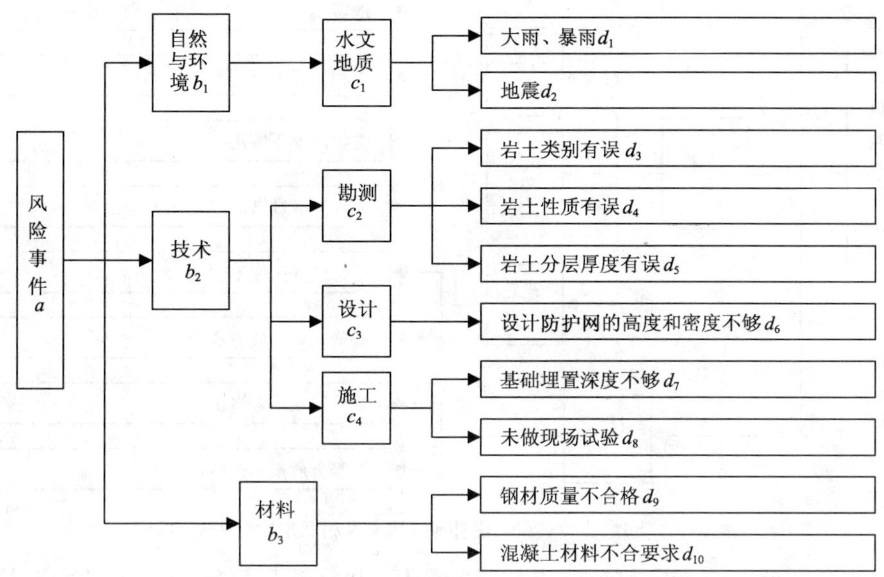

图10-6 被动柔性防护网风险因素及树状层次分析结构图

同样采用层次分析法结合专家打分法进行风险分析,并将项目可能面临的风险汇总并按照重要性排序见表10-6。

指标层内各风险因素风险值总排序 表10-6

风险因素	风险值	排序	风险因素	风险值	排序
大雨、暴雨	0.085	1	未做现场试验	0.053	6
混凝土材料不合要求	0.074	2	岩土性质有误	0.040	7
钢材质量不合格	0.067	3	岩土分层厚度有误	0.039	8
地震	0.063	4	岩土类别有误	0.038	9
基础埋置深度不够	0.060	5	设计防护网的高度和密度不够	0.032	10

基于上述风险因素分析,提出工程实践中予以高度关注风险值较高的风险因素,主要有以下认识:

(1)在勘测方面,应高度关注崩塌范围划分不清楚引起的工程风险。

(2)在设计方面,应高度关注防护网设计的高度和密度不够引起的工程风险。

(3)在施工方面,应高度关注基础埋置深度不够引起的工程风险。

6)支顶、支撑、支护、嵌补风险

根据风险评价指标体系设置原则将上述识别详细结果归类并建立风险因素及树状层次分

析结构图，如图10-7所示。

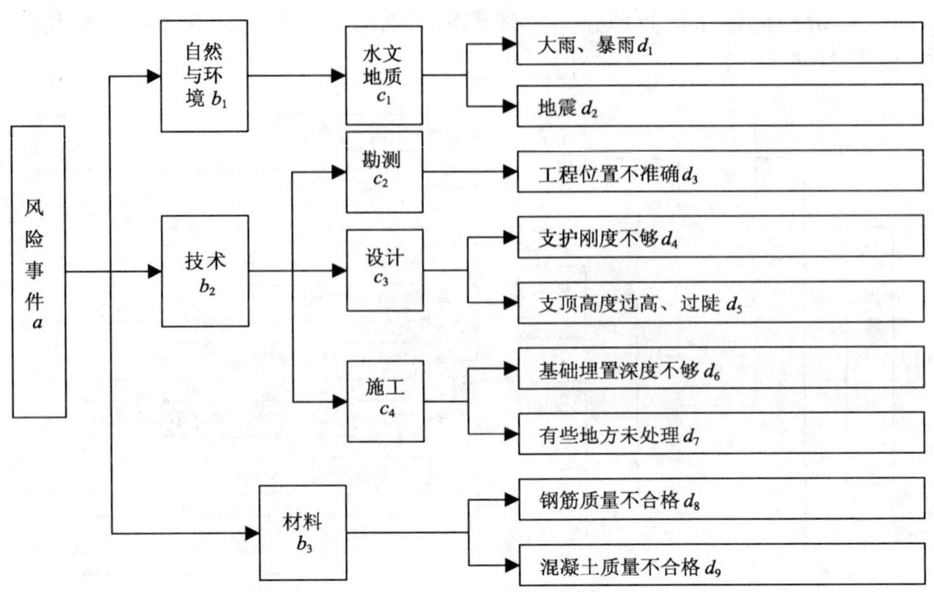

图10-7　支顶、支撑、支护、嵌补风险因素及树状层次分析结构图

采用层次分析法结合专家打分法进行风险分析，并将项目可能面临的风险汇总并按照重要性排序见表10-7。

指标层内各风险因素风险值总排序　　表10-7

风险因素	风险值	排序	风险因素	风险值	排序
工程位置不准确	0.086	1	有些地方未处理	0.063	6
支护结构刚度不够	0.074	2	支顶高度过高、过陡	0.061	7
大雨、暴雨	0.071	3	基础埋置深度不够	0.059	8
地震	0.067	4	混凝土质量不合格	0.050	9
钢筋质量不合格	0.064	5			

基于上述风险因素分析，提出工程实践中予以高度关注风险值较高的风险因素，主要有以下认识：

(1)在勘测方面，应高度关注工程位置不准确引起的工程风险。

(2)在设计方面，应高度关基础埋置深度不够、刚度不够引起的工程风险。

(3)在施工方面，应高度关注基础埋置深度不够引起的工程风险。

7)防护林风险

根据风险评价指标体系设置原则将上述识别详细结果归类并建立风险因素及树状层次分析结构图，如图10-8所示。

同样采用层次分析法结合专家打分法进行风险分析，并将项目可能面临的风险汇总并按

照重要性排序见表10-8。

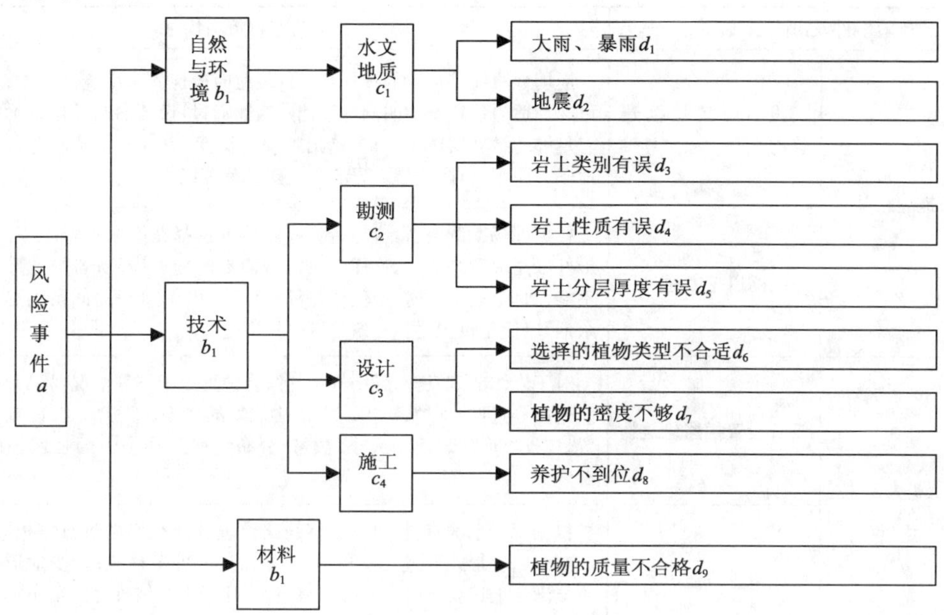

图10-8 防护林风险因素及树状层次分析结构图

指标层内各风险因素风险值总排序 表10-8

风险因素	风险值	排序	风险因素	风险值	排序
植物的质量不合格	0.103	1	植物的密度不够	0.0642	6
选择的植物类型不合适	0.074	2	岩土分层厚度有误	0.058	7
大雨、暴雨	0.072	3	岩土性质有误	0.049	8
地震	0.07	4	岩土类别有误	0.046	9
养护不到位	0.0643	5			

基于上述风险因素分析，提出工程实践中予以高度关注风险值较高的风险因素，主要有以下认识：

(1)在设计方面，应高度关注选择的植物类型不合适、密度不够引起的工程风险。

(2)在施工方面，应高度关注养护不到位引起的工程风险。

10.1.2 崩塌落石地段路基风险防范措施

1)设计阶段风险管理及应对措施

在工程设计阶段，要高度重视对崩塌落石地段路基风险识别工作，充分认识崩塌落石风险的复杂性、隐蔽性和风险后果的严重性，尽可能通过调整线路位置、合理选用工程形式予以规避。设计阶段，针对具体的风险及其影响的因素，建议采取的措施详见表10-9～表10-10。

崩塌落石地段设计阶段可能出现的风险预防措施 表 10-9

风险事件及风险因素		风险防范对策与措施
塌落石掩埋路基	没有设置拦挡建筑物	崩坍地段线路位置的选择有条件绕避时应优先采用绕避方案；不得已时可选择适当位置修建明洞等遮挡建筑物通过，设计的遮挡建筑物的顶部应有足够的缓冲层厚度，整个遮挡工程的长度，应以能覆盖所有可能的崩坍地段为原则，以防止崩塌岩块落入路基范围以内
	线路以挖方通过	根据现场勘测资料，应尽量将线路位置选择在崩塌落石停积区以外，并最好以路堤形式通过，这样就只需做简易的处理措施；若受地形条件限制不能满足上述要求时，应使线路位置与陡峻山坡坡脚之间留出尽可能宽的余地，以便于设置拦挡建筑物等防护措施
裂缝发展扩大发生新的崩塌	没有设置拦挡建筑物	对于岩体节理发育，且结构面的组合位置处于不利情况易引起掩体崩塌的地段，应进行支护、拦挡。拦挡建筑物的类型、结构尺寸，设置排数及位置，应根据崩塌岩块的大小、数量、分布情况及冲击力的强弱等因素综合确定
	线路以挖方通过	根据现场勘测资料，以尽量将线路位置选择在崩塌落石停积区以外，并最好以路堤形式通过，这样就只需做简易的处理措施；若受地形条件限制不能满足上述要求时，应使线路位置与陡峻山坡坡脚之间留出尽可能宽的余地，以便于设置拦挡建筑物等防护措施

崩坍地段设置支挡结构或加固防护措施后设计阶段可能出现的风险预防措施 表 10-10

风险事件及风险因素			风险防范对策与措施
明洞、棚洞	滑动、倾覆、结构破坏、被落石击穿	遮挡工程设计长度不够	明洞、棚洞等遮挡建筑物的设计和计算，以及断面尺寸，可按隧道设计方法进行
		遮挡工程设计刚度不够	由于落石具有较大的冲击力，故在结构设计时，宜选择较厚的尺寸，截面设计应考虑冲击能量
		基础埋置深度不够	设置明洞、棚洞的地方，要求地基牢固，要保证有足够的基础埋置深度。特别是明洞的外边墙受力集中，更应将其置于坚实、稳固的地基上，基础埋深的计算要选用合理的模型，采用正确的计算公式
落石平台、落石槽、拦石墙、拦石堤	落石弹落路基上，倾覆、滑动	落石平台宽度不够	当被防护的路基，距有崩落物的山坡的坡脚有适当距离，且路基高程与山坡脚下的平缓地带的高程相差不大时，宜修筑落石平台，落石平台的宽度，应根据现场调查试验资料确定
		落石槽、拦石墙、拦石堤高度不够	拦石墙的尺寸，可根据其稳定性和强度按挡土墙计算确定。拦石堤的堤高可根据调查或经验数据确定，堤顶高度应预留1.0m的安全高度；当坠落石块较大时，安全高度亦应增为1.5～2.0m
主动柔性防护网	破坏、锚杆被拔出	超载	设计时应选用合理的计算公式，设计荷载应考虑相应的安全储备，抗力的荷载不能过大
被动柔性防护网	倒伏、落石弹出	设计的高度和密度不够	拦石网利用木制的或钢轨桩作支柱，设计的高度应以拦挡所有可能的落石为原则，主柱的密度应以能承受落石的冲击为准

续上表

风险事件及风险因素			风险防范对策与措施
植树	倒伏、弯折	选择的植物类型不合适	植物防护边坡所采用的植物应具有牢固的根基，一定的强度和抗弯刚度
		密度不够	植物护坡时，植物布置的间距不宜过大，否则会降低整道植物屏障的护坡功能
桩障	危石巨大，倾覆落石弹	设计的高度和密度不够	桩障露出地面的高度一般为1.5～2.0m，可用木桩或钢筋混凝土桩，其尺寸可按落石大小设计，在桩障的下侧应设置落石槽与之相配合
支顶、支撑、支护、嵌补	下沉、压溃、倾覆、失稳、压弯、下滑、崩坍	刚度不够	支补建筑物应采用的材料（混凝土、浆砌片石、钢筋混凝土柱、钢轨等）应具有足够的强度，以支撑危岩，减少后期风化
		支顶高度过高、过陡	对于上部探头下部悬空的危岩，通常采用支顶墙加固，支顶墙高度和坡度应根据现场勘测资料确定

2)施工阶段风险的管理和应对措施

在崩塌路基工程的风险中，应针对工程在施工中涉及的关键风险因素提出合理可行的预防措施来降低工程风险，将可能的风险损失控制在最低限度。在施工阶段，可以采取下列的防治措施：

(1)在崩塌、落石、错落地段开挖路堑或者清除崩塌体时，应该严密检查，防止岩体脱落造成崩塌、落石和人身事故；开挖应该采用控制爆破，从上到下进行。当崩塌、错落情况严重时，应当通过变更设计采取其他整治措施。

(2)避免挖方后的边坡长时间暴露在空气中而加大崩塌的程度，同时应该减少边坡开挖，做好支护工作，避免路基失稳。

(3)挖方的过程中要做到边开挖边支护，支挡结构物保证有足够的埋置深度和强度。

(4)崩塌地段路基施工中，必须采取有效措施，预防岩石塌落，确保安全，路基施工不宜扰动岩堆体、破坏原有的边坡。路基填筑时不宜使用振动设备。

(5)对单个危岩，应该根据地形和岩层情况采用相应的处理措施。地面坡度陡于1∶1.5时，应该对较大孤石进行处理。在岩堆上进行路堤施工，应该清除表层堆积物并挖台阶。

针对具体风险及其影响因素采用相应的管理和应对措施详见表10-11～表10-12：

崩坍地段施工阶段风险的管理和应对措施 表10-11

风险事件及风险因素		风险防范对策与措施
塌落石掩埋路基	采用较大爆破方法施工	采用较大爆破方法施工很可能对崩塌体产生过大扰动，造成松散的岩体石块滚落掩埋路基，严禁因赶工期采用大爆破施工，避免采用中型爆破
	人工大拉槽开挖边坡	开挖边坡时应采用合适的开挖方法，采用大拉槽开挖法有可能破坏坡体平衡状态，使不稳定的岩块滑落掩埋路基
裂缝发展扩大发生新的崩塌	采用较大爆破方法施工	宜采用小的爆破由上而下进行开挖作业，不得采用较大的爆破方法施工，以免造成对崩塌体的过大震动，引起裂隙扩大，发生新的崩塌
	人工大拉槽开挖边坡	人工开挖边坡前应按设计要求采用合适的预加固措施，开挖后应及时支护桩间土体，以免破碎岩土从桩间坍塌

崩坍地段设置支挡结构或加固防护措施后施工阶段风险的管理和应对措施　表 10-12

风险事件及风险因素			风险防范对策与措施
明洞、棚洞	滑动、倾覆、结构破坏、被落石击穿	临时支护措施不当	当基坑开挖较深时，应做好临时支护措施，避免由于基坑开挖而引起岩体坍塌
		开挖方法不当	施工应严格按照设计进行，不能拉槽开挖，开挖后应及时施作主体工程
落石平台、落石槽、拦石墙、拦石堤	落石弹落路基上，倾覆、滑动	没有做现场试验	对设计结构无把握和现场勘测资料有变时，应在现场进行实际调查和试验，观测和收集石块下落的运动轨迹和弹掉高度等资料，对拦截建筑物的位置及设计高度等尺寸等进行验证
主动柔性防护网	破坏、锚杆被拔出	锚杆没有锚入稳定岩层	锚杆应穿透软弱土层到达承载力相对较高的土层，锚固段应进入持力层
		注浆不密实	注浆应按先外后内、自下而上的顺序进行，必要时采用分层注浆。注意施工中的检测
被动柔性防护网	倒伏、落石弹出	基础埋置深度不够	基础埋深应符合设计要求，发现破碎、软弱层较厚时，应增加埋置深度
		未做现场试验	对设计结构无把握和现场勘测资料有变时，应在现场进行实际调查和试验，观测和收集石块下落的运动轨迹和弹掉高度等资料，对拦挡建筑物的位置及设计高度等尺寸等进行验证，以调整拦挡高度，主柱埋深和间距
植树	倒伏、弯折	养护不到位	定期对边坡进行整修加固或补植，对植物保水
桩障	危石巨大，倾覆落石弹掉	基础埋置深度不够	基础埋深应符合设计要求，若发现地层有变，埋置深度不够，应加深
		未做现场试验	对设计结构无把握和现场勘测资料有变时，应在现场进行实际调查和试验，观测和收集石块下落的运动轨迹和弹掉高度等资料，对拦挡建筑物的位置及设计高度等尺寸等进行验证，以调整拦挡高度，主柱埋深和间距
支顶、支撑、支护、嵌补	下沉、压溃、倾覆、失稳、压弯、下滑、崩坍	基础埋置深度不够	基础应按设计要求置于坚硬的岩层，并有足够的襟边宽度
		有些地方未处理	施工中应加强监测，工后注意检测，对于勘测和设计未覆盖的个别地方，应进行注浆、嵌补、补打小锚杆等

10.2　斜坡异物侵入风险监测

随着我国列车运行速度不断提高，对列车运行安全的要求也不断提高。当列车运行速度超过 200km/h 时，如果仍然依靠司机目视来发现线路中的异物，将不能及时采取制动措施，避免事故的发生。因此，针对斜坡异物侵入具有的突发性、无规律可循和不可预测等特点，法国、德国、意大利和日本等高速铁路发达国家均采用先进技术监测斜坡异物侵入事件，在列车到达异物侵入位置前发出报警，控制列车停车，保证列车运行安全。因此，开展斜坡异物侵入监测系统的研究，配置先进适用的监测设备监控易发生斜坡异物侵入地段，及时发现异物侵入事件，提前采取应对措施，正日益成为保障铁路、公路行车安全的重要技术需求。

斜坡异物主要是指斜坡上的不稳定岩土体，包括以滑动为主的松散堆积体及以滚动、跳跃为主的崩塌块体，因此斜坡异物侵入风险监测包含斜坡坡体、危岩落石等的监测。

10.2.1 斜坡异物侵入监测技术现状

1)斜坡坡体监测技术现状

斜坡坡体失稳监控主要涉及变形监测技术。随着现代科学技术的飞速发展，变形监测技术手段也在不断更新换代。以测量机器人、地面三维激光扫描仪为代表的现代地面测量技术，改变了经纬仪、全站仪等人工观测技术，实现了测量自动化。以测斜仪、沉降仪、应变计等为代表的地下观测监测技术，正实现数字化、自动化、网络化。以GPS技术、合成孔径雷达干涉差分技术和机载激光雷达技术为代表的空间对地观测技术，正逐步得到发展和应用。同时有线网络通讯、无线移动通讯、卫星通讯等多种通讯网络技术的发展，为工程变形监测信息的实时远程传输、系统集成提供可靠的通讯保障，现代变形监测正逐步实现多层次、多视角、多技术、自动化的立体监测体系。传统地面观测主要以经纬仪、全站仪、水准仪等大地测量技术，和以地面立体摄影测量技术为主，不易实现自动化，测量效率低。测量机器人和激光三维扫描技术的出现，改变了人工观测方式，实现了测量的自动化，具有较高的测量效率。

斜坡坡体的动态监测技术与斜坡类似，大体上可分为三大类，包括巡视观察法、外部观测法和内部观测方法。

巡视观察法：定期安排地质人员沿一定线路对斜坡及可能影响的范围内进行巡视观察，观测坡面、地表附近建筑物、构筑物是否有裂缝、是否产生地面鼓胀、局部坍塌，仔细寻找发现其变形迹象及出现的地裂缝的发展变化，同时对地下水出露情况及其他异常情况进行观测。裂缝、地下水调查及简易观测是巡视法的主要内容。地质巡视只能观测坡体明显的异常现象，如较大的裂缝等，不可能观测到微小的坡体变形，观测范围和时间有限，观测精度受人为因素影响大，有可能出现误判、漏判情况。从监测的角度出发，巡视只能作为补充而不能起主导作用。

外部观测方法：包括精密大地测量技术、GPS测量技术、近景摄影测量和INSAR干涉雷达测量等，上述方法皆以坡体表面位移(包括水平位移测量和垂直位移测量)为观测对象，其中精密大地测量技术最为成熟、精度最高，是目前广泛使用的最有效的外观方法。但外观法只能观测地表点的位移情况，对坡体内部的变形发展情况无法确定，不利于研究坡体的变形特征和为工程处理提供足够的设计依据；外观方法在观测时要求人员较多，野外作业及资料整理时间相对较长，不利于监测信息的及时反馈；受通视条件和气象条件影响较大，连续观测能力较差，难以实现自动化观测等。

内部观测方法：将测试元件埋入坡体内部，监测坡体在工程实施过程中的各种物理量变化的方法。内观法仍以最直观的物理量与坡体变形作为主要的观测对象，常用的仪器有：多点位移计、倾斜仪、测缝计、沉降仪、收敛计等，其最大的优点在于可连续不间断地了解坡体内部的变形分布，确定坡体的变形深度及加固处理的深度；另外，仪器的观测精度较高(可达0.01～0.1mm)，可较早地探测到坡体变形的异常迹象。内观法还可观测支护结构的受力状态(如采用钢筋计、锚索测力计、应变计、土压力计等），与变形观测成果进行综合分析，了解支护体的工作状态并评价支护的有效性等。由于传感器技术和自动化技术的发展，埋入式仪器大都可以实现集中遥测或自动化观测，观测周期短且可连续进行观测。由于上述优点，内观法目前已成为工程斜坡监测的主要方法。

在斜坡监测的实际应用中存在以下问题：一是部分监测设备费用昂贵，无法大量应用；二是因测试元件安装方法不当引起的破损与数据不准确现象经常发生，三是预报模型与报警触发条件的确定比较困难；四是耐久性问题比较突出，特别是测试元件受恶劣气候影响容易失效[50]。

近十年来，光纤光栅传感技术获得了长足的发展，在交通、水电、石化等领域得到越来越多的应用。光纤光栅传感器采用波长编码，可以在一根光纤上串联多个传感器，容易组网，能实现实时准分布式网络化传感；体积小、精度高、寿命长、可靠性高、防水、抗电磁干扰、抗腐蚀、防雷击、远距离传输、类型多样、安装方便（工作温度－40℃～＋80℃，寿命 20 年以上）；可以测量温度、压力、位移、应变、加速度等多种参量；光纤光栅传感器不仅能用于静态测试，同时也完全适用于高速动态测试；适用于多种土木工程结构的施工与运营期间的监测工作，具有比较突出的优点和较大的应用前景。

2）*危岩落石监测技术现状*

在危岩落石监测技术方面，国内外已经开展了部分研究与实际应用。如瑞士布鲁克公司开发了柔性防护网滚石自动无线监控系统，可对边远山区的柔性防护工程的工作情况进行实时监控。该系统由冲击传感器、分析记录器与采样装置、控制与集成现实软件等部分组成，已在瑞士 SBB 铁路 Bern-Lausanne 段投入使用。

我国铁路部门在公铁并行段、公跨铁立交桥、隧道洞口段危岩落石等异物监控方面开展了一些研究工作。公跨铁立交桥（或公铁并行地段）异物监控采用电网传感器，一旦异物撞坏防护网，通过电网感应的方式即可向调度中心告警并与信号设备联动，使前方列车停车。

3）*异物入侵视频监控技术现状*

视频监控的目的在于实现对现场情况的监视和报警。视频录像监控系统在城区道路监控领域应用较多，具有可视化和随时调用查看的优势。近年来，随着视频监控的广泛推广，行为识别技术应运而生，是一种可对物体实现监测、分类、跟踪和计数的视频分析系统，可根据一定规则来分析和判断，从而可设置对特定行为报警。该系统可自动将监控区域的视频影像高速无线传输至主控计算机，通过计算机内置的视频自动识别监控警示软件，全天候无人值守实时自动监控危险路段安全状况，自动识别障碍物或事故停留物并采用警示语音、警示文字、截图邮件和截图彩信方式予以警示。

用于其他视频图像处理领域且功能类似的装置已经有很多成功的应用经验，目前在公路系统中应用较为广泛，铁路系统中也在开始应用，特别是在山区高速铁路运营过程中，获取这些动态信息对于高速铁路的运营安全具有重要意义，可借鉴这些成功的方案并加以改进。

4）*数据采集传输技术现状*

数据采集传输技术分为无线采集传输和有线采集传输两大类。

无线采集传输技术就是把现场采集的数据使用终端收发装置，通过现有的无线传输网络传送到计算机中心。目前我国铁路无线通信广泛应用的无线传输网络是 GSM-R 网络，但其应用受到相关无线通信技术规范制以及占用传输通道带宽等的限制。

信号的有线采集和传输包括双绞线、同轴电缆、光纤等几大类。双绞线传输布线方便，价格便宜，但是，信号传输距离近（几百米），抗干扰能力差，也不适合在潮湿等恶劣环境中使用；同轴电缆信号传输一般传输几公里，如果需要传输更远距离，必须增加中继放大，因此，这对于处在偏远山区的铁路沿线施工和维护成本是非常高昂的，也是非常困难的。

光纤传输具有传输距离长、传输容量大、传输质量高、抗干扰性能好等优点，且价格便宜，目前被广泛应用于信号传输，同时也应用信号的采集。

10.2.2　斜坡异物侵入风险监测技术方案

中铁二院联合武汉理工大学等单位，开展了斜坡异物侵入监测相关技术的试验研究，提出了基于光纤传感与视频技术的斜坡异物侵入监测技术方案，主要包括两部分内容：一是异物源监测——斜坡及防护结构稳定及安全的监测，二是异物侵入监测——异物拦截监测，以及铁路限界安全监测[51]。

1）斜坡失稳监测技术方案

根据斜坡特点、支挡结构或防护结构类型，选用光纤光栅传感技术监测坡体表面位移、深层侧向位移、支挡结构土压力和锚杆拉力等变化情况，对斜坡稳定性进行综合实时监控。通过开展综合调研与实验研究，优选斜坡异物侵入的监测对象、传感器类型、布设位置等，完善各种测试传感器的安装埋设技术，形成成熟实用的斜坡失稳自动监测技术。图 10-9 为光纤光栅斜坡失稳监控技术方案示意图，监测内容主要包括：斜坡及结构变形、坡体内部应力/应变、降雨等。

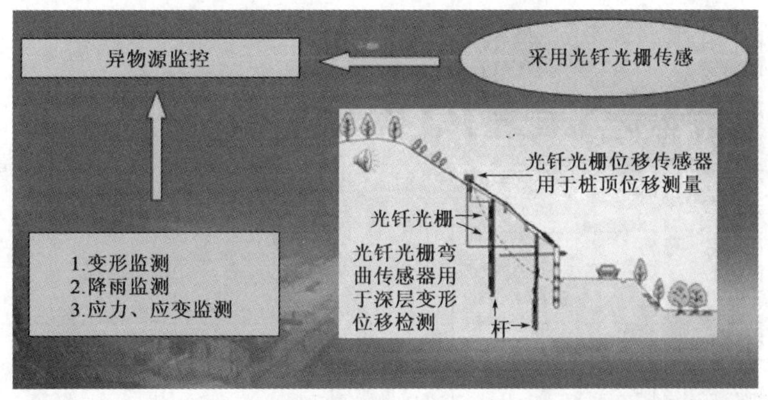

图 10-9　光纤光栅斜坡失稳监测方案示意图

（1）斜坡及支护结构位移监测

坡体坡面位移监测是为了了解斜坡地表水平变形、垂直变形情况、坡体变形方向以及抗滑桩的桩顶位移等。在坡体外地表和抗滑桩桩顶设置坡面位移监测点，同时从稳定处引入基准点，采用拉绳式光纤光栅位移传感器如图 10-10 所示，来监测斜坡及支护结构的表面位移。光纤光栅位移传感器的工作原理是:当斜坡发生表面位移时,光纤光栅位移传感器将位移转化为光纤光栅的波长变化信号,通过光纤光缆输入到远程监测的光纤光栅波长解调仪,再输入计算机进行数字信号处理。

(2)斜坡内部变形监测

斜坡内部变形监测可采用嵌入式光纤光栅智能锚杆来测量斜坡内部变形和位移。智能锚杆是将三根由多个光纤光栅串接的光栅串嵌入到锚杆(尼龙或玻璃纤维材料)内部制成的,光纤光栅串沿着互成120°方位角的三条路径布置,如图10-11所示。智能锚杆埋入斜坡内部的具体方法是:在斜坡上打孔,然后埋入不锈钢管,不锈钢管与岩土之间用混凝土灌注,智能锚杆外加密封圈置入不锈钢管内部,如图10-12所示。这种方式埋入的智能锚杆在实验过程中便于更换或维护。当斜坡内部发生滑动,智能锚杆将发生变形,变形大小与分布情况由杆内光纤光栅感测的应变分布来计算。

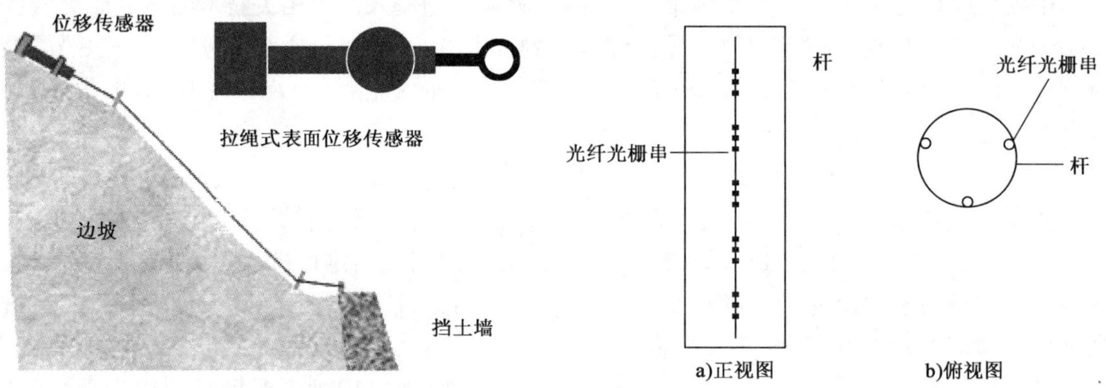

图10-10 光纤光栅位移传感器斜坡表面监测示意图

图10-11 光纤光栅智能锚杆结构示意图

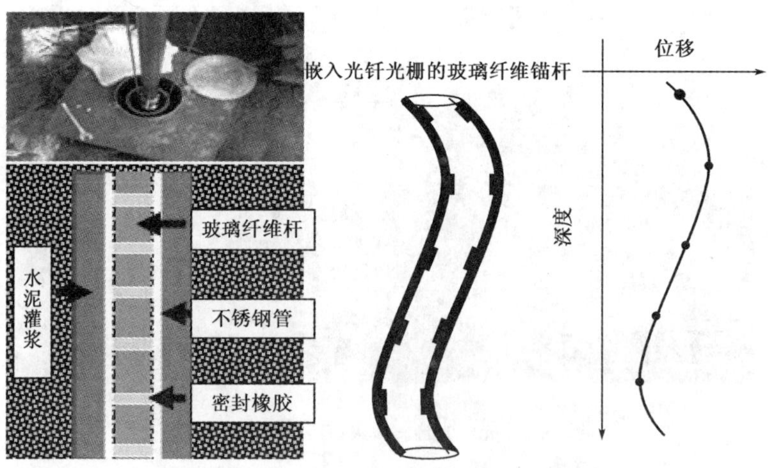

图10-12 光纤光栅智能锚杆的埋设方法

(3)斜坡支护结构受力监测

在支护结构的挡土侧埋设若干光纤光栅压力盒来监测施加于支护结构的压力分布与变化趋势,了解支护结构的工作状态,检验支护结构设计的合理性和加固效果。光纤光栅压力传感

器具体布设方法如图10-13所示。其工作原理是:土压力作用于光纤光栅土压力盒,土压力传感器将压力信号转化为光纤光栅波长变化信号,波长信号通过光纤输送到波长解调仪,经过波长解调后变成数字信号输入计算机进行处理。

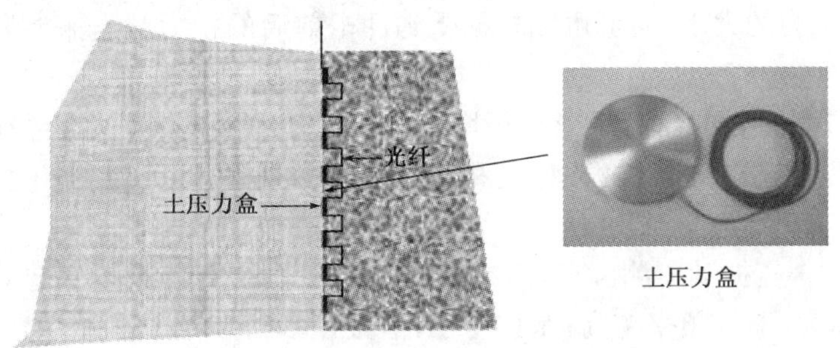

图10-13　土压力传感器在支护结构上的安装情况

(4)降雨监测

连续降雨是斜坡坍滑病害的主要诱发因素。对于人工开挖形成的露天高陡斜坡,一方面由于开挖卸荷,引起斜坡岩体应力状态的改变;同时,岩体内的部分节理、裂隙出露地表,这些都将引起斜坡岩体的构造及物理力学性质发生变化,进而引起斜坡岩体中地下水性态的改变。另一方面,在斜坡开挖形成的深切割地形条件下,旱季地下水位通常是很低的,形成了深厚的非饱和区,在降雨条件下,雨从地表向下入渗,在地下水位以上的非饱和区会形成上层滞水,从而增加了以往饱和渗流模型所无法考虑到的对岩质斜坡的稳定和排水的不利因素,即上层滞水区的形成,降低了岩体的力学强度指标,极易引起斜坡失稳。因此,通过坡体内埋设孔隙水压力测试仪器和坡面安装雨量计来实现降雨监测。

2)*危岩落石监测技术方案*

危岩落石等异物监测技术包括视频监控和传感器网络两种方式。无防护措施时主要依赖视频监控措施,其监控方案与防护主体视频监控方案类似,这里主要介绍存在防护措施时基于光纤光栅传感技术的危岩落石等异物监控技术。图10-14为光纤光栅危岩落石等异物侵入监控技术方案示意图。

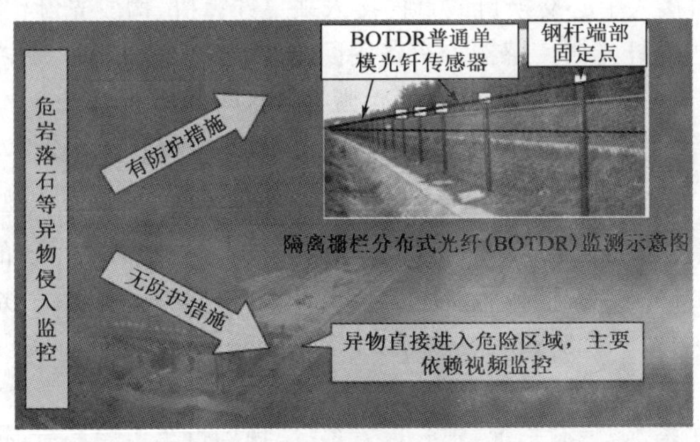

图10-14　光纤光栅危岩落石等异物侵入监测方案

(1)柔性被动防护网的传感器初步监测方案:

①监测方案1——拉力监测。由于锚拉绳为被动柔性防护系统的主要受力部件,可以将光纤光栅拉力传感器与锚拉绳串接。当巨石撞击防护网时,锚拉绳受到巨大冲击力,拉力传感器不仅可测量冲击力的大小,而且可以根据受到冲击前后的拉力状态来判断防护网是否受到破坏。

②监测方案2——弯曲监测。当有石块作用于钢丝绳网上时,上支撑绳受到较大冲击并产生弯曲,根据上支撑绳的最大弯曲程度和冲击后的弯曲状态可以判断钢丝绳网受到的冲击力及其安全状态。

③监测方案3——振动监测。根据弦振动原理,一根弦的谐振频率与其受到的张拉力密切相关;张拉力越大,谐振频率越高;张拉力小,谐振频率低。可将研制的光纤光栅振动传感器固定在拉绳上的中间位置来感测拉绳受到冲击后的振动,并由专用软件对振动信号的幅度和频谱进行分析和处理,根据获取的谐振频率信息,来计算拉绳所受到的冲击拉力,根据受到冲击前后的拉力状态来判断防护网是否受到破坏。

(2)铁路隔离栅栏的传感器初步监测方案:

①监测方案1——振动监测。光纤光栅振动传感器通过"转接板"固定在钢丝网的中间位置(这个位置振动幅度较大),由于钢丝网的某个位置受到冲击时振动波通过钢丝网传递较远的距离,所以两个振动传感器的安装间隔距离可以很远。隔离栅栏受到冲击的位置可由各个振动传感器感受冲击信号的时间先后来判定;受到损伤的程度由传感器感测的冲击幅度和冲击距离计算,"判据"则需要大量试验确定。

②监测方案2——分布式光纤(BOTDR)监测。BOTDR光纤传感器沿防护网纵向通长布设,分别在每个钢杆端部进行固定。当异物从侧向入侵时,相邻两个钢柱之间的距离会有减小的趋势,从而引起两个钢杆之间的光纤的应变变化。该种方法具有造价低,对防护结构可通长监测的优点,但应变监测精度低,只能实现每天数次的扫描监测,不能实现应变的动态监测。同时,布里渊散射监测响应速度不易达到动态监测的要求。

(3)所有光纤光栅传感器直接由光纤接入十六通道的光纤光栅解调仪。光纤光栅解调仪每一通道分别接收不同监测截面的监测信号数据,同时将光波长信号解调为电信号,通过RJ45或者USB接口接入中心交换机或直接接入采集计算机,构成光纤传感网络,实现网络的数据采集功能。每组光纤光栅传感器均有备用回路,实现冗余功能,保证在主回路断纤或纤路衰减时,能够及时准确采集信号数据。光纤光栅解调仪采集频率可根据不同信号的要求进行最高20Hz采集频率范围的调整,在监测采集中完全能够满足数据的要求。

3)视频监控技术方案

铁路的视频监控系统,要求采用先进的视频监控技术,基于铁路系统的IP网络,构建数字化、智能化、分布式的网络视频监控系统,满足公安、安监、客运、调度、车务、机务、工务、电务、车辆、供电等业务部门及防灾监控、救援抢险和应急管理等多种需求,实现视频网络资源和信息资源共享。

系统由现场监测系统、传输系统、中心报警系统、现场行车告警系统、视频追踪系统等部分组成。系统网络结构图如图10-15所示。

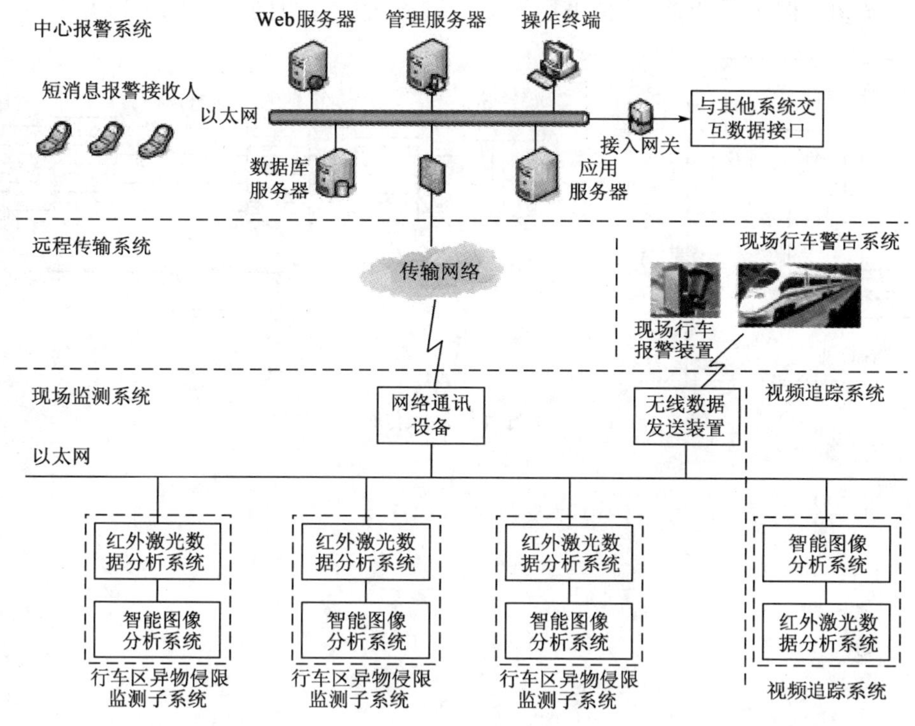

图 10-15 视频监控系统网络结构

(1)现场监测系统:由一个或多个行车区域异物侵入监测子系统以及视频追踪子系统组成。各监测子系统既可独立组网,也可以运行在同一局域网内,各监测子系统检测到异常情况时,向视频追踪子系统传递处理后的信息,由视频追踪子系统驱动摄像机对报警目标进行追踪、放大,从而获取目标的细节信息。系统检测到监测区域报警时,本地报警装置将报警信息传送至现场行车告警子系统以及网络通讯设备,通过传输网络将报警信息分别向列车和中心同时传递。

(2)远程传输系统:由远程有线传输子系统和远程无线传输子系统两部分组成。远程有线传输系统通过铁通公司有线传输网络将监测区域的数据信息和视频信息实时传送至报警中心及列车调度中心;远程无线传输子系统按一定的时间频率向监控中心传送现场的图片信息。

(3)中心报警系统:由管理服务器、数据库服务器、应用服务器、Web 服务器、操作终端、报警短消息发送器以及接入网关等设备组成。实现将现场报警以及实时视频数据传送至中心,供调度值班员辅助决策使用。

(4)现场行车告警系统:由安装在监测点的无线视频调制、发射装置,以及安装在列车上的车载音视频告警终端和高速车载接收装置组成。通过微波传输,在接近的监测区域最大 8km 范围内的列车上,监测区域有报警时,在列车的车载报警装置上可实时显示监测区域的报警画面。

4)数据采集、传输技术方案

光纤传输具有传输距离长、传输容量大、传输质量高、抗干扰性能好等优点,同时鉴于在该项目中采用光纤光栅传感器，因此拟采用光缆传输方式进行组网，如图10-16所示。

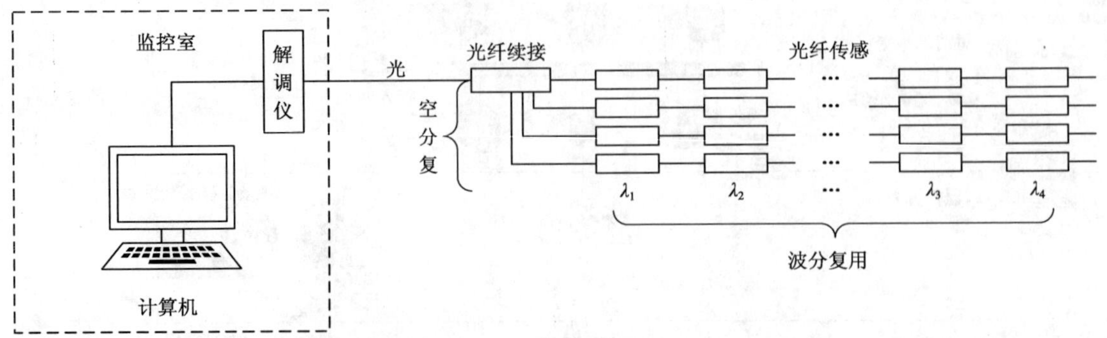

图10-16　光纤数据采集、传输技术方案

课题研究成果

课题研究成果包括课题研究团队成员在公开刊物上发表的学术论文以及课题研究报告。

1.公开发表的学术论文

[1] 魏永幸.路基工程风险识别与管理研究[J].铁道工程学报.2013,174(3):91-96.

[2] 魏永幸,罗一农,左德元.山区铁路路基工程风险识别与管理研究[J].铁道工程学报.2013,176(5):102-106.

[3] 魏永幸,罗一农,廖淞,左德元.软土地区铁路路基风险评估与管理研究[J].铁道工程学报.2012,171(12):63-68.

[4] 魏永幸,丁兆锋,罗一农.滑坡风险识别与评价的研究[J].铁道工程学报.2013,178(7):95-99.

[5] 罗一农,魏永幸,丁兆锋.路堤边坡溜坍风险因素分析[J].铁道工程学报.2013,174(3):97-100.

[6] 罗一农,魏永幸,丁兆锋.路堑挡土墙稳定性的主要影响因素分析[J].铁道工程学报.2013,176(5):23-26.

[7] 丁兆锋,魏永幸,罗一农.某膨胀性红土路堑边坡土钉墙风险管理实例分析[J].铁道工程学报.2013,174(3):121-126.

[8] 魏永幸,丁兆锋,罗一农.铁路路堤风险管理研究与实例分析[J].铁道工程学报.2013,180(9):101-106.

2.研究报告

中铁二院工程集团有限责任公司,西南交通大学.西南山区铁路路基工程设计风险识别与防治对策研究[R].成都:中铁二院工程集团有限责任公司,2012.

参考文献

[1] Todd M. Alessandri, Raihan H, Khan. Market performance and deviance from industry norms: (Mis)alignment of organizational risk and industry risk[J]. Journal of Business Research,2006,59:1105-1115.

[2] Faisal I. Khan, S. A. Abbasi. Risk analysis of a typical chemical industry using ORA procedure. Joumal of Loss Prevention in the Process Industries,2001,14:43-59.

[3] L. P. Davies. Risk assessment in the UK nuclear power industry[J]. Safety Science, 2002,40:203-230.

[4] Kathryn Mearns and Rhona Flin. Risk perception and attitudes to safety by personnel in the offshore oil and gas industry: a review[J]. J. loss Prev. Process lad,1995,8(5):299-305.

[5] Jin-Soo Lee, SooCheong (Shawn) Jang. The systematic-risk determinants of the US airline industry[J]. Tourism Management,2007,28:434-442.

[6] V. A. Ogurtsov, M. P. A. M. Van Asseldonk and R. B. M. Huirne. Assessing and modelling catastrophic risk perceptions and attitudes in agriculture: a review[J]. 2008.

[7] Francisco Sanchez-Bayo, Sundaram Baskaranb, Ivan Robert Kennedya. Ecological relative risk (EcoRR): another approach for risk assessment of pesticides in agriculture[J]. 2001.

[8] Caleb Mireri, Peter Atekyereza, Aphonse Kyessi, Nimrod Mushi. Environmental risks of urban agriculture in the Lake Victoria drainage basin: Acase of Kisumu municipality, Kenya[J]. Habitat International,2007,31:375-386.

[9] Luca Salvati, Margherita Carlucci. Estimating land degradation risk for agriculture in Italy using an indirect approach[J]. Ecological Economics,2010,69:511-518.

[10] M. P. M. Meuwissen, J. B. Hardaker, R. B. M. Huirne, A. A. Dijkhuizen. sharing risks in agriculture; principles and empirical results[J]. Netherlands journal of agricultural science,2001,49:343-356.

[11] Ge Xiao-mei, Liu Xiao—jun. Application of Entropy Measurement in Risk Assessment of the Engineering Project of Construction-agent System[J]. Systems Engineering Procedia,2011,1:244-249.

[12] Qian Fang, Dingli Zhang, Louis Ngai Yuen Wong. Environmental risk management for a cross interchange subway station construction in China[J]. Tunnelling and Underground Space Technology,2011,26:750-763.

[13] Yanjun Zhao, Xiaojun Liu, Yan Zhao. Forecast for construction engineering risk based on fuzzy sets and systems theory[J]. Systems Engineering Procedia,2011,1:156-161.

[14] Eunchang Lee, Yongtae Park, Jong Gye Shin. Large engineering project risk management using aBayesian belief network[J]. Expert Systems with Applications,2009,36:

5880-5887.

[15] WANG Lin,LI Yaqi,WANG Enmao. Research on Risk Management of Railway Engineering Construction. Systems Engineering Procedia,2011,1:174-180.

[16] Daniel W. M. Chan, Albert P. C. Chan, Patrick T. I. Lam,John F. Y. Yeung, Joseph H. L. Chan. Risk ranking and analysis in target cost contracts: Empirical evidence from the construction industry[J]. International Journal of Project Management,2011, 29:751-763.

[17] Ephraim Clark, Konstantinos Kassimatis. Country financial risk and stock market performance: the case of Latin America[J]. Journal of Economics and Business,2004,56: 21-41.

[18] Beatriz Vaz de Melo Mendes, Rafael Martins de Souza. Measuring financial risks with coupulas Beatriz Vaz de Melo Mendes, Rafael Martins de Souza[J]. International Review of Financial Analysis,2004,13:27-45.

[19] Lucjan T, Orlowski. Financial crisis and extreme market risks: Evidence from Europe [J]. Review of Financial Economics,2012,21:120-130.

[20] Beatriz Vaz de Melo Mendes, Rafael Martins de Souza. Measuring financial risks with copulas[J]. InTERNATIONAL Review of Financial Analysis,2004,13:27-45.

[21] Kenneth A. Froot, Jeremy C. Stein. Risk management, capital budgeting, and capital structure policy for financial institutions: an integrated approach[J]. Journal of Financial Economics,1998,47:55-82.

[22] 胡二邦.环境风险评价使用技术和方法[M].北京:中国环境出版社,2000.

[23] 张圣坤,白勇,唐文勇.船舶与海洋工程风险评估[M].北京:国防工业出版社,2003.

[24] 麻荣永.土石坝风险分析方法及应用[M].北京:科学出版社,2004.

[25] 张力.核安全:回顾与展望[J].中国安全科学学报,2000(02).

[26] 谢凌峰.中国核工业集团222厂职业健康安全管理体系研究[D].湖南:湖南大学,2006.

[27] 葛全胜.中国自然灾害风险综合评估初步研究[M].北京:科学出版社,2008.

[28] 周开君.基于可拓学的航道水域通航环境安全评价研究[D].大连海事大学,2011.

[29] 胡二邦.环境风险评价实用技术、方法和案例[M].北京:中国环境科学出版社,2009.

[30] 邹铭.自然灾害风险管理与预警体系[M].北京:科学出版社,2010.

[31] 苏特尔.生态风险评价[M].尹大强,林志芬,刘树深,等,译.北京:高等教育出版社,2011.

[32] 张圣坤,白勇,唐文勇.船舶与海洋工程风险评估[M].北京:国防工业出版社,2003.

[33] 丁春葵.船舶发生海损后的风险评估和控制[J].世界海运,2007(05).

[34] 吕斌.船舶出口风险及防范[J].特区经济,2008(09).

[35] 鲍君忠,刘正江,黄通涵.船舶风险评价模型[J].大连海事大学学报,2010(04).

[36] 於健,冯德银,张钢.船舶海上风险管理浅议[J].青岛远洋船员学院学报,2011(02).

[37] 董良雄,陈辉.船舶设备风险估计模型探讨[J].武汉理工大学学报(交通科学与工程版),2012(03).

[38] 范维澄,孙金华,陆守香.火灾风险评估方法[M].北京:科学出版社,2004.
[39] 孙金华,褚冠全,刘小勇.火灾风险与保险[M].北京:科学出版社,2008.
[40] 张文辉.转型期城市区域重大火灾风险认知、评估和防范[M].北京:中国建筑工业出版社,2009.
[41] 王栋,朱元甡.防洪系统风险分析的研究评述[J].水文,2003(02).
[42] 麻荣永.土石坝风险分析方法及应用[M].北京:科学出版社,2004.
[43] 马福恒.病险水库大坝风险分析与预警方法[D].南京:河海大学,2006.
[44] 王志涛,江超,姜晓琳,汤寿江.基于模糊理论的土石坝风险综合评价方法研究[J].水利与建筑工程学报,2011.
[45] 韩小虎,马乾.基于集对分析理论的土石坝风险分析[J].安徽建筑,2011.
[46] 宋波伟.1.4万TEU级箱船港内操纵的风险与控制[J].中国水运,2012(02).
[47] 曲方,郑颖君,林伯泉.安全科学体系建构中若干问题的探讨[J].中国安全科学学报,2003(08).
[48] 陈起俊.工程项目风险分析与管理[M].北京:中国建筑工业出版社,2007.
[49] 魏永幸,罗强,邱延峻.斜坡软弱地基填方工程技术研究与实践[M].北京:人民交通出版社,2011.
[50] 叶青,赵全麟.三峡工程库区滑坡监测几个问题的探讨[J].人民长江,2000,31(6).
[51] Xu J, Wei Y X, Li C G. Discussion on Monitoring Technology Proposal for High and Steep Side-Slope on Railway in Mountain Area[J]. Proceedings of the 1st IWHIR, 2012,1(147):289-307.

后　记

本书以铁路、公路路基工程为研究对象，以风险管理、系统工程等理论为指导，采用定性与定量相结合的方法，对路基工程风险进行了较为系统和全面的分析。

本书围绕路基工程风险，从自然、环境、技术、材料等方面入手，分析了路基工程设计与施工过程中可能发生的风险事件，并应用层次分析、专家打分、图解、敏感性分析等多种方法，研究分析了路基工程风险事件与风险因素的关系，以及导致风险事件的关键风险因素，提出了规避和防范风险的途径、对策和措施。

本书创新成果主要体现在以下几个方面：

(1)阐述了路基工程风险特点，提出了路基工程风险识别与管理的基本流程，归纳、总结了适用于铁路、公路路基工程的风险识别方法。

(2)结合工程实例，采用层次分析和专家打分法相结合的评估方法，分别对填方路基、挖方路基、特殊土路基、路基支挡结构、滑坡与岩堆地段路基以及斜坡异物侵入灾害风险进行了识别、分析，并研究了风险防范对策，提出了典型风险事件的风险因素排序，针对风险较大的风险因素给出了工程设计与施工中规避与防范风险的措施。

(3)针对典型路基工程，基于风险事件与风险因素关系的分析与研究，建立了工程风险事件与风险因素的内部联系图，梳理、找出了典型风险事件的关键风险因素。

由于国内关于铁路、公路路基工程风险识别、评估与防范的研究尚处于发展阶段，还有许多问题需要进一步研究。建立一个完善的铁路、公路路基工程风险管理系统，还有很多工作要做，特别是需要通过深入开展路基工程风险识别与防范的工程实践，在实践中不断积累资料，不断总结和完善。

希望本书提出的路基工程风险识别方法与防范对策，以及各类路基工程风险识别与分析成果，能够为路基工程风险识别与防范工作提供指导和帮助，这也是本书作者最大的心愿。

是为后记。

作者　魏永幸

2013年9月30日